HORST WINKELMANN

Die Lehre vom Verwaltungshandeln in der sowjetischen Verwaltungsrechtslehre

Schriften zum Öffentlichen Recht

Band 211

Die Lehre vom Verwaltungshandeln in der sowjetischen Verwaltungsrechtslehre

Von

Horst Winkelmann

DUNCKER & HUMBLOT / BERLIN

Gedruckt 1973 bei Berliner Buchdruckerei Union GmbH., Berlin 61
Printed in Germany
ISBN 3 428 02868 6

Vorwort

Diese Arbeit ist die überarbeitete Fassung einer Dissertation, die im Sommer 1970 der Juristischen Fakultät der Georg-August-Universität in Göttingen vorgelegen hat und von ihr angenommen worden ist.

Die Beschäftigung mit dem Thema der Arbeit wurde durch Herrn Professor Dr. W. Meder angeregt. Für ihre verständnisvolle und tatkräftige Förderung danke ich besonders herzlich Herrn Professor Dr. Dr. L. Schultz und Herrn Professor Dr. C. H. Ule. Wertvolle Anregungen erhielt ich durch Gespräche mit Herrn Professor Dr. J. M. Kozlov, Moskau. Mein Dank gilt auch der Großzügigkeit der deutschen Forschungsgemeinschaft, die mir einen Studienaufenthalt in Moskau ermöglichte. Herrn Ministerialrat a. D. Dr. J. Broermann, Inhaber des Verlages Duncker & Humblot in Berlin, bin ich für die entgegenkommende und vorbildliche verlegerische Betreuung der Arbeit dankbar.

Bonn, am 21. November 1972

Horst Winkelmann

Inhaltsverzeichnis

Fünftes Kapitel

Die in das System der Akte der sowjetischen staatlichen Verwaltung von der sowjetischen Verwaltungsrechtslehre nicht mit einbezogenen Verwaltungsakte 119

Sechstes Kapitel

Ungelöste Probleme 146

Abkürzungsverzeichnis

AOS UdSSR	=	Anzeiger des Obersten Sowjets der UdSSR (Vedomosti Verchovnogo Soveta SSSR)
GZG UdSSR	=	Grundlagen der Zivilgesetzgebung der UdSSR und der Unionsrepubliken (Osnovy graždanskogo zakonodatel'stva sojuza SSR i sojuznych respublik)
JfOR	=	Jahrbuch für Ostrecht
OER	=	Osteuropa Recht
SGiP	=	Sovetskoe gosudarstvo i pravo (Sowjetstaat und Sowjetrecht)
SZ SSSR	=	Sobranie zakonov i rasporjačenij raboče — krest'janskogo pravitel'stva SSSR
WGO	=	Monatshefte für Osteuropäisches Recht, (Die wichtigsten Gesetzgebungsakte in den Ländern Ost-, Südosteuropas und in den ostasiatischen Volksdemokratien)
ZEK	=	Zentrales Exekutivkomitee

Einleitung

Die Verwaltungstätigkeit nimmt in der Sowjetunion einen ungleich größeren Raum ein, als in kapitalistischen Staaten. Das ist zum einen die Folge der anderen ökonomischen Grundlage. Zum anderen ist es auf den nach sowjetischer Staats- und Rechtstheorie im sozialistischen Staat des gesamten Volkes fehlenden Gegensatz zwischen den Interessen von Staat und Gesellschaft zurückzuführen. Der Staat des gesamten Volkes kennt keine Interna des Staates und keine Interna der Gesellschaft. Alles ist öffentlich. Von dieser Konzeption ausgehend erfaßt die Verwaltung sowohl die Betätigung des Staates nach außen und nach innen als auch teilweise die der Gesellschaft. Da die Staatsbetätigung durch Gewalteneinheit gekennzeichnet ist, werden auch rechtsetzende und rechtsprechende Tätigkeiten als Teil der Verwaltung betrachtet. Ziel von Staat und Gesellschaft ist der Aufbau des Kommunismus. Ein Werkzeug dazu ist die Verwaltung. Ihr Endstadium wird die kommunistische Selbstverwaltung sein.

Dieses Endziel macht verständlich, warum in der sowjetischen Rechtslehre Wert auf die Feststellung gelegt wird, Verwaltung werde nicht nur durch den Staatsapparat, sondern durch den Staat in seiner Gesamtheit als politische Organisation ausgeübt[1].

Das Verwaltungsrecht stellt die Mittel zur Ausübung der Verwaltung zur Verfügung. Da es auf den Staatsapparat bezogen ist, kann es aus sowjetischer Sicht nur einen Teil der Mittel der Verwaltung ausmachen. Das Verwaltungsrecht hängt von den ihm zugrunde liegenden wirtschaftlichen und gesellschaftlichen Verhältnissen ab. In ihm spiegelt sich daher der eben skizzierte Umfang der sowjetischen Verwaltung wider. Es vereint in sich die beiden Funktionen des wirtschaftlichen und kulturellen Aufbaus des Landes[1a]. Das macht eine Besonderheit des sowjetischen Verwaltungsrechts sichtbar: Es unterscheidet nicht zwischen der allgemeinen und der Wirtschaftsverwaltung.

Weitere Besonderheiten sind folgende: es erfaßt die Innenverhältnisse der Verwaltung, es regelt rechtsetzende und rechtsprechende Tätigkeiten und die Beteiligung der Gesellschaft an der Verwaltung. Die Ab-

---

[1] *Belych*, A. K., Upravlenie i samourpravlenie (deutsch: Verwaltung und Selbstverwaltung), Izdatel'stvo Nauka, Leningrad 1972, S. 10.

[1a] *Vlasov*, V. A., Osnovy sovetskogo gosudarstvennogo upravlenija (deutsch: Die Grundlagen der sowjetischen Staatsverwaltung), Gosjurizdat, Moskau 1960, S. 4.

hängigkeit des sowjetischen Verwaltungsrechts von den ihm zugrunde liegenden Verhältnissen bestimmt seine Dogmatik. Das wird im folgenden immer wieder deutlich werden[2].

Der große Umfang der sowjetischen Verwaltungstätigkeiten läßt der Lehre vom Handeln der Träger der Verwaltung eine noch größere Bedeutung als in westlichen Staaten zukommen. Im Gegensatz zu seiner Bedeutung hat dieses Thema in der sowjetischen Verwaltungsrechtsliteratur eine mehr beiläufige Behandlung gefunden. Dadurch ist es bedingt, daß die Lehre vom Verwaltungshandeln in der sowjetischen Verwaltungsrechtsliteratur erst aus einer Vielzahl z. T. unzusammenhängender Äußerungen im verwaltungsrechtlichen Schrifttum der Sowjetunion erarbeitet werden kann.

Für die vorliegende Untersuchung entsteht wie für jede dieser Art die Frage der Methode. Man könnte sich darauf beschränken, rein deskriptiv die sowjetische Lehre wiederzugeben. Dabei wäre eine systemimmanente Kritik möglich, d. h. eine Kritik, die wissenschaftliche Aussagen an den Prämissen des Systems mißt, innerhalb dessen sie gemacht werden, und so Widersprüche, Übereinstimmungen oder Inkonsequenzen feststellt. Eine solche Methode allein ist unbefriedigend. Mit ihr können nicht die Prämissen selbst überprüft werden. Außerdem können die Besonderheiten der rechtlichen Behandlung einer Frage im Gegensatz zu ihrer Behandlung in dem Rechtssystem, dem die juristischen Begriffe des Untersuchenden entstammen, nicht erkannt werden. Über die deskriptive Methode hinaus, drängt sich zur Untersuchung eines bestimmten Rechtsphänomens in der Rechtsordnung eines fremden Landes die Methode der Rechtsvergleichung auf. Obwohl dem sowjetischen Verwaltungsrecht eine andere Wirtschafts- und Gesellschaftsordnung zugrunde liegt, lassen sich dennoch verschiedene Rechtsinstitute miteinander vergleichen. Zwar wird in der sowjetischen Staats- und Rechtslehre immer die Unvergleichbarkeit der „sozialistischen" und „bourgeoisen" Rechtsordnung behauptet. Diese Behauptung ist der Ausdruck des Ausschließlichkeitsanspruchs, daß die einzig wissenschaftliche Rechts- und Staatslehre die marxistisch-leninistische Theorie ist[3]. Von diesem Standpunkt aus gibt es auch keine Gemeinsamkeiten in beiden Rechtsordnungen. Aber das ist nicht richtig. Unabhängig von der jeweiligen Gesellschaftsordnung ist die Struktur des Rechts als vom Staat erlassener Verhaltensnorm dieselbe[3a].

Das schließt nicht aus, daß die verschiedene Auffassung vom Wesen des Rechts in unterschiedlichen Gesellschaftsordnungen innerhalb be-

---

[2] Vgl. dazu im Ganzen: *Rodingen*, H., Das gegenwärtige sowjetische Verwaltungsrecht in „Die Verwaltung" 1971, S. 59 - 77.

[3] *Aleksandrov*, M. G. (Red.), Teorija gosudarstva i prava (deutsch: Staats- und Rechtstheorie), Izdatel'stvo „Juridičeskaja literatura", Moskau 1968, S. 11.

[3a] *Jacobs*, O. W., Zur Methodik der Zivilrechtsvergleichung zwischen Rechten aus verschiedenen Gesellschaftsordnungen, OER 1963, S. 108 ff. (S. 109).

stimmter Rechtsgebiete sich besonders stark auswirkt, insbesondere auf dem Gebiet des Staats- und Verwaltungsrechts. In einzelnen Fällen erfordert die Darstellung daher an einigen Punkten ein Eingehen auf die andersartige Wirtschafts- und Gesellschaftsordnung. Abgesehen davon lassen sich aber aus der Einsicht in die gleichartige Struktur des Rechts gewisse, allen Rechtsordnungen zugrunde liegende Gemeinsamkeiten feststellen, die unabhängig von einer bestimmten Gesellschaftsordnung sind.

Für das Gebiet des Verwaltungsrechts lassen sich solche für Rechtsordnungen verschiedener Gesellschaftssysteme gültige Gemeinsamkeiten z. T. im Lehrbuch von Adolf Merkl „Allgemeines Verwaltungsrecht" entnehmen[4]. Dem Leser wird daher nicht verborgen bleiben, daß weiten Teilen der vorliegenden Untersuchung Ergebnisse der Gedankenarbeit Merkls zugrunde liegen.

Allgemein gültige Erkenntnisse, insbesondere über die Rechtssubjektivität der Verwaltungsorgane lassen sich auch dem Buch von Hans-Heinrich Rupp „Grundfragen der heutigen Verwaltungslehre" gewinnen[4a]. Sie sind ebenfalls für die vorliegende Untersuchung fruchtbar gemacht worden. Durch die Verwendung rechtstheoretischer Erkenntnisse, die von den unterschiedlichen Auffassungen vom Recht innerhalb verschiedener Gesellschaftsordnungen unabhängig sind, wird es möglich, die Lehre vom Verwaltungshandeln in der sowjetischen Verwaltungsrechtslehre nicht nur systembezogen darzustellen, sondern sie zugleich kritisch zu werten, ohne in den Fehler zu verfallen, die eigene Rechtsordnung zum Maßstab einer fremden zu machen.

Wenn die folgende Darstellung auch im Endergebnis nichts anderes als der Versuch einer kritischen Würdigung einzelner Rechtsinstitute des sowjetischen Verwaltungsrechts ist, so darf daraus nicht der Schluß auf die Überflüssigkeit dieses Versuchs gezogen werden. Auch er will mit zum Verständnis einer Rechtsordnung beitragen, die in weiten Teilen Osteuropas und außerdem in dem zweiten Staat in Deutschland, der DDR, gilt.

---

[4] *Merkl*, A., Allgemeines Verwaltungsrecht, Unveränderter reprografischer Nachdruck der Ausgabe Wien und Berlin 1927, Darmstadt 1969.

[4a] *Rupp*, H.-H., Grundfragen der heutigen Verwaltungsrechtslehre, Tübinger Rechtswissenschaftliche Abhandlungen, Band 15, Tübingen 1965, im Folgenden zitiert als Rupp, Grundfragen.

Erstes Kapitel

Die Verwaltungsorgane

§1 Die unzureichende allgemeine Bestimmung der Verwaltungsorgane in der sowjetischen Verwaltungsrechtslehre

I. Die Definition der Verwaltungsorgane mit Hilfe eines materiellen Verwaltungsbegriffes

1. Die Beschreibung der Verwaltung als Tätigkeit von Staatsorganen, die vollziehende und verfügende Tätigkeit ausüben

Verwaltungshandeln setzt handelnde Subjekte voraus. Verwaltung als Staatsfunktion verlangt das Tätigwerden von Menschen, die bei der Erfüllung staatlicher Verwaltungsaufgaben den Charakter von Staatsorganen annehmen. Nach ihrer Tätigkeit sind diese Staatsorgane als Verwaltungsorgane zu bezeichnen. Unter Verwaltungshandeln soll jedoch nicht nur die Ausübung der noch näher zu definierenden Staatsfunktion „Verwaltung" durch Verwaltungsorgane verstanden werden (Verwaltungshandeln im engeren Sinn), sondern die Vornahme sämtlicher Handlungen eines Verwaltungsorgans. Die Beschränkung des Begriffs „Verwaltungshandeln" auf die Ausübung der Staatsfunktion „Verwaltung" durch ein Staatsorgan wäre unbefriedigend, weil sonst die Vielzahl denkbarer anderer Handlungen eines Verwaltungsorgans, die nicht Verwaltungshandlungen sind, nicht erfaßt würden.

Die Untersuchung darüber, wer in der Sowjetunion die Staatsorgane sind, die Verwaltungsaufgaben wahrnehmen, kann sich im Rahmen einer Arbeit über die Lehre vom Verwaltungshandeln nicht auf die genaue Untersuchung aller in der Sowjetunion denkbaren Staatsorgane mit Verwaltungsaufgaben erstrecken. Vielmehr soll in erster Linie dargestellt werden, welche Verwaltungsorgane es nach herrschender sowjetischer Auffassung gibt. Darüber hinaus werden andere Möglichkeiten nur betrachtet, soweit innerhalb der sowjetischen Lehre vom Verwaltungshandeln das Problem auftaucht, ob das Handeln bestimmter Staatsorgane, die nach sowjetischer Auffassung keine Verwaltungsorgane sind, als Verwaltungshandeln zu klassifizieren ist.

Die Eigenschaft eines Staatsorgans als Verwaltungsorgan ist durch die Art seiner Tätigkeit — Wahrnehmung von Verwaltungsfunktionen — bedingt. Verwaltungsorgane können daher von anderen Staatsorganen nur durch ihren Funktionsbereich abgegrenzt werden. Dieser rechtstheoretischen Erkenntnis scheint auch die sowjetische Verwaltungsrechtslehre zu folgen, wenn sie versucht, die Verwaltungstätigkeit zu beschreiben und von dieser Tätigkeit her die Verwaltungsorgane zu bestimmen.

Petrov, Lunev und Kozlov sprechen im Zusammenhang mit den Akten der staatlichen Verwaltung davon, diese Akte würden im Prozeß der vollziehenden und verfügenden Tätigkeit (russ.: Ispolnitelnaja i rasporjaditelnaja dejatelnost') der Organe der staatlichen Verwaltung erlassen[5].

In der übrigen Literatur dagegen werden die Akte der staatlichen Verwaltung von den Organen des Staates erlassen, die vollziehende und verfügende Tätigkeit ausüben[6].

Zum Verständnis der darin enthaltenen Definition der Verwaltungsorgane ist zu bemerken, daß in der sowjetischen Verwaltungsrechtsliteratur der Begriff der „vollziehenden und verfügenden Tätigkeit" zur Beschreibung der Verwaltungstätigkeit verwendet wird. Der Unterschied zwischen den beiden wiedergegebenen Aussagen scheint in der verschiedenen Bestimmung der Verwaltungsorgane zu liegen. Die erste scheint bereits von einem feststehenden Kreis von Verwaltungsorganen

---

[5] *Petrov*, G. I., Sovetskoe administrativnoe pravo, čast' obščaja (deutsch: Sowjetisches Verwaltungsrecht, Allgemeiner Teil), Izdatel'stvo Leningradskogo universiteta 1960, S. 178, im Folgenden zitiert als Petrov, Administrativnoe pravo.
Lunev, Sovetskoe administrativnoe pravo, čast' obščaja (deutsch: Sowjetisches Verwaltungsrecht, Allgemeiner Teil), Moskau 1960, S. 49, 112, im Folgenden zitiert als Lunev 1960.
Kozlov, Ju. M., Sovetskoe administrativnoe pravo, obščaja čast' (deutsch: Sowjetisches Verwaltungsrecht, Allgemeiner Teil), Gosjurizdat, Moskau 1962, S. 78, S. 79, 199 ff., im Folgenden zitiert als Kozlov 1962.

[6] *Denisov*, Sovetskoe administrativnoe pravo, Juridičeskoe izdatel'stvo NK Ju SSSR, Moskau 1940, S. 101, im Folgenden zitiert als Denisov, Administrativnoe pravo.
Vlasov, Studenikin, Sovetskoe administrativnoe pravo (deutsch: Sowjetisches Verwaltungsrecht), Gosjurizdat, Moskau 1959, S. 124, im Folgenden zitiert als Studenikin 1959.
Lunev, Administrativnoe pravo (deutsch: Verwaltungsrecht), Izdatel'stvo Juridičeskaja Literatura, Moskau 1967, S. 157, im Folgenden zitiert als Lunev 1967.
Kozlov, Ju. M., Administrativnoe pravo (deutsch: Verwaltungsrecht), Izdatel' stvo Juridičeskaja Literatura, Moskau 1968, S. 207, im Folgenden zitiert als Kozlov 1969.
Jampol'skaja, Organy sovetskogo gosudarstvennogo upravlenija v sovremennyj period (deutsch: Die Organe der sowjetischen Staatsverwaltung in der heutigen Zeit), Izdatel'stvo Akademii Nauk SSSR, Moskau 1954, S. 53, im Folgenden zitiert als Jampol'skaja, Organy.

auszugehen. Die zweite geht scheinbar unabhängig von der staatlichen Organisationsstruktur von der Art der zu erfüllenden Tätigkeit her zur Bestimmung der Verwaltungsorgane vor. Dieser Unterschied läßt sich nach einer genaueren Überprüfung beider Ansichten nicht mehr behaupten. Auch die Vertreter der ersten Ansicht bestimmen — so scheint es — die Verwaltungsorgane durch die Beschreibung ihrer Tätigkeit[7].

Zu diesem Ergebnis gelangt man, wenn man die im Rahmen der Lehre vom Verwaltungshandeln mehr beiläufigen Ausführungen dieser Autoren über die Verwaltungsorgane mit den Definitionen der Verwaltungsorgane in denselben Lehrbüchern vergleicht.

Was bedeutet der Begriff „vollziehende und verfügende Tätigkeit"?

Der Begriff wird zwar in der sowjetischen Verwaltungsrechtsliteratur verwandt, aber nicht befriedigend gründlich untersucht und dargestellt. Im ganzen gesehen kommt ihm mehr die Bedeutung eines Schlagwortes zu als die eines exakten Begriffes, über dessen Ausdehnung und Grenzen man sich einig ist.

Noch in der Verfassung der UdSSR vom 31. Januar 1924 wird als „vollziehend und verfügend" sowohl die Tätigkeit eines Gesetzgebungs- als auch eines Verwaltungsorgans bezeichnet, nämlich des Präsidiums des ZEK (Art. 29) und des Rats der Volkskommissare (Art. 37). Erst die Verfassung der UdSSR vom 5. Dez. 1963 beschränkt den Begriff auf die Tätigkeit der Verwaltungsorgane (Art. 64, 79, 99, 100). Von hier aus scheint der Begriff in das verwaltungsrechtliche Schrifttum der UdSSR erstmals durch das 1940 unter der Redaktion von A. I. Denisov erschiemene Verwaltungsrechtslehrbuch übernommen worden zu sein[8]. Eine Definition des Begriffs erfolgt hier nicht, vielmehr werden lediglich einige typische Verwaltungstätigkeiten aufgezählt.

Definiert wird der Begriff erstmals in der Dissertation von V. F. Kotok aus dem Jahre 1943 „Ponjatie akta sovetskogo gosudarstvennogo upravlenija" (deutsch: Der Begriff des Aktes der sowjetischen staatlichen Verwaltung)[9].

---

[7] *Petrov*, Administrativnoe pravo, S. 112 ff.; *Lunev* 1960, S. 48 ff.; *Kozlov* 1962, S. 77 ff.; vgl. auch *Višnjakov*, Struktura i štaty organov gosudarstvennogo upravlenija (deutsch: Struktur und Personalbestand der Staatsverwaltungsorgane), Izd. Nauka, Moskau 1972, S. 7.

[8] *Denisov*, Administrativnoe pravo, S. 101.

[9] Die Dissertation selbst war dem Verfasser nicht zugänglich. Er hat den Hinweis auf sie der Fußnote 48, S. 268 des Aufsatzes von *I. N. Kuznecov* entnommen, „K voprosu o juridičeskoj prirode ukaza Prezidiuma Verchovnogo Soveta SSSR i ego sootnošenie s zakonom (deutsch: Zur Frage der Rechtsnatur der Dekrete des Präsidiums des Obersten Sowjets der UdSSR und deren Verhältnis zum Gesetz) in Voprosy sovetskogo gosudarstvennogo prava (deutsch: Fragen des sowjetischen Staatsrechts), S. 227 - 477, Izdatel'stvo Akademii Nauk SSSR, Moskau 1959, im Folgenden zitiert als Kuznecov, K voprosu.

Diese Erläuterung wiederholt Kotok in dem von ihm verfaßten Kapitel XI der „Osnovy sovetskogo gosudarstva i prava“ (deutsch: Die Grundlagen des Sowjetstaates und das Sowjetrecht)[10].

Nach Kotok sind in dem Begriff zwei verschiedene Arten von Verwaltungstätigkeit enthalten: Die vollziehende und die verfügende.

Vollziehende Tätigkeit bedeutet nach Kotok „die Anwendung genereller Normen des sowjetischen Rechts auf konkrete Umstände in der Form einer unmittelbaren Anordnung, in der einer Organisierung der Ausführung und in der Form der Überwachung der Ausführung“. Die verfügende Tätigkeit ist nach Kotok „der Erlaß von auf gesetzlicher Grundlage beruhenden Rechtsnormen. Diese werden durch Akte der Organe der staatlichen Verwaltung in solchen Fragen erlassen, die durch die Gesetzgebung entweder überhaupt nicht oder nur zum Teil geregelt sind“[11].

Der Begriff der Vollziehung enthält nach Kotok also zwei Elemente: Das eine ist die Anwendung genereller Rechtsnormen auf konkrete Umstände. Das andere die Form dieser Rechtsanwendung: Der Erlaß einer „unmittelbaren Anordnung“. Zu Element 1 ist zu bemerken: Generelle Normen sind Gesetze und im Range unter ihnen stehende Rechtsnormen. „Konkrete Umstände“: Sie können einen Einzelfall oder eine Mehrheit von Einzelfällen umfassen. Diese Mehrheit von Einzelfällen kann sich nur aus solchen Einzelfällen zusammensetzen, die kein gemeinsames Merkmal haben. Dann sind die „konkreten Umstände“ als Einzelfall zu verstehen. Wären Einzelfälle gemeint, die durch gemeinsame Merkmale zu einer abstrakten Einheit zusammengefaßt werden können, so wären es keine „konkreten Umstände“ mehr.

Was ist eine „unmittelbare“ Anordnung?

Kotok erläutert den Begriff der Unmittelbarkeit einer Anordnung nicht näher.

Ein Vergleich der beiden Definitionen von „vollziehen“ und „verfügen“ läßt aber seine Auffassung sichtbar werden.

Bezieht sich die verfügende Tätigkeit nur auf den Erlaß von auf das Gesetz gegründeten Rechtsnormen, also nicht nur auf den von Einzelfallregelungen, dann muß eine Bedeutung von „unmittelbar“ der unmittelbare Eintritt einer Rechtsfolge sein. Andernfalls würde Kotoks Auslegung des Begriffs „vollziehend-verfügende Tätigkeit“ nicht den Erlaß von unmittelbar einen Einzelfall regelnden Anordnungen, eine der Haupttätigkeiten der Verwaltung, erfassen.

---

[10] *Levin*, I. D.; *Karass*, A. V. (Red.), Osnovy sovetskogo gosudarstva i prava, Juridičeskoe izdatel'stvo Ministerstva Jbsticii SSSR, Moskau 1947, S. 169, 170.

[11] *Kotok*, Osnovy, S. 169.

„Unmittelbarkeit“ ist aber auch als Bezug auf den Rechtsgrund der Anordnung denkbar. Der Einzelfall kann unmittelbar auf Grund der bereits vorhandenen generellen Normen geregelt werden. Sie sind bereits soweit konkretisiert, daß der Erlaß einer zusätzlichen generellen Norm nicht erforderlich ist, um einen konkreten Einzelfall zu regeln.

Die verfügende Tätigkeit besteht dagegen nach Kotok im Erlaß genereller Rechtsnormen. Der Unterschied zwischen der vollziehenden und der verfügenden Tätigkeit der Verwaltung besteht nach ihm also in der Rechtsanwendung auf einen Einzelfall und der Rechtserzeugung für eine Mehrheit von Fällen.

Die Definition Kotoks zieht die Grenze zwischen Vollziehung und Verfügung falsch. Der von ihm „Vollziehung“ genannte Vorgang enthält Elemente der Verfügung, der Vorgang „Verfügung“ Elemente der Vollziehung. Die Art der Vollziehung einer Norm gehört nicht in den Begriff „Vollziehung“. „Vollziehung“ bedeutet nur die Anwendung von Rechtssätzen. In dem Begriff ist eine dahingehende Einschränkung nicht enthalten, daß die Anwendung nur auf einen Einzelfall erfolgen soll und nicht auch auf eine Mehrzahl von Fällen. Damit ist aber die „unmittelbare Anordnung“ aus dem Begriff der „Vollziehung“ ausgeschlossen und dem Begriff der „Verfügung“ zugeordnet. „Verfügung“ ist also sowohl die Regelung eines Einzelfalles als auch einer Mehrzahl von Fällen. Diese Regelungen stellen sich ihrerseits als Vollziehung einer Norm dar. Die Verwaltungstätigkeit ist also zugleich vollziehend und verfügend, soweit es sich um Rechtshandlungen der Verwaltung handelt. Ob man die verfügende Tätigkeit als rechtserzeugende Tätigkeit bezeichnen solle, mag dahingestellt bleiben. Für die Schaffung genereller Rechtsnormen wäre eine solche Bezeichnung zutreffend. Bei den Anordnungen, die einen Einzelfall regeln, könnte man die Richtigkeit einer solchen Auffassung bestreiten. Sie ist aber zumindest vertretbar[12].

Vollziehung und Verfügung können daher nicht, wie Kotok es tut, als zwei verschiedene Arten von Verwaltungstätigkeit, sondern nur als Einheit begriffen werden. Dieser letzte Punkt macht auch die Kritik aus, die von Kozlov gegen die Definition Kotoks erhoben wird[13].

Auch die zeitlich der Dissertation Kotoks nachfolgenden sowjetischen Lehrbücher und Monographien auf dem Gebiet des Verwaltungsrechts verwenden den Begriff „vollziehende und verfügende Tätigkeit“ zur Bestimmung der Verwaltungstätigkeit. Zum Teil geschieht dies ohne jegliche Erläuterungen, wie bei Petrov[14]. Soweit Definitionen vorliegen,

---

[12] Vgl. *Merkl*, S. 172.

[13] *Kozlov*, Ju. M., Organy gosudarstvennogo upravlenija (deutsch: Die Organe der Staatsverwaltung), Gosjurizat, Moskau 1960, S. 47, im Folgenden zitiert als Kozlov, Organy.

verbessern sie im allgemeinen die Definition Kotoks. So entfernt bereits Evtichiev stillschweigend aus dem Begriff der Vollziehung die Form der Vollziehung[15]. Im Gegensatz zu Kotok erstrecken Studenikin, Lunev und Petrov den Begriff der Vollziehung nicht auf generelle Normen schlechthin, sondern nur auf formelle Gesetze[16].

Dem kann nicht zugestimmt werden, da die sowjetischen Verwaltungsorgane auch im Range unter dem Gesetz stehende Rechtsnormen vollziehen. Dem trägt die übrige Literatur dadurch Rechnung, daß sie von der Vollziehung von Gesetzen und im Range unter dem Gesetz stehenden Normen spricht[17].

Die „verfügende" Tätigkeit wird in ihrer allgemeinsten Form dahingehend definiert, sie bedeute, die Verwaltungsorgane hätten alle zur Vollziehung eines Gesetzes erforderlichen Rechte[18]. Über den Umfang der verfügenden Tätigkeit ist damit nichts ausgesagt. Sie kann die Vornahme von Rechtshandlungen umfassen, d. h. Verwaltungshandlungen, die eine rechtliche Regelung enthalten. Diese können sowohl generelle Regelungen als auch Einzelfallregelungen sein. Dann werden zum Begriff der verfügenden Tätigkeit im Gegensatz zu Kotok nicht nur generelle Regelungen, sondern auch Einzelfallregelungen gezählt. Die zitierte Definition läßt aber noch die weitere Auslegung zu, daß der Begriff der verfügenden Tätigkeit auch Tathandlungen in sich einschließt. Denn zu den zur Vollziehung eines Gesetzes erforderlichen Rechten gehört auch das Recht, Tathandlungen vorzunehmen. Darunter werden Handlungen verstanden, die zwar rechtlich gebunden sind, aber keine rechtliche Regelung enthalten. Ob eine solche Bedeutung mit dem Begriff verbunden ist, läßt sich bei den zitierten Autoren nicht feststellen. Nur aus den weiteren Ausführungen Lunev's, der als Beispiele für die „verfügende Tätigkeit" nur Rechtshandlungen aufzählt, läßt sich der Schluß ziehen, daß er den Begriff der „verfügenden Tätigkeit" auf Rechtshandlungen beschränken will[19].

---

[14] *Petrov,* Administrativnoe pravo, S. 5 - 7, 112.

[15] *Evtichiev,* I. I., Vidy i formy administrativnoj dejatel'nosti, doktorskaja dissertacija (maschinenschriftlich), (deutsch: Arten und Formen des Verwaltungshandelns), Moskau 1948, S. 148, im Folgenden zitiert als Evtichiev.

[16] *Studenikin* 1950, S. 83; *Studenikin* 1959, S. 68; *Lunev* 1960, S. 49; *Petrov,* G. I., Suščnost' sovetskogo administrativnogo prava (deutsch: Das Wesen des sowjetischen Verwaltungsrechts), Izdatel'stvo Leningradskogo universiteta, 1959, S. 50, im Folgenden zitiert als Petrov, Suščnost'.

[17] *Lunev* 1967, S. 8; *Kozlov* 1962, S. 9; *Kozlov* 1968, S. 9.

[18] *Studenikin* 1950, S. 83; *Studenikin* 1959, S. 68; *Lunev* 1960, S. 49; *Lunev* 1967, S. 8; *Kozlov* 1962, S. 9.
Vlasov, V. A., Sovetsjkij gosudarstvennyj apparat (deutsch: Der sowjetische Staatsapparat), Gosjurizdat, Moskau 1959, S. 85, im Folgenden zitiert als Vlasov, Apparat.

[19] *Lunev* 1960, S. 49; *Lunev* 1967, S. 70.

Die Frage danach, ob der Begriff „verfügende Tätigkeit" sowohl Rechts- als auch Tathandlungen umfaßt, wird allein von Jampol'skaja und Kozlov eindeutig beantwortet[20].

Nach ihnen gehören zum Inhalt dieses Begriffs sowohl „Rechtsakte" (russ.: juridičeskie akty) als auch „Organisationsmaßnahmen". Rechtsakte sind solche mit Rechtsfolgen, also Rechtshandlungen. Als Beispiele für Organisationsmaßnahmen führt Jampol'skaja an: Die Einberufung einer Sitzung zu einem Erfahrungsaustausch, Untersuchungen, Kontrollen, Herausgabe regelmäßiger Mitteilungen[21]. Das sind alles Handlungen ohne Rechtsfolgen. Sie sind daher Tathandlungen. Jampol'skaja und Kozlov rechnen zu dem Begriff der „verfügenden Tätigkeit" also sowohl Rechts- als auch Tathandlungen, obwohl sie diese Begriffe nicht verwenden. Vom Standpunkt aus, daß mit dem Begriff „vollziehende und verfügende Tätigkeit" eine Beschreibung der Verwaltungstätigkeit gegeben werden soll, kann der Einbeziehung der Tathandlungen in den Begriff „verfügende Tätigkeit" nicht widersprochen werden. Denn zur Tätigkeit der Verwaltung gehören nicht nur Rechts-, sondern auch Tathandlungen, worauf unten noch näher eingegangen wird[22].

Ihre Einbeziehung in den materiellen Verwaltungsbegriff ist daher konsequent. Mit dem Wortsein des Begriffs „verfügende Tätigkeit" kann jedoch die Einbeziehung der Tathandlungen nicht in Einklang gebracht werden. „Verfügen" bedeutet auch in der sowjetischen Verwaltungsrechtsliteratur immer etwas „Anordnen, befehlen". Eine Anordnung ist aber eine Rechts-, keine Tathandlung.

Zusammenfassend ist festzuhalten: Der überwiegende Teil der sowjetischen Verwaltungsrechtslehre scheint unter dem Begriff „verfügende Tätigkeit" nur die Vornahme von Rechtshandlungen zu verstehen, während zwei Autoren darunter auch die Vornahme von Tathandlungen verstanden wissen wollen.

Über das bereits oben erörterte Verhältnis von vollziehender und verfügender Tätigkeit zueinander scheint bei einigen Autoren keine Klarheit zu bestehen. So haben Denisov, Studenikin und Lunev[23] ein „und" zwischen beide Begriffe geschoben. Das ist mißverständlich, da es den Anschein aufkommen läßt, als handele es sich um zwei verschiedene Arten von Tätigkeiten, während beide Begriffe nur zwei Seiten derselben Sache, der Vornahme von Rechtshandlungen, sind. Deshalb ist der Formulierung Lunev's und Kozlov's der Vorzug zu geben, die das „und" zwischen beiden Teilen des Begriffs wegläßt[24]. Der bereits er-

[20] *Jampol'skaja*, Organy, S. 52; *Kozlov*, Organy, S. 47.
[21] *Jampol'skaja*, Organy, S. 52.
[22] Vgl. unten S. 38 f.
[23] *Denisov*, Administrativnoe pravo, S. 101; *Lunev* 1960, S. 112; *Studenikin* 1959, S. 124.
[24] *Lunev* 1967, S. 157; *Kozlov* 1968, S. 207.

örterte Versuch Jampol'skaja's und Kozlov's, die Tathandlungen unter den Begriff der „verfügenden Tätigkeit" zu subsumieren, macht bewußt, daß ein materieller Verwaltungsbegriff auch die Tathandlungen der Verwaltungsorgane enthalten muß. Erfordert jede Verwaltungshandlung auch nach sowjetischem Verwaltungsrecht zumindest theoretisch eine rechtliche Grundlage, dann sind Tathandlungen solche Handlungen, die lediglich Rechtsnormen vollziehen. Eine sowohl Tat- als auch Rechtshandlungen umfassende Definition der Verwaltungstätigkeit müßte daher lauten:

Verwaltung ist vollziehende und vollziehend-verfügende Tätigkeit von Staatsorganen.

Die wiedergegebenen Erläuterungen des Begriffes „vollziehende und verfügende Tätigkeit" spiegeln zwar den Versuch wider, die Verwaltungstätigkeit als Rechtsdefinition zu definieren, lassen aber den Zusammenhang der Begriffsbildung mit dem Aufbau und dem Funktionieren der sowjetischen Verwaltung nicht erkennen.

Es sind dies die Prinzipien des demokratischen Zentralismus und der sozialistischen Gesetzlichkeit. Ananov gebührt das Verdienst auf den Zusammenhang des Begriffs mit diesen beiden Prinzipien hingewiesen zu haben[25]. Beide Begriffe können hier nur soweit erläutert werden, als es zur Erkenntnis des erwähnten Zusammenhangs erforderlich ist.

Das ursprünglich für die Organisation des Apparates der Kommunistischen Partei entwickelte Prinzip des demokratischen Zentralismus enthält in seiner Ausprägung für die Verwaltung vor allem zwei Elemente:

(1) Die unbedingte Verbindlichkeit der Akte der übergeordneten Organe für die unteren.
(2) Das Prinzip der doppelten Unterstellung. Ein Verwaltungsorgan ist horizontal dem jeweiligen Sowjet, vertikal dem ihm entsprechenden Verwaltungsorgan der übergeordneten Verwaltungsstufe unterstellt.

Die „sozialistische Gesetzlichkeit" verlangt von den Verwaltungsorganen, daß jede ihrer Handlungen auf Grund und in Ausführung eines Gesetzes zu erfolgen habe. Die nähere Ausprägung des Prinzips der sozialistischen Gesetzlichkeit und seine praktische Bedeutung sollen im Zusammenhang mit der Lehre vom fehlerhaften Akt der sowjetischen staatlichen Verwaltung dargestellt werden[26].

---

[25] *Ananov*, I. N., Ispolnitel'naja i rasporjaditel'naja dejatel'nost' organov sovetskogo gosudarstvennogo upravlenija, in „Voprosy sovetskogo administrativnogo i finansovogo prava" (deutsch: Die vollziehende und verfügende Tätigkeit der Organe der sowjetischen staatlichen Verwaltung, in: „Fragen des sowjetischen Verwaltungs- und Finanzrechts"), Izdatel'stvo Akademii Nauk SSSR, Moskau 1952, S. 5 - 64 (63, 64).

[26] s. u. S. 146 ff.

Der Begriff „vollziehende und verfügende Tätigkeit" charakterisiert also im Verhältnis zu den übergeordneten Staatsorganen die Gesetzesunterworfenheit des handelnden Verwaltungsorgans und seine Gebundenheit an alle Akte der übergeordneten Staatsorgane, die nicht Gesetzesrang haben. Im Verhältnis zu den dem handelnden Verwaltungsorgan untergeordneten Verwaltungsorganen drückt er die Befugnis aus, ihnen gegenüber innerhalb des durch die Akte der übergeordneten Organe übrig gebliebenen Spielraums selbständige Anordnungen zu erlassen.

Hier liegt der Gedanke nahe, daß die sowjetische Definition der Verwaltungstätigkeit an der Lehre Kelsens vom Stufenbau der Rechtsordnung orientiert ist. Darauf wird unten noch einmal eingegangen werden[27].

Ist der Begriff „vollziehend-verfügende Tätigkeit" in der sowjetischen Verwaltungsrechtslehre ein Synonym für Verwaltung, dann sind die Staatsorgane, die „vollziehend-verfügende Tätigkeit" ausüben, Staatsorgane, die Verwaltungstätigkeit wahrnehmen, also Verwaltungsorgane.

Die Definition der Verwaltungsorgane durch ihre so bestimmte Tätigkeit kann aber nur dann als solche betrachtet werden, wenn es mit ihrer Hilfe gelingt, die Verwaltungsorgane von den übrigen, in der Verfassung der UdSSR vom 5. Dezember 1936 genannten Staatsorgane abzugrenzen. Es sind dies die sog. Organe der Staatsgewalt, die Organe des Gerichts und die Organe der Staatsanwaltschaft. Erläuternd sei hinzugefügt: Als Organe der Staatsgewalt werden die obersten Organe der Staatsgewalt bezeichnet (Oberste Sowjets und Präsidien der Obersten Sowjets der Union, Unionsrepubliken und der autonomen Republiken) und die örtlichen Sowjets (Sowjets der Gebiete, Bezirke, Städte und Dörfer).

2. Die Unmöglichkeit, mit Hilfe der vorgenommenen Beschreibung der Verwaltungstätigkeit Verwaltungsorgane von anderen Staatsorganen abzugrenzen

Der Abgrenzungsversuch, der in der sowjetischen Verwaltungsrechtsliteratur nicht vorgenommen wird, führt zu dem Ergebnis, daß mit Hilfe der Beschreibung der Verwaltungstätigkeit als „vollziehend-verfügende Tätigkeit" und der darauf folgenden Bestimmung der Verwaltungsorgane eine Abgrenzung der Verwaltungsorgane von den anderen sowjetischen Staatsorganen unmöglich ist. Denn die Tätigkeitsmerkmale „vollziehend und verfügend" treffen auch auf die Tätigkeit der übrigen Staatsorgane zu. Von der in den Begriffen „vollziehend und verfügend" zum Ausdruck kommenden normativen Betrachtungsweise her ist die Tätigkeit eines jeden Staatsorganes die Vollziehung einer Rechtsnorm.

---

[27] Vgl. u. S. 77 ff.

Auch die obersten Organe der Staatsgewalt üben vollziehende Tätigkeit aus. Sie vollziehen die Verfassung. Da der Begriff „vollziehen" sich auf den Vollzug von Gesetzen und im Range unter ihnen stehender Rechtsquellen bezieht[28], ließe sich aber mit Hilfe dieser Definition die Tätigkeit der Verwaltungsorgane von der der Organe der obersten Staatsgewalt abgrenzen. Denn ihre Tätigkeit ist nicht die Vollziehung von Gesetzen und im Range unter ihnen stehender Rechtsquellen, sondern unmittelbare Vollziehung der in der Verfassung vorgesehenen Kompetenznorm. Die Vollziehung eines auf Grund der Verfassung erlassenen Gesetzes ist dagegen nur mittelbarer Verfassungsvollzug. Durch die Beschränkung des Begriffs der Vollziehung auf den mittelbaren Verfassungsvollzug wird daher eine Abgrenzung der Tätigkeit der Verwaltungsorgane zu der der obersten Organe der Staatsgewalt möglich. Die Richtigkeit einer solchen Abgrenzung kann dahingestellt bleiben, da im Verhältnis zu den anderen Staatsorganen eine Abgrenzung unmöglich ist. Das zeigt sich schon im Verhältnis der Verwaltungsorgane zu den örtlichen Organen der Staatsgewalt (örtliche Sowjets), deren Tätigkeit nur mittelbarer Verfassungsvollzug ist (vgl. Art. 89 Verf. d. UdSSR). Auch die Organe des Gerichts und der Staatsanwaltschaft vollziehen Gesetze und im Range unter ihnen stehende Rechtsnormen. Auch ihnen stehen die zur Vollziehung erforderlichen Rechte zu („verfügende Tätigkeit"). Charakterisiert aber das Merkmal der Vollziehung sowohl die Tätigkeit der Verwaltungsorgane als auch der Gerichtsorgane, so ist einzig brauchbares Kriterium zur Abgrenzung der Tätigkeit beider Organe nur die Abhängigkeit bzw. Unabhängigkeit (Art. 112 Verf. d. UdSSR) der vollziehenden Organe von den Weisungen höher gestellter Organe[29]. Auf dieses Unterscheidungsmerkmal stellt aber die sowjetische Verwaltungsrechtslehre nicht ab. „Vollziehend-verfügend" ist also nicht nur die Tätigkeit der Verwaltungsorgane, sondern auch die der örtlichen Organe der Staatsgewalt, der Organe der Staatsanwaltschaft und der Organe des Gerichts. Mit Hilfe des materiellen Verwaltungsbegriffs ist daher eine Definition der Verwaltungsorgane in der Sowjetunion nicht möglich.

Die Definition der Verwaltung als „vollziehend-verfügende Tätigkeit von Staatsorganen" enthält also in Wirklichkeit keine Definition, sondern eine Beschreibung der Verwaltung.

II. Die sowjetische Definition der Verwaltungsorgane als Tautologie

Soll der Begriff „vollziehend-verfügende Tätigkeit" — fälschlicherweise — die Verwaltung definieren, so besagt die Definition der Verwaltungsorgane als Staatsorgane, die eine vollziehend-verfügende Tätig-

[28] Vgl. oben S. 19.
[29] *Merkl*, S. 42 f.

keit ausüben, nichts weiter, als daß Verwaltungsorgane Staatsorgane sind, die Verwaltungstätigkeit ausüben. Sie läuft also auf eine Tautologie hinaus. Der Grund dafür ist im Folgenden zu suchen:

Die Definition der Verwaltungsorgane als Staatsorgane, die eine „vollziehend-verfügende Tätigkeit" ausüben, erweckt zwar den Anschein, als würde von der Wahrnehmung der Verwaltungsfunktion auf den Charakter des handelnden Staatsorgans als Verwaltungsorgan geschlossen. Betrachtet man aber die in den sowjetischen Lehrbüchern des Verwaltungsrechts auf diese Definition folgende Aufzählung der Verwaltungsorgane, dann stellt man die Übereinstimmung dieser Aufzählung mit den in der Verfassung der UdSSR als Verwaltungsorgane bezeichneten Staatsorgannen fest.

Es sind dies:

(1) Die Regierungen der Union, der Unionsrepubliken und der autonomen Republiken, die staatlichen Komitees und Kommissionen bei den Regierungen,

(2) die Ministerien der Union, der Unionsrepubliken und der autonomen Republiken,

(3) die Exekutivkommitees der örtlichen Sowjets der Regionen (kraj), Gebiete (oblast'), autonomen Gebiete, Distrikte (okrug), Bezirke (rajon), Städte und Dörfer,

(4) die Organe, die ein staatliches Unternehmen oder sog. sozial-kulturelle Einrichtungen (Schulen, Krankenhäuser) verwalten[30].

Diese Aufzählung zeigt im Zusammenhang mit der Erkenntnis der Definition der Verwaltungsorgane als Tautologie, daß nicht von der Art der Tätigkeit her auf den Charakter des handelnden Organs als Verwaltungsorgan, sondern umgekehrt aus der positivrechtlichen Bestimmung eines Staatsorgans als Verwaltungsorgan auf die von ihm wahrgenommenen Funktionen geschlossen wird.

Nach dem aufgedeckten Zusammenhang der Beschreibung der Verwaltungstätigkeit mit der Hierarchie der Verwaltungsorgane vermag diese Feststellung kaum noch zu überraschen.

Es erfolgt eine Gleichsetzung der gesamten Tätigkeit der in der Verfassung der UdSSR als Organe der staatlichen Verwaltung bezeichneten Staatsorgane mit der Staatsfunktion Verwaltung. Von dieser Sicht her ist, obwohl das nirgends ausdrücklich gesagt wird, Verwaltung systemimmanent zu definieren als die gesamte Tätigkeit der in der Verfassung der UdSSR als Verwaltungsorgane bezeichneten Staatsorgane.

Eine Ausnahme davon bilden lediglich Studenikin und Lunev. Sie durchbrechen in der Untersuchung der Dekrete des Präsidiums des Ober-

---

[30] *Studenikin* 1959, S. 69 ff.; *Petrov*, Administrativnoe pravo, S. 124 ff.; *Kozlov* 1968, S. 91 ff.

sten Sowjets, die einen Einzelfall regeln, dieses Schema und sprechen von Verwaltungsakten, ohne allerdings eine überzeugende Begründung zu liefern[31].

Gegen die allgemein angewandte Methode ließe sich nichts einwenden, wenn die in der Verfassung der UdSSR erfolgte Aufteilung der Staatsorgane eine organisatorische Trennung verschiedener Staatsfunktionen widerspiegelte[32]. Bekanntlich ist dies nicht der Fall. Vielmehr wird die Forderung nach einer Gewaltenteilung von sowjetischer Seite mit der Begründung abgelehnt, sie sei ein Produkt des Klassenkampfes und habe in einem Staat ohne Klassenkämpfe keinen Platz[33]. Man muß also bereits a priori davon ausgehen, daß jedes Staatsorgan mehrere Staatsfunktionen wahrnimmt. Unabhängig davon, wie man diese einzelnen Funktionen bezeichnen will, lehrt bereits ein kurzer Blick auf die Verfassung der UdSSR die Verbindung mehrerer Staatsfunktionen in einem Staatsorgan. So erläßt z. B. das Präsidium des Obersten Sowjets der UdSSR (Art. 49 Verf. d. UdSSR) sowohl Rechtsakte, die einen Einzelfall regeln (vgl. Art. 49 Z 9), als auch Rechtsakte, die eine unbestimmte Anzahl von Fällen regeln (Art. 49 Z 11).

Das gleiche gilt für die Tätigkeit des Ministerrats der UdSSR, einem Verwaltungsorgan. Bereits diese beiden Beispiele zeigen, daß auch im sowjetischen Verwaltungsrecht zur Definition der Verwaltungsorgane nicht von der staatlichen Organisationsstruktur ausgegangen werden kann. Vielmehr muß unabhängig von ihr nach einem Begriff der Verwaltung gesucht werden. Mit Hilfe dieser Definition kann eine Definition der Verwaltungsorgane versucht werden. Die Gewinnung eines solchen von der staatlichen Organisationsstruktur unabhängigen Verwaltungsbegriffes kann außerdem die Untersuchung ermöglichen, inwieweit das Handeln der in der Verfassung der UdSSR nicht als Verwaltungsorgane bezeichneten Staatsorgane auch Verwaltungshandeln sein kann. Diese Methode ist auch für das Rechtssystem der Sowjetunion richtig: Gerade, weil in der Sowjetunion das Prinzip der Gewaltenvereinigung gilt, obwohl der äußere Aufbau der Verfassung der UdSSR den gegenteiligen Eindruck erregt, muß man zu einer von der staatlichen Organisationsstruktur unabhängigen Einteilung der Staatsfunktionen gelangen. Eine kritische Darstellung der sowjetischen Lehre vom Verwaltungshandeln ist sonst unmöglich.

---

31 *Studenikin* 1950, S. 124; *Lunev* 1967, S. 159; vgl. auch unten S. 133.

32 Davon scheint *Petrov* auszugehen, Administrativnoe pravo, S. 5, wo er folgende Staatsfunktionen unterscheidet: (1) Tätigkeit der Staatsgewalt, (2) Präsidialtätigkeit, (3) Verwaltungstätigkeit, (4) gerichtliche Tätigkeit, (5) staatsanwaltschaftliche Tätigkeit.

33 *Levin - Trajnin*, Sovetskoe gosudarstvennoe pravo (deutsch: Sowjetisches Staatsrecht), Juridičeskoe Izdatel'stvo Ministerii Justicii, Moskau 1948, S. 368, 369.

§2 Die Definition der Verwaltungsorgane mit Hilfe eines formellen Verwaltungsbegriffs

I. Die Bestimmung der Rechtsfunktionen des sowjetischen Staates

1. Die Unbrauchbarkeit der materiellen Staatsfunktionen im Sinne der sowjetischen Staatslehre zur Bestimmung des formellen Verwaltungsbegriffs

Es kommt darauf an, eine Begriffsbestimmung der Verwaltung zu erarbeiten, die unabhängig von der staatlichen Organisationsstruktur ist und mit der sowjetischen Verfassungswirklichkeit in Einklang steht. Einen Ausgangspunkt dafür bietet der von Kozlov in dem unter seiner Redaktion 1968 erschienenen Verwaltungsrechtslehrbuch unternommene Versuch zur Bestimmung der Verwaltung. Dort heißt es: „Verwaltung ist die Ausübung der Organisationsaufgaben, die den Prozeß der gemeinschaftlichen Tätigkeit von Menschen die Erreichung der gesetzten Ziele sichern[34].

Dieser Begriff der Verwaltung ist schon nicht mehr der am weitesten denkbare. Dieser müßte lauten: Verwaltung ist *alle* planvolle Tätigkeit zur Erreichung bestimmter menschlicher Zwecke.

Diese Tätigkeit hat Kozlov bereits auf eine „organisierende“ Tätigkeit beschränkt. Der Begriff „Organisationsaufgabe“ ist aber nichts anderes als eine Umschreibung für die Zweckgerichtetheit einer Tätigkeit, wenn er im Zusammenhang mit dem Nebensatz der Definition gesehen wird. Die Definition lautet dann: Verwaltung ist eine planvolle Tätigkeit, um im Prozeß der gemeinschaftlichen Tätigkeit von Menschen die Erreichung der gesetzten Ziele zu sichern. Im Vergleich zu der weitesten denkbaren Definition des Begriffs „Verwaltung“ besitzt die Koslov'sche Definition jedoch bereits eine sozialistische Besonderheit: Sie ist Ausdruck der Überzeugung, daß staatlicher Zentralismus und gesellschaftliche Aktivität sich nicht ausschließen. Sie wiederum geht auf die Identität der Interessen von Staat und Gesellschaft zurück.

Juristisch ist dieser Begriff noch bedeutungslos. Zu einem juristisch erheblichen Begriff der Verwaltung gelangt man erst, wenn der Begriff Kozlovs weiter verengt wird. Das gelingt durch die Beschränkung auf diejenigen Organisationsaufgaben, welche die Erreichung der nicht durch irgendeine Gemeinschaft gesetzten Zwecke, sondern der im Staat zusammengefaßten Gemeinschaft von Menschen sicherstellen soll. Verwaltung ist dann die zweckgerichtete Tätigkeit von Staatsorganen[35]. Die Ver-

[34] *Kozlov* 1968, S. 7.

[35] Der Begriff „Staatsorgan“ wurde absichtlich anstelle des Begriffs „Staat“ gewählt, da die sowjetische Staats- und Verwaltungsrechtslehre ein einheitliches Rechtssubjekt „Staat“ nicht kennt, vgl. unten S. 32 - 33.

engung der weiten Definition durch die Verwendung des Begriffsmerkmals „Staatsorgane“ führt dazu, daß nunmehr der Verwaltungsbegriff zu einem Rechtsbegriff geworden ist. Dieser Begriff der Verwaltung umfaßt jedoch die gesamte Tätigkeit der Staatsorgane. Er könnte nur befriedigen, wenn sich in der Sowjetunion lediglich eine Staatstätigkeit feststellen ließe. Dann bedürfte es nicht einer besonderen Definition der Verwaltung. Denn Definition bedeutet immer Abgrenzung gegen andere Begriffe. Der bereits verengte Begriff der Verwaltung bedarf daher noch einer weiteren Verengung, wenn er juristisch bedeutungsvoll sein soll. Eine solche Verengung erreicht man, indem man aus der Gesamttätigkeit der Staatsorgane die neben der Verwaltung vorhandenen Staatstätigkeiten herausnimmt und dann feststellt, welcher Bereich der Staatstätigkeit für die Verwaltung noch übrig bleibt. Da es hier um die Bestimmung eines rechtlich erheblichen Verwaltungsbegriffs geht, ist zu untersuchen, welche Rechtsfunktionen des Staates in der Sowjetunion unterschieden werden können.

Bei dieser Untersuchung sind alle diejenigen sowjetischen Versuche juristisch unbrauchbar, die die Staatsfunktionen inhaltlich in der Weise bestimmen, daß sie unterscheiden zwischen den inneren Abwehrfunktionen, den äußeren Abwehrfunktionen, den wirtschaftlich-organisatorischen Funktionen und den kulturell-erzieherischen Funktionen des Staates[36]. Diese Staatsfunktionen sollen hier, um Mißverständnisse zu vermeiden, als materielle Staatsfunktionen im Sinne der sowjetischen Staatslehre bezeichnet werden. Die jetzt zu untersuchenden Rechtsfunktionen des Staates sollen im Gegensatz dazu als formelle Staatsfunktionen im Sinne der sowjetischen Staatslehre bezeichnet werden. Welche Rechtsfunktionen des sowjetischen Staates lassen sich feststellen? Hierzu ist vorweg zu bemerken, daß dem Problem der Rechtsfunktionen des Staates in der sowjetischen Staatstheorie wegen der Behandlung der inhaltlichen Staatsfunktionen kaum Aufmerksamkeit geschenkt wird. Im verwaltungsrechtlichen Schrifttum lassen sich zwar Untersuchungen über die Unterschiede zwischen den jeweiligen Rechtsfunktionen feststellen. Diese Untersuchungen leiden jedoch, wie bereits bemerkt, an dem Mangel, daß sie im Anschluß an die staatliche Organisationsstruktur jeder Art von Staatsorganen eine bestimmte Rechtsfunktion zuordnen[37]. Damit wird aber der Weg zu der Erkenntnis verbaut, daß ein Staats-

---

[36] Vgl. z. B. *Černogolovkin*, N. V., Funkcii Sovetskogo gosudarstva v period razvernutogo stroitel'stva kommunizma (deutsch: Die Funktionen des sowjetischen Staates in der Periode des entwickelten Aufbaues des Kommunismus), Gosjurizdat, Moskau 1960, S. 20 ff.

[37] *Studenikin* 1950, S. 147, 149; *Studenikin* 1959, S. 68, 127, 128; *Petrov*, Administrativnoe pravo, S. 8, 179, 181; *Petrov*, Suščnost', S. 8 ff.; *Lunev* 1960, S. 115, 117; *Kozlov* 1962, S. 3 ff., 80 ff., 205 ff.; *Kozlov* 1968, S. 86 ff., 209 ff.; *Kozlov*, Organy, S. 36, 45.

organ verschiedene Staatsfunktionen im formellen Sinne wahrnehmen kann.

2. Die formellen Staatsfunktionen des sowjetischen Staates

Von der Tätigkeit in der Sache her lassen sich auch in der Sowjetunion folgende formelle Staatsfunktionen bestimmen. Den Anknüpfungspunkt für eine Aufstellung von formellen Staatsfunktionen bietet auch in der Sowjetunion die Rechtsetzung. Rechtsetzung ist die auf Schaffung genereller Normen des objektiven Rechts gerichtete Staatstätigkeit[38].

Anknüpfungspunkt für die Entwicklung einer weiteren Staatsfunktion bildet die Tätigkeit der Gerichte. Für ihre Tätigkeit ist kennzeichnend, daß sie darin besteht, generelle Rechtsnormen auf den konkreten Einzelfall einer zivilrechtlichen Auseinandersetzung anzuwenden. Eine derart gekennzeichnete Tätigkeit nehmen jedoch nicht nur die Gerichte im organisatorischen Sinne wahr, sondern auch die Organe der staatlichen Verwaltung haben teilweise derartige Entscheidungen zu treffen[39].

Deshalb empfiehlt es sich, nicht von der Tätigkeit der Gerichte als einer formellen Staatsfunktion zu sprechen, sondern von Rechtsprechung in dem soeben definierten Sinne.

II. Die Definition der Verwaltung mit Hilfe der formellen Staatsfunktionen als Restbegriff

Als was ist die neben der Rechtsetzung und Rechtsprechung verbleibende Staatstätigkeit zu bezeichnen?

Verwaltung soll jene Staatstätigkeit sein, die weder Rechtsetzung noch Rechtsprechung in dem definierten Sinn ist. Es drängt sich die Frage auf, ob eine solche negative Definition zulässig ist. Unter den Begriff „Verwaltung" lassen sich aber derart verschiedene Staatstätigkeiten zusammenfassen, wie z. B. die Anordnung einer oberen Verwaltungsbehörde an eine untere, der Bau von Straßen, die Verleihung von Orden, daß es gerechtfertigt ist, als gemeinsames Merkmal dieser verschiedenartigen Tätigkeiten zu begreifen, daß sie weder Rechtsetzung noch Rechtsprechung sind. Anders als in dem hier unternommenen Definitionsversuch kommt Meissner zu folgenden fünf Rechtsfunktionen des Staates in der sowjetischen Verfassungswirklichkeit[40]:

---

[38] *Kozlov*, Organy, S. 56; *Petrov*, Suščnost', S. 8.

[39] z. B. können Verwaltungsbehörden Verwaltungsstrafen verhängen, vgl. unten S. 116.

[40] *Meißner*, B., Die Rechtsstellung der Kommunistischen Partei der Sowjetunion, JfOR Bd. II, 2. Halbjahreshaft 1961, Herrenalb 1961, S. 7 f. (S. 13); vgl. auch im Anschluß an Meißner.
Westen, K., Die Kommunistische Partei der Sowjetunion und der Sowjetstaat, Köln 1968, S. 127 ff. im Folgenden zitiert als Westen, KPdSU.

Planung, Rechtsetzung, Vollziehung (Regierung, Verwaltung), Rechtsprechung und Kontrolle.

Damit definiert Meissner die Verwaltung positiv als Vollziehung. Der Begriff „Vollziehung" vermag jedoch nicht die Rechtsfunktion Verwaltung zu klären. Die Verwaltung ist zwar eine vollziehende Tätigkeit. Das gleiche gilt jedoch für die Rechtsetzung und die Rechtsprechung.

Aus der Funktioneneinteilung Meissners läßt sich aber gegen die hier aufgestellten Staatsfunktionen der Einwand entnehmen, in ihnen seien nicht die Staatsfunktionen der Kontrolle und Planung berücksichtigt.

Kontrolle ist weder Rechtssetzung noch Rechtsprechung in dem oben definierten Sinn. Sie ist daher nach der hier vertretenen Definition der Verwaltung dieser zuzurechnen. Soll die Kontrolle aus dem Verwaltungsbegriff herausgenommen werden, müssen juristisch erhebliche Kriterien herausgearbeitet werden, die die Kontrolle von allen übrigen der formellen Staatsfunktion „Verwaltung" zurechenbaren Staatstätigkeiten abgrenzt. Solche Kriterien arbeitet Meissner nicht heraus. Im folgenden soll daher die Kontrolle nicht als besondere formelle Staatsfunktion behandelt, sondern der formellen Staatsfunktion „Verwaltung" zugerechnet werden.

Was gilt für die Planung?

Meissner führt dazu aus: Der Plan, verstanden als Zusammenfassung von Richtlinien für zukünftige Maßnahmen der Behörden, enthalte zwar eine generelle Regelung, weil er sich an eine Vielzahl von Adressaten wende. Aber es fehle ihm die für die generelle Norm typische formale Gleichbehandlung der Adressaten des Rechtssatzes, weil die Koordinierung verschiedener Maßnahmen innerhalb der Verwaltung, die sich in Einzelverfügungen niederschlagen, nach anderen Gesichtspunkten erfolge. Der Plan stünde daher seinem Rechtscharakter nach zwischen Norm und Verwaltungsakt und bilde ein Tertium[41]. Es ist fraglich, ob diese Begründung für die sowjetischen Pläne zutrifft und ob deshalb die Feststellung einer formellen Staatsfunktion „Planung" für das sowjetische Rechtssystem gerechtfertigt ist.

Denn Meissners Begründung ist offensichtlich an den Erörterungen auf der deutschen Staatsrechtslehrertagung 1959 orientiert, die um das Problem der Rechtsnatur von Raumordnungsplänen kreisten[42]. Das Krite-

---

Forst, H.-J., Der Verwaltungsakt in der UdSSR und der DDR, jur. Diss., Köln 1970, S. 11.

[41] Meissner, S. 15.

[42] *Meissner*, S. 15, Fußn. 24 und 25. Vgl. dazu die Veröffentlichungen der Vereinigung der Deutschen Staatsrechtslehrer, Heft 18, Berlin 1960, S. 113 ff., Der Plan als verwaltungsrechtliches Institut, mit den Berichten von Imboden und Obermayer.

rium der formalen Gleichheit ist mit dem Rechtsbegriff des bürgerlichen Rechtsstaates verbunden. Im sowjetischen Recht jedoch lassen sich Tendenzen zur Entwicklung eines anderen Rechtssatzbegriffes als den der bürgerlichen Staaten entdecken, der es möglicherweise erlaubt, innerhalb des sowjetischen Rechtssystems die Planung als eine Form der Rechtssetzung zu begreifen[43].

Die Beantwortung dieser schwierigen, auch im sowjetischen Recht streitigen Frage kann jedoch offen bleiben. Denn an dieser Stelle der Untersuchung geht es nur darum, eine zur Bestimmung der Verwaltungsorgane brauchbare Definition der Verwaltung zu finden. Ob neben den drei grundlegenden formellen Staatsfunktionen noch weitere formelle Staatsfunktionen zu berücksichtigen sind, ist für die hier verwandte Definition der Verwaltung unerheblich. Der ohne Berücksichtigung der Planung gewonnene Verwaltungsbegriff kann zwar zu weit sein. Er erfüllt jedoch an dieser Stelle seinen Zweck, der Bestimmung der Verwaltungsorgane zu dienen.

Es ist noch ein weiterer Einwand gegen die hier vertretene Definition der Verwaltung denkbar: Der Bereich der Verwaltung durfte nicht zum Bereich der Rechtssetzung allgemein, sondern nur zum Bereich der Gesetzgebung in Gegensatz gestellt werden. Denn die Rechtstätigkeit, die nicht Gesetzgebung ist, gehört in den Bereich der Verwaltung. Auf diesen möglichen Einwand soll jedoch erst unten im Zusammenhang mit den sogenannten Normativakten der sowjetischen staatlichen Verwaltung eingegangen werden[44].

III. Die Definition der Verwaltungsorgane als Staatsorgane, die hauptsächlich Verwaltungsaufgaben wahrnehmen

Kehren wir nunmehr zum Ausgangspunkt der Untersuchung zurück. Es ging darum, eine Definition für die Verwaltungsorgane zu finden. Verwaltungsorgane werden durch die Art ihrer Tätigkeit bestimmt. Danach sind Verwaltungsorgane diejenigen Staatsorgane, die Staatsaufgaben wahrnehmen, die weder Rechtsetzung noch Rechtsprechung sind[45]. Führt man sich aber das in der Sowjetunion geltende Prinzip der Gewaltenvereinigung vor Augen, so bedeutete das, daß in der Sowjetunion ein Staatsorgan sowohl Verwaltungs- als auch Rechtsetzungs-, als auch Rechtsprechungsorgan sein könnte. Man könnte also nicht zwischen bestimmten Arten von Staatsorganen von der Tätigkeit her unterscheiden. Nun ist aber einzelnen Staatsorganen eine bestimmte Staatsfunktion

[43] Vgl. unten S. 82.
[44] Vgl. unten S. 77.
[45] Vgl. S. 30.

in größerem Umfange zugewiesen als anderen Staatsorganen. So heben sich die von der sowjetischen Verwaltungsrechtslehre als Organe der Staatsverwaltung bezeichneten Staatsorgane von anderen davon ab, daß ihnen in überwiegendem Maße Aufgaben zugewiesen sind, die zu dem Bereich der Verwaltung in dem oben definierten Sinne gehören.

Insoweit ist es daher im Ergebnis berechtigt, wenn die sowjetische Verwaltungsrechtslehre als Verwaltungsorgane diejenigen Staatsorgane betrachtet, die in der Verfassung der UdSSR als solche genannt werden. Es ist aber zu berücksichtigen, daß neben diesen Organen, die hauptsächlich Verwaltungsfunktionen wahrnehmen, andere Staatsorgane, deren Tätigkeit hauptsächlich auf dem Gebiet einer anderen Staatsfunktion liegt, ebenfalls Verwaltungsaufgaben wahrnehmen können. Sie werden dann in der Funktion eines Verwaltungsorgans tätig, obwohl sie als Rechtssetzungsorgane z. B. zu bezeichnen sind.

Verwaltungsorgane sind daher diejenigen Staatsorgane, die in überwiegendem Maße solche Tätigkeiten wahrnehmen, die weder Rechtssetzung noch Rechtsprechung sind.

§3 Das Handeln der Organe

I. Darstellung der sowjetischen Lehre, nach der das Organ und nicht der Staat handelt

Der in den Kategorien des (west-)deutschen Verwaltungsrechtssystems denkende Jurist wird bei der Untersuchung der Lehre vom Verwaltungshandeln in der sowjetischen Verwaltungsrechtsliteratur davon überrascht, daß nicht der Staat selbst Träger der Verwaltung ist, sondern daß als Träger der Verwaltung die Organe der Staatsverwaltung angesehen werden[46]. Die Handlungen der Organe der Verwaltung werden also nicht dem Staat, sondern dem jeweiligen Verwaltungsorgan zugerechnet. Die (west-)deutsche Auffassung dagegen stellt sich das juristisch personifizierte Gemeinwesen selbst, d. h. die Staaten und deren juristisch personifizierte Glieder, als handelnd vor[47].

II. Die Gründe für diese Lehre

Die sowjetische Vorstellung beruht auf zwei Voraussetzungen:

Erstens: der Staat wird nicht als juristische Person angesehen. Zweitens: den Organen der staatlichen Verwaltung wird in bestimmten Rechtsverhältnissen Rechtssubjektivität zuerkannt.

---

[46] *Studenikin* 1959, S. 124; *Petrov*, Administrativnoe pravo, S. 178; *Lunev* 1960, S. 112.

1. Die Nichtanerkennung des Staates als juristische Person

Die sowjetische Staatslehre erkennt dem Staat keine einheitliche Rechtspersönlichkeit zu. An Stelle einer einheitlichen juristischen Definition des Staates lassen sich nur politische Definitionen entdecken. So schreibt Lepeškin: „Staatsgewalt ist eine organisierte Herrschaft der Klasse, die die staatliche Leitung der Gesellschaft hauptsächlich durch den Staatsapparat verwirklicht[48]." Schon Pašukanis hatte das Fehlen einer juristischen Definition des Staates damit begründet, daß „der Staat als Organisation der Klassengesellschaft keine rechtliche Deutung erheische"[49]. Zwar wird dem Staat von manchen Autoren der Charakter einer juristischen Person in bestimmten Rechtsverhältnissen des Staats-, Verwaltungs-, Zivil- und Finanzrechts und in anderen Rechtsgebieten zuerkannt. Den Staat als eine einheitliche Rechtspersönlichkeit zu betrachten, wird jedoch abgelehnt. Andere Autoren verwenden den Begriff juristische Personen in Bezug auf den Staat überhaupt nicht, sondern bezeichnen ihn als Rechtssubjekt besonderer Art, nämlich als Rechtssubjekt des Staats-, Verwaltungs-, Zivil- und Finanzrechts und anderer Rechtsgebiete[50].

Völlig unstreitig ist die Rechtssubjektivität des Staates inzwischen auf dem Gebiet des Völkerrechts. Hier handeln die zuständigen Staatsorgane und Organwalter für das Rechtssubjekt Staat.

Eine besonders typische Ausprägung der Nichtanerkennung des Staates als juristische Person findet sich auf dem Gebiet des Zivilrechts. Die sowjetischen Zivilrechtslehrbücher unterscheiden drei Arten von Rechtssubjekten:

Die natürlichen Personen, die juristischen Personen und den Staat[51].

Auf dem Gebiet des Zivilrechts ist der Staat das einzige Subjekt des staatlichen sozialistischen Eigentums[52].

---

[47] *Wolff,* H. J., Verwaltungsrecht I, 6. Aufl., München und Berlin 1965, S. 22, im Folgenden zitiert als Wolff, Verwaltungsrecht I.

[48] *Lepeškin, Kim, Mišin, Romanov,* Kurs sovetskogogosudarstvennogo prava (deutsch: Lehrgang des sowjetischen Staatsrechts), Band I, Gosjurizdat, Moskau 1961, S. 245.

[49] *Pašukanis,* Allgemeine Rechtslehre und Marxismus, Wien - Berlin 1929, S. 117.

[50] Es entspricht daher nicht den Tatsachen, wenn *Westen,* KPdSU, S. 111 Fn. 25, feststellt, lediglich in der Zivilrechtslehre habe man daran festgehalten, daß der Staat Rechtssubjekt sei.

[51] z. B. *Genkin,* D. M., *Bratus,* S. N., *Lunc,* L. A., *Novickij,* I. B., Sovetskoe graždanskoe pravo (deutsch: Sowjetisches Zivilrecht), Gosjurizdat, Moskau 1950, Deutsche Übersetzung: Sowjetisches Zivilrecht, Bd. I (Ost-)Berlin 1953, S. 143, 147, 171, im Folgenden zitiert als Genkin - Bratus.

[52] *Mickevič,* A. V., Subekty sovetskogo prava (deutsch: Subjekte des sowjetischen Rechts), Gosjurizdat, Moskau 1962, S. 101, im Folgenden zitiert als *Mickevič,* Subekty.

Die Wurzel der Auffassung, die den Staat nicht als einheitliche juristische Person ansieht, wird deutlich sichtbar in dem neuerdings erschienenen Buch von Kopejčikov: „Mechanizm sovetskogo gosudarstva" (Der Mechanismus des Sowjetstaates). Hier wird der Staat dynamisch, nämlich als ein Mechanismus begriffen, der den Staatsapparat, die organisatorische Zusammenfassung von Behörden und sonstigen Verwaltungseinrichtungen, umfaßt[53].

Auch Afanas'ev bezeichnet den Staat als ein „kompliziertes mechanisches System, das den Staatsapparat in sich einschließt"[54].

2. Die Rechtssubjektivität der Verwaltungsorgane

Ist der Staat selbst keine juristische Person, so können die Staatsorgane nicht die Eigenschaft von Organen einer juristischen Person haben. Das äußert sich bereits im Wortlaut der Verfassung der UdSSR. Sie spricht nicht von Staatsorganen, sondern von obersten Organen der Staats*gewalt*, örtlichen Organen der Staatsgewalt, zentralen Organen der Staatsverwaltung und örtlichen Organen der Staatsverwaltung. Eine solche Terminologie ist nur verständlich, wenn man nicht von dem Begriff des Staates als einer einheitlichen juristischen Person ausgeht, sondern ihn als einen Apparat von Behörden und sonstigen Einrichtungen betrachtet. Zwar ist im sowjetischen verwaltungsrechtlichen und staatstheoretischen Schrifttum auch von Staatsorganen die Rede[55]. Aber auch dann werden sie nicht als Organe der juristischen Person Staat oder einer kommunalen Gebietskörperschaft aufgefaßt, sondern ebenfalls als Teil des Staatsapparates[56].

Für die hier interessierenden Organe der staatlichen Verwaltung folgt daraus:

Kann das Handeln der Organe der Verwaltung nicht dem Staat als solchem zugerechnet werden, so muß es diesen Organen selbst zugerechnet werden. Sie müssen selbst Rechtssubjektivität besitzen.

---

[53] *Kopejčikov*, V. V., Mechanizm sovetskogo gosudarstva (Der Mechanismus des Sowjetstaates), Juridičeskaja literatura", Moskau 1968, S. 31/32, 34, 37, 47.

[54] *Afanas'ev*, V. G., Naučnoe upravlenie obščestvom, Verlag für politische Literatur, Moskau 1968. Hier zitiert nach der deutschen Übersetzung: Wissenschaftliche Leitung der Gesellschaft, (Ost-) Berlin 1969, S. 179, 196, im Folgenden zitiert als Afanas'ev.

[55] Vgl. z. B. mit weiteren Verweisungen, *Vasilenkov*, P. T., Ponjatie organa sckovetskogo socialističeskogo gosudarstva (deutsch: Der Begriff des Staatsorgans im sowjetischen sozialistischen Staat), Vestnik Moskovskogo Universiteta, 1963, Serija X, Pravo Nr. 1 (Wissenschaftliche Nachrichten der Moskauer Universität, Reihe X, Recht Nr. 1), Izdatel'stvo Moskovskogo Universiteta, S. 13 ff. (13, 14, 15).

[56] So ganz deutlich *Vasilenkov*, S. 15.

Das gilt nicht für die sog. zentralen Organe der Staatsverwaltung, sondern auch für die örtlichen. Denn die Ablehnung der Vorstellung vom Staat als juristischer Person führt dazu, auch den kommunalen Verwaltungseinheiten und -einrichtungen nicht den Charakter einer Gebietskörperschaft zuzuerkennen, sondern auch hier den Verwaltungsorganen selbst Rechtssubjektivität in verschiedenen Rechtsverhältnissen zuzuerkennen. Die Rechtssubjektivität der Verwaltungsorgane weist jedoch die gleiche Eigentümlichkeit auf, die festgestellt wurde, wenn der Staat als Rechtssubjekt auftritt: Das Fehlen einer einheitlichen Rechtssubjektivität. So werden z. B. die Organe der Staatsverwaltung und die verantwortlichen Staatsbeamten (russ.: dolžnostnye lica) als Subjekte eines „Verwaltungsrechtsverhältnisses" begriffen, und es wird ihnen von der sowjetischen Verwaltungsrechtslehre die sog. „Verwaltungsrechtsfähigkeit" zuerkannt[57].

Die „Verwaltungsrechtsfähigkeit" wird definiert als die Fähigkeit des Subjekts eines Verwaltungsrechtsverhältnisses, Träger von Rechten und Pflichten im Bereich der staatlichen Verwaltung zu sein[58]. Die Verwaltungsrechtsfähigkeit erstreckt sich also nur auf das Gebiet des Verwaltungsrechts. Sie bedeutet also nur die Fähigkeit der Verwaltungsorgane, Träger von staatlichen Hoheitsrechten sein zu können[59].

Werden Staatsorgane, also auch Organe der Staatsverwaltung, auf dem Gebiet des Zivilrechts tätig, gelten sie als juristische Person. Denn dann haben sie, wie immer gesagt wird, wie ein Gosbudget- oder Chozrasčet-Betrieb die Stellung einer juristischen Person[60]. Der Begriff der juristischen Person ist aber im Sowjetrecht bekanntlich auf das Zivilrecht beschränkt. Darauf folgt, daß der Begriff der Verwaltungsrechtsfähigkeit der Verwaltungsorgane nicht mit dem aus dem (west-)deutschen Verwaltungsrecht bekannten Begriff der Rechtsfähigkeit öffentlichen Rechts verwechselt werden darf. Denn er umfaßt die Rechtsfähigkeit auf dem Gebiet des öffentlichen und des Privatrechts.

Die Definition der Verwaltungsrechtsfähigkeit[61] weist auf eine weitere Eigentümlichkeit des sowjetischen Verwaltungsrechts hin, die an dieser Stelle nur gestreift wird: Wenn Verwaltungsorgane Träger von Rechten und Pflichten *im Bereich* der staatlichen Verwaltung sind, so ist daraus ersichtlich, daß die Verwaltungsrechtsfähigkeit ihnen auch innerhalb

---

[57] *Lunev* 1967, S. 35; *Kozlov* 1968, S. 68. Dieser Begriff ist erstmals, soweit der Verfasser feststellen konnte, von *Lunev* verwandt worden. Früher wurde nur von der „Rechtssubjektivität der Organe der staatlichen Verwaltung" gesprochen, die „ihren Ausdruck in deren hoheitlichen Rechten und Pflichten fände" (vgl. *Mickevič*, Subekty, S. 111, 112).

[58] *Lunev* 1967, S. 35.

[59] *Mickevič*, Subekty, S. 113; *Kozlov* 1968, S. 68, 69.

[60] *Mickevič*, Subekty, S. 114.

[61] Vgl. diese Seite oben.

der Staatsverwaltung zukommt. Der Grund dafür ist im Folgenden zu suchen: Nach kommunistischer Auffassung darf nicht zwischen dem Verhältnis Staat — Bürger und den Verhältnissen der Staatsorgane untereinander unterschieden werden, da der Interessengegensatz von Staat und Bürger, auf dem das Verwaltungsrecht bürgerlicher Staaten beruht, in der kommunistischen Gesellschaft entfällt. Das Verwaltungsrecht des bürgerlichen Staates wird abgelöst durch technische Regelungen[62]. Es gibt nur noch Verwaltungsinterna. Unabhängig von diesem ideologischen Hintergrund der Aufhebung des Gegensatzes von Innen- und Außenverhältnissen der Verwaltung erscheint die Auffassung vertretbar, diese Aufhebung sei rechtstheoretisch zumindest insoweit gerechtfertigt, als es um die Rechtssubjektivität der Verwaltungsorgane geht. Darauf wird im Kapitel IV im Zusammenhang mit den sog. Normativakten der Verwaltung näher eingegangen werden[63].

Zusammenfassend ist festzustellen:

Nach sowjetischer Vorstellung werden die Handlungen eines Verwaltungsorgans nicht dem Staat als juristischer Person oder einer Gebietskörperschaft, als einem juristisch personifizierten Glied des Staates zugerechnet, sondern dem Verwaltungsorgan selbst.

---

[62] *Lunev* 1967, S. 18, 20.
[63] Vgl. S. 86.

Zweites Kapitel

Der Akt der sowjetischen staatlichen Verwaltung als Teil der rechtstheoretisch möglichen Rechtshandlungen der Verwaltungsorgane

§1 Rechtstheoretisch mögliche Verwaltungshandlungen

I. Verwaltungs-Tathandlungen und Verwaltungs-Rechtshandlungen

Verwaltungshandeln soll nicht allein wie oben dargelegt[64] als die Ausübung der oben[65] definierten Staatsfunktion „Verwaltung" durch ein Staatsorgan begriffen werden. Vielmehr soll der Begriff weiter gefaßt werden: Er soll die Vornahme sämtlicher Handlungen eines Verwaltungsorgans in dem oben erläuterten Sinn übernehmen.

Aus der Masse der Handlungen der Verwaltungsorgane lassen sich diejenigen Handlungen abgrenzen, die sich durch die Erfüllung eines bestimmten Zwecks von den übrigen Handlungen abheben.

Im weitesten Sinne des Wortes müssen auch diejenigen Handlungen zu den Handlungen der Verwaltungsorgane gezählt werden, die die genannten abgrenzbaren Handlungen vorbereiten. So ist zum Beispiel das Sammeln von tatsächlichen Unterlagen für den Erlaß eines Verwaltungsakts eine vorbereitende Handlung. Aber rechtlich interessiert nur das Ergebnis dieser Handlung: Der Erlaß des Verwaltungsakts.

Gegenstand einer Lehre vom Verwaltungshandeln sind also nicht jegliche Handlungen eines Organs der Verwaltung, sondern nur das Ergebnis dieser Handlungen: Das sind die Verwaltungsakte im weitesten Sinne des Wortes. Sie können in zwei Hauptgruppen eingeteilt werden[66]:

In Verwaltungstathandlungen und Verwaltungsrechtshandlungen. Verwaltungstathandlungen sind die Handlungen von Verwaltungsorganen, die keine Erklärung enthalten[67]. Als Beispiele seien die Akteneinsicht, die Anlegung von Straßen, die Tötung verseuchter Tiere und die Auskunft des Meldeamtes genannt.

---

[64] Vgl. S. 16.
[65] Vgl. S. 30.
[66] *Wolff*, Verwaltungsrecht I, S. 256 ff.
[67] *Wolff*, ebd.

Unter Verwaltungsrechtshandlungen sind die Handlungen von Verwaltungsorganen zu verstehen, die mit dem Ziel vorgenommen werden, einen von der Rechtsordnung vorgesehenen Rechtserfolg zu erreichen[68]. Die Rechtshandlungen lassen sich ihrerseits wieder in zwei Hauptgruppen unterteilen: In die zivilrechtlichen Rechtshandlungen und die verwaltungsrechtlichen Rechtshandlungen.

Zivilrechtliche sind solche, deren Rechtsfolgen sich nach Zivilrecht, verwaltungsrechtliche solche, deren Rechtsfolgen sich nach Verwaltungsret richten.

Die verwaltungsrechtlichen Rechtshandlungen lassen sich wiederum unterteilen in zweiseitige Rechtshandlungen, d. h. öffentlich-rechtliche Verträge, auf der einen Seite und einseitige, rechtsfolgebegründende Anordnungen auf der anderen Seite. Auf diesen Anordnungen liegt im Verwaltungsrecht das Schwergewicht. Sie können weiter untergliedert werden. Vorher ist jedoch auf einen Einwand gegen die Grundeinteilung der Verwaltungshandlungen einzugehen.

II. Das Verhältnis der Tat- und Rechtshandlungen zueinander

Merkl hat der Einteilung der Verwaltungshandlungen in Tathandlungen und Rechtshandlungen entgegengehalten, sie sei unhaltbar, weil sie davon ausgehe, es gäbe Akte der Verwaltung (im weitesten Sinne, Ergänzung des Verfassers), die rechtlich irrelevant seien[69].

Die Zurechnung eines Aktes zum Staate setze aber voraus, daß durch irgendeine Rechtsnorm, sei es auch nur durch eine Kompetenznorm, die Zurechnungsmöglichkeit zum Staate geschaffen werde. Ob die Einteilung in Tathandlungen und in Rechtshandlungen tatsächlich davon ausgeht, die Tathandlungen seien rechtlich irrelevant, ist nicht feststellbar. Mit dieser Unterscheidung wird nur ein wesentlicher Unterschied zwischen beiden Arten von Verwaltungsakten im weiteren Sinne festgestellt. Die Tathandlungen selbst begründen noch keine Rechtsfolge. Sie sind nur Bedingung für eine rechtliche Folge. Demgegenüber bewirken die sog. Rechtshandlungen eine Rechtsfolge. Der Unterschied zwischen Tat- und Rechtshandlungen liegt also nur in der Folge dieser Handlungen. Die Unterscheidung ist an den Folgen einer Verwaltungshandlung, nicht an ihrer rechtlichen Grundlage orientiert.

Geht man aber von ihr aus, d. h. von der Rechtsnorm, welche die Zurechnung einer Handlung zum Staat bzw. auf das sowjetische Rechtssy-

---

[68] Vgl. *Peters*, H., Lehrbuch der Verwaltung, Berlin, Göttingen, Heidelberg 1949, S. 151.
[69] *Merkl*, S. 175.

stem übertragen, zu einem Staatsorgan ermöglicht, dann ist diese Unterscheidung mißverständlich. Denn von der Zurechnungsnorm her kann es keine Unterschiede zwischen Tat- und Rechtshandlungen geben. Insoweit ist Merkl zuzustimmen. Denn dann ist die Tat- wie die Rechtshandlung Vollziehung einer Rechtsnorm[70]. Die Tathandlungen sind also nicht rechtlich irrelevant.

Geht man also bei der Einteilung der Verwaltungshandlungen von ihren Rechtsfolgen aus und beachtet gleichzeitig ihre Beziehung zu ihrer Rechtsgrundlage, so kann man zu folgender Einteilung gelangen:

Auf der einen Seite stehen die bloß vollziehenden Verwaltungshandlungen. Das sind die Tathandlungen der Verwaltung. Zu der anderen Seite gehören die vollziehenden und gleichzeitig Rechtsfolgen begründenden Verwaltungsakte. Das sind die Rechtshandlungen der Verwaltung.

Die gewählte Formulierung läßt die hier nicht zu entscheidende Frage offen, ob mit der reinen Rechtslehre die Anordnungen der Verwaltung, die einen Einzelfall regeln, als Rechtssätze anzusehen sind[71].

III. Die einseitigen verwaltungsrechtlichen Rechtshandlungen im einzelnen

Die einseitigen verwaltungsrechtlichen Rechtshandlungen lassen sich einteilen[72] in solche Anordnungen, welche die Verhältnisse innerhalb des Verwaltungsapparates regeln, und in solche, die das Verhältnis der Bürger regeln. Die ersten können entweder abstrakt sein oder konkret.

Für die zweiten, die Rechtshandlungen im Verhältnis zum Bürger, gilt: Sie können entweder abstrakt — generell sein oder konkret und dann einen Einzelfall regeln. Das geschieht entweder konkret — generell, wenn sie sich an eine unbestimmbare Vielzahl von Personen werden, oder konkret speziell, wenn sie an eine Vielheit bestimmter Personen oder an eine Gruppe Einzelpersonen gerichtet sind. Nur der letzten Gruppe angehörende Rechtshandlungen, die Regelungen eines Einzelfalls auf dem Gebiet des Verwaltungsrechts, sind Verwaltungsakte im Sinne des (west-)deutschen Verwaltungsrechts. Der sowjetische Begriff des Verwaltungsakts ist dagegen wesentlich weiter, wie die folgenden Ausführungen zeigen werden.

---

70 Vgl. S. 20.
71 Vgl. *Merkl*, S. 172, 173.
72 Die Unterteilung folgt der von *Wolff*, Verwaltungsrecht I, S. 258 ff.

§2 Das System der Verwaltungshandlungen in der sowjetischen Verwaltungsrechtslehre

I. Ein System aller Verwaltungshandlungen als Ausnahme

Ein umfassendes System sämtlicher denkbarer Verwaltungshandlungen läßt sich in der sowjetischen Verwaltungsrechtslehre mit der Ausnahme von Evtichiev, Kozlov und einer neueren Veröffentlichung nicht finden[73].

Im übrigen verwaltungsrechtlichen Schrifttum wird als Verwaltungshandlung allein der sogenannte „Akt der sowjetischen staatlichen Verwaltung" begriffen. Er soll im Folgenden der Einfachheit halber als „Verwaltungsakt" bezeichnet werden, obwohl sich der sowjetische Begriff des Verwaltungsakts mit dem (west-)deutschen nur in einem kleinen Ausschnitt deckt.

Evtichiev unterscheidet vier Formen von Verwaltungshandlungen[74].

1. Materiell-technische Handlungen
2. zivilrechtliche Verträge
3. Verwaltungszwang
4. Verwaltungsakte.

Für diese Aufstellung ist das Fehlen der grundlegenden Unterscheidung von Rechts- und Tathandlungen charakteristisch. Immanent ist sie freilich schon in ihr enthalten. Denn das Wesen der materiell-technischen Handlungen besteht nach Evtichiev darin, daß sie keine unmittelbare Rechtsfolgen hervorrufen[75].

Als falsch muß es auch angesehen werden, den Verwaltungszwang als besondere Kategorie des Verwaltungshandelns zu begründen. Entweder faßt man ihn als Handlung ohne unmittelbare Rechtsfolge auf, dann ist er den materielltechnischen Handlungen zuzurechnen, oder man sieht in der Anwendung von unmittelbarem Zwang ein Duldungsgebot enthalten, dann gehört er in die Rubrik der Verwaltungsakte.

Die Einbeziehung der zivilrechtlichen Verträge in das System der Verwaltungshandlungen verdient aus den oben genannten Gründen Zustimmung[76].

---

[73] Die Ausnahmen bilden die Ausführungen in *Evtichiev*, S. 270 ff. *Kozlov* 1962, S. 198 f. und 1968, S. 192 ff. und die Ausführungen in: Naučnye Osnovy gosudarstvennogo upravlenija v SSSR (deutsch: Wissenschaftliche Grundlagen der Staatsverwaltung in der UdSSR), hrsg. von *Lunev*, A. E., *Piskotin*, M. I., *Jampol'skaja*, C. A., Izdatel'stvo Nauka, Moskau 1968, S. 351 - 365, im Folgenden zitiert als „Naučnye osnovy".

[74] *Evtichiev*, S. 270.

[75] *Evtichiev*, ebd.

[76] Vgl. oben S. 16.

Die Mängel des Evtichiev'schen Systems vermeidet zum Teil das 1959 ins Russische übersetzte Buch des Polen Jerzy Staros'cjak „Prawne Formy działania administracji“ (deutsch: Die Rechtsform des Verwaltungshandelns)[77].

Es soll der Vollständigkeit halber erwähnt werden. Obwohl es zumindest in diesem Punkt auf die sowjetische Verwaltungsrechtslehre ohne Einfluß geblieben ist, wie am Beispiel Kozlov's deutlich werden wird. Staros'cjak zählt folgende fünf Arten auf:

1. Das Setzen genereller Normen,
2. den Erlaß von Verwaltungsakten,
3. den Abschluß von Verträgen,
4. die gesellschaftliche-organisatorische Tätigkeit,
5. die materiell-technischen Handlungen[78].

Auch er arbeitet den generellen Unterschied zwischen Tat- und Rechtshandlungen nicht heraus. Aber immanent ist er auch hier in der Aufzählung enthalten. Die Aufstellung der vierten Gruppe der Verwaltungshandlungen wäre überflüssig gewesen, da sie trotz den Einwänden Staros'cjaks[79] in die Gruppe der materiell-technischen Handlungen einzubeziehen gewesen wären.

Gegenüber dem System der Verwaltungshandlungen Staros'cjaks stellt die von Kozlov in der 1962 erschienenen Ausgabe des von ihm herausgegebenen Verwaltungsrechtslehrbuches vorgenommene Einteilung einen Rückschritt insofern dar, als die Anwendung unmittelbaren Zwangs wieder als Form des Verwaltungshandelns gesondert aufgeführt wird.

Im übrigen stimmt Kozlov's System mit dem Evtichievs fast überein. Er unterscheidet im einzelnen:

1. Materiell-technische Handlungen,
2. Organisationsmaßnahmen,
3. zivilrechtliche Rechtsgeschäfte,
4. die Anwendung unmittelbaren Zwangs,
5. Verwaltungsakte[80].

Materiell-technische Handlungen sind Verwaltungshandlungen, die keine Rechtsfolgen auslösen. Sie lassen sich mit den Verwaltungshand-

---

[77] Wydawnictwo Prawnicze, Wascawa 1957. Titel der russischen Übersetzung *Eži Staros'cjak*, Pravovye formy administrativnoj dejatel'nosti, Gosudarstvennoe Izdatel'stvo juridičeskoj literatury, Moskau 1959, im Folgenden zitiert als Staros'cjak.

[78] *Staros'cjak*, S. 16.

[79] *Staros'cjak*, S. 295 ff.

[80] *Kozlov* 1962, S. 198.

lungen vergleichen, die im (west-)deutschen Verwaltungsrecht als „schlichte Verwaltungsäußerungen“ bezeichnet werden[81].

Sie sind verwaltungsrechtliche Tathandlungen, die im engen Zusammenhang mit der Vorbereitung des Erlasses von Verwaltungsakten und deren Ausführung stehen[82].

Beispiele dafür sind:

Alle Handlungen, die mit der Anfertigung von Dokumenten durch die Verwaltung verbunden sind, wie Briefwechsel, Vervielfältigung von Schreiben, die praktische Durchführung von Konfiszierungen, Aktennotizen über Ereignisse innerhalb der Verwaltung, Sammlung statistischen Materials, Bereitstellung von Gebäuden für die Verwaltung etc[83].

Unter Organisationsmaßnahmen werden nicht Maßnahmen wie die Einrichtung, Auflösung oder Besetzung von Behörden verstanden. Ihr Ziel ist es, die Funktionsfähigkeit des Verwaltungsapparates sicherzustellen[84]. Sie sind innerdienstliche Handlungen ohne Rechtsfolgen. Als Beispiele werden in der Literatur genannt: Die Beaufsichtigung der Arbeit von Verwaltungsorganen, die Unterrichtung der Verwaltungsorgane über bestimmte Fakten, die Erläuterung von Gesetzesinhalten, die Heranziehung von Bürgern und gesellschaftlichen Organisationen zur Arbeit in der Verwaltung[85].

Die Fälle der Anwendung unmittelbaren Zwangs werden definiert als solche Handlungen, die eine verpflichtende Bedeutung sowohl für den Kreis der Mitarbeiter des jeweiligen Betriebes oder Unternehmens haben, als auch für dritte Personen[86]. Als Beispiel dafür folgt die Erwähnung der Befugnis der Feuerwehrleute, aus einem brennenden Haus Vermögensgegenstände zu entfernen. Mit Hilfe dieses Beispiels lassen sich unter dem Begriff „Fälle der Anwendung unmittelbaren Zwangs“ solche Verwaltungshandlungen verstehen, die eine Duldungspflicht des Betroffenen begründen. Sie sind also Verwaltungshandlungen mit einer Rechtsfolge.

Auch dieses System der Verwaltungshandlungen ist mangelhaft. Die beiden ersten Handlungsarten sind rechtlich nicht voneinander verschieden, sondern beide sind unterschiedliche Arten von Tathandlungen. Die zivilrechtlichen Rechtsgeschäfte haben mit den sog. Maßnahmen unmittelbaren Zwangs und den Verwaltungsakten den Charakter als Rechts-

---

[81] *Forsthoff*, E., Lehrbuch des Verwaltungsrechts, 1. Bd., Allgemeiner Teil, 9. Aufl., München 1966, S. 191, im Folgenden zitiert als Forsthoff.

[82] *Kozlov* 1962, S. 198; *Studenikin*, S. 192; *Petrov* 1960, S. 179; Naučnye osnovy, S. 364.

[83] Naučnye osnovy, S. 364/365.

[84] *Kozlov* 1962, S. 198; *Kozlov* 1968, S. 198; Naučnye osnovy, S. 361.

[85] Naučnye osnovy, S. 361.

[86] *Kozlov* 1962, S. 199.

handlungen gemeinsam. Unklar bleibt auch hier, weshalb die Maßnahmen des unmittelbaren Zwangs als besondere Kategorien des Verwaltungshandelns angesehen werden.

Zusammenfassend ist festzustellen:

Auch der in der Auflage 1962 des Lehrbuchs von Kozlov unternommene Versuch, ein System der Verwaltungshandlungen aufzustellen, ist unbefriedigend. Er erkennt die Grundeinteilung zwischen Tat- und Rechtshandlungen nicht und reißt zusammengehörende Handlungen auseinander.

Ein diesem System der Verwaltungshandlungen ähnliches System wird in dem 1968 erschienenen Buch „Naučnye osnovy gosudarstvennogo upravlenija v SSSR“ (deutsch: Wissenschaftliche Grundlagen der Staatsverwaltung in der UdSSR) aufgestellt[87].

Die Maßnahmen des unmittelbaren Zwangs werden hier richtigerweise nicht als besondere Kategorie der Verwaltungshandlungen angeführt. Die zivilrechtlichen Verträge werden dagegen aus dem System der Verwaltungshandlungen ausgeklammert[88].

Eine andere Einteilung der Verwaltungshandlungen findet sich in dem von Kozlov 1968 herausgegebenen Verwaltungsrechtslehrbuch. Hier werden sie, soweit sich feststellen läßt, zum erstenmal in der sowjetischen Verfassungsrechtsliteratur unterteilt[89]. Zwar ist, wörtlich übersetzt, von rechtlichen und nichtrechtlichen Handlungen die Rede. Aber damit ist, wie eine Überprüfung des Inhalts dieser Begriffe zeigt, die Unterscheidung von Rechts- und Tathandlungen gemeint.

Kozlov rechnet zu den Rechtshandlungen jene Handlungen, die Rechtsnormen setzen und anwenden. Es folgt dann einfach die Feststellung, zu den nichtrechtlichen Handlungen gehörten die Organisations- und materiell-technischen Handlungen[90], die oben bereits erwähnt wurden. Das könnte den Eindruck erwecken, als sei Kozlov der Ansicht, diese Tathandlungen seien rechtlich bedeutungslos.

Eine solche Ansicht wäre mit dem auch in der Sowjetunion mit einigen Besonderheiten[91] geltenden Legalitätsprinzip unvereinbar. Auch für eine Tathandlung benötigt ein sowjetisches Verwaltungsorgan eine Rechtsgrundlage. Sie kann bereits durch eine Kompetenznorm gegeben sein. Davon geht aber Kozlov aus, wenn er darauf hinweist, die Tathandlungen stünden in engem Zusammenhang mit der Kompetenz des jeweiligen Verwaltungsorgans und die Vornahme dieser Tathandlungen

---

[87] Vgl. Fußn. 69 S. 39.
[88] Naučnye osnovy, S. 153.
[89] *Kozlov* 1968, S. 193.
[90] *Kozlov* 1968, ebd.
[91] Vgl. S. 146.

sei auch durch Rechtsnormen geregelt[92]. Damit ist die Beziehung zur Rechtsordnung hergestellt. Folgerichtig sieht Kozlov den Unterschied zwischen den Tat- und den Rechtshandlungen lediglich darin, daß die Tathandlungen „keine Rechtsverhältnisse begründen“[93], also keine Rechtsfolgen haben.

Die Ausführungen Kozlov's zu den Tathandlungen im einzelnen verdienen genau dargestellt zu werden, weil sie auf die Bedeutung eines Systems aller Verwaltungshandlungen hinweisen. Kozlov erkennt, daß sich die Ausübung der Kompetenz eines Verwaltungsorgans nicht nur in Rechtshandlungen erschöpfen könne. Vielmehr äußere sich diese Ausübung auch in der Abhaltung von Sitzungen, der Weitergabe von Erfahrungen, in Unterweisungen. Diese Tathandlungen würden ungeachtet der wichtigen Rolle der Rechtshandlungen immer mehr an Bedeutung gewinnen. Man könne nicht alles durch Anweisungen und Vorschriften regeln[94].

Diese Aussage ist in zweierlei Hinsicht bemerkenswert: Einmal, weil hier die Bedeutung der Tathandlungen erkannt wird[95]. Zum anderen deshalb, weil sich auch die (west-)deutsche Verwaltungsrechtsliteratur der Notwendigkeit bewußt wird, die Tathandlungen der Verwaltung, die in der Tätigkeit der Verwaltungsorgane einen immer größeren Raum einnehmen, zu erfassen[96].

Zu den Ausführungen Kozlov's über die Rechtshandlungen der Verwaltung ist folgendes festzustellen: Rechtshandlungen der Verwaltung sind für Kozlov nur einseitige verwaltungsrechtliche Rechtshandlungen, die sogenannten Verwaltungsakte, die sowohl generelle Regelungen als auch Einzelfallregelungen enthalten können.

Kozlov rechnet ebenso wie die „Naučnye osnovy“[97] den Abschluß zivilrechtlicher Rechtsgeschäfte nicht zu den Rechtshandlungen der Verwaltung. Für ihn sind also Verwaltungshandlungen nicht alle Handlungen von Amtswaltern der Verwaltung, sondern nur solche Handlungen, die dem Verwaltungsrecht zuzuordnen sind. Kozlov begründet seine

---

[92] *Kozlov* 1968, S. 194.
[93] *Kozlov* 1968, S. 193.
[94] *Kozlov* 1968, S. 194.
[95] Vgl. zu demselben Problem: *Jampol'skaja*, C. A., Aktual'nye Problemy nauki sovetskogo administrativnogo prava (deutsch: Aktuelle Probleme der sowjetischen Verwaltungsrechtswissenschaft), SGiP 1962, Nr. 10, S. 20; *Tichomirov*, Ju. A., Evolucija ispolnitelno-rasporjaditelnoj dejatel'nosti v sovremennyj period, in Voprosy sovetskogo administrativnogo prava na sovremennom etape (deutsch: Die Entwicklung der vollziehend-verfügenden Tätigkeit in der heutigen Welt, in Fragen des sowjetischen Verwaltungsrechts in der heutigen Zeit), Gosjurizdat, Moskau 1963, S. 34.
[96] *Wolff*, Verwaltungsrecht I, S. 256.
[97] Vgl. S. 42, 45, 46.

Ansicht damit, die Verwaltungsorgane träten hier als Subjekte des Zivilrechts auf[98].

Diese Feststellung ist zwar richtig. Sie nötigt aber nicht dazu, die von Verwaltungsorganen abgeschlossenen zivilrechtlichen Verträge aus dem System der Verwaltungshandlungen auszuklammern. Die zivilrechtlichen Rechtshandlungen der Verwaltung werden zwar nicht in Ausübung der Staatsfunktion Verwaltung vorgenommen, sie sind aber zu den Verwaltungshandlungen im weiteren Sinne zu rechnen. Das Gemeinsame zwischen ihnen und den Verwaltungshandlungen im engeren Sinne besteht darin, daß in beiden Fällen dieselben Rechtssubjekte tätig werden.

Für die Ansicht Kozlov's ist folgender Grund denkbar:

Weil die sowjetische Verwaltungsrechtslehre keinen einheitlichen Begriff der Rechtsfähigkeit kennt, sondern zwischen der Verwaltungsrechtsfähigkeit und der Zivilrechtsfähigkeit unterscheidet[99], kann es so erscheinen, als ob ein auf dem Gebiet des Zivilrechts handelndes Verwaltungsorgan ein anderes Rechtssubjekt ist als ein auf dem Gebiet des Verwaltungsrechts handelndes Verwaltungsorgan. In Wirklichkeit ist es aber dasselbe Rechtssubjekt, das sowohl Zurechnungsendsubjekt von Verwaltungsrechtssätzen als auch von Zivilrechtssätzen ist.

Zusammenfassend ist festzuhalten:

Nachdem die sowjetische Verwaltungsrechtslehre in der Lehre vom Verwaltungshandeln sich bis in die jüngste Zeit auf die Darstellung der Lehre vom Verwaltungsakt beschränkte, wird neuerdings der Versuch unternommen, ein umfassendes System des Verwaltungshandelns aufzustellen.

Der diesem System zugrunde liegenden Einteilung in Tat- und Rechtshandlungen ist beizupflichten. Gegen die Darstellung der Rechtshandlungen im Einzelnen müssen jedoch Bedenken geltend gemacht werden.

II. Die Beschränkung auf die Darstellung der einseitigen verwaltungsrechtlichen Rechtshandlungen als Regel

Ein System aller Verwaltungshandlungen ist in der sowjetischen Verwaltungsrechtslehre, wie bereits ausgeführt, die Ausnahme. In der Regel werden nur die sog. „Akte der sowjetischen staatlichen Verwaltung" dargestellt. Dies sind einseitige verwaltungsrechtliche Rechtshandlungen. Unter diesen Begriff fallen also zweiseitige verwaltungsrechtliche Rechtshandlungen nicht. Der „Akt der sowjetischen staatlichen Verwal-

---

[98] *Kozlov* 1968, S. 193.
[99] Vgl. S. 36.

tung" ist also nur ein Teil der rechtstheoretisch möglichen verwaltungsrechtlichen Rechtshandlungen der Verwaltungsorgane.

Auch die Autoren, die ein System sämtlicher Verwaltungshandlungen aufgestellt haben, beschränken sich innerhalb der verwaltungsrechtlichen Rechtshandlungen auf die Darstellung der einseitigen verwaltungsrechtlichen Rechtshandlungen.

§3 Die Nichtbeachtung der verwaltungsrechtlichen Verträge als zweiseitige verwaltungsrechtliche Rechtshandlungen

I. Der Begriff des verwaltungsrechtlichen Vertrages

Die Beschränkung auf die Darstellung der einseitigen Rechtshandlungen der Verwaltungsorgane führt zu der Frage, ob es im sowjetischen Verwaltungsrecht keine zweiseitigen verwaltungsrechtlichen Rechtshandlungen gibt.

Derartige zweiseitige verwaltungsrechtliche Rechtshandlungen werden in der (west-)deutschen Terminologie als öffentlich-rechtliche Verträge bezeichnet. Systemimmanent muß ein solcher Vertrag im sowjetischen Verwaltungsrecht, das den Unterschied von privatem und öffentlichem Recht offiziell nicht kennt, verwaltungsrechtlicher Vertrag genannt werden.

Ein solcher Vertrag ist denkbar als koordinationsrechtlicher Vertrag zwischen zwei Verwaltungsorganen und als subordinationsrechtlicher Vertrag zwischen einem Verwaltungsorgan und einem Bürger[100]. Das Problem des verwaltungsrechtlichen Vertrags ist bisher in der sowjetischen Verwaltungsliteratur so gut wie nicht behandelt worden, obwohl im sowjetischen Recht Rechtsverhältnisse existieren, die als verwaltungsrechtliche Verträge qualifiziert werden können[101]. Die sog. Wirtschaftsverträge werden allerdings aus der Betrachtung zunächst ausgeklammert.

---

[100] Vgl. zum Ganzen: *Loeber*, D. A., Der hoheitlich gestaltete Vertrag, Berlin und Tübingen 1969, S. 110, 111, im Folgenden zitiert als *Loeber*, Vertrag.

[101] Vgl. *Speranskaja*, K., Ob administrativnom dogovore (deutsch: Der Verwaltungsvertrag) in Vestnik verchovnogo suda SSSR (deutsch: Mitteilungsblatt des Obersten Gerichts der UdSSR), 1928, Nr. 3, S. 17 ff., im Folgenden zitiert als Speranskaja.

Nur erwähnt wird der verwaltungsrechtliche Vertrag von *Venediktov*, A. V., Pravovoe položenie Sovnarchoza i podvedomstvennych emu predprijatij (deutsch: Die Rechtsstellung des Volkswirtschaftsrats und der ihm unterstellten Betriebe), Izdatel'stvo Leningradskogo Universiteta, 1959, S. 69.

Und von *Karass*, A. V., Peredača gosudarstvennych predprijatij (deutsch: Die Übertragung staatlicher Unternehmen) in Voprosy sovetskogo graždan-

In der Vergangenheit setzte sich einzig ein Aufsatz von K. Speranskaja aus dem Jahre 1928 etwas ausführlicher mit dem Problem auseinander[102]. Speranskaja brandmarkt zunächst den verwaltungsrechtlichen Vertrag als Mittel des bürgerlichen Staates, die formale Gleichheit vor dem Gesetz zu umgehen und der einen Seite größere Vorteile als der anderen Seite einzuräumen[103]. Im Sowjetstaat hält sie ihn für gerechtfertigt, da hier die sozialen Grundlagen vollkommen anders als im bürgerlichen Staat seien und damit die wirkliche Gleichheit der Vertragsparteien gewährleistet sei[104].

Abgesehen von diesem ideologischen Scharmützel, dessen Berechtigung hier nicht zu untersuchen ist, kommt Speranskaja zu denselben Grunderkenntnissen über den verwaltungsrechtlichen Vertrag und seine einzelnen Arten, wie beispielsweise die bürgerliche (west-)deutsche Verwaltungsrechtslehre.

Ob ein Vertrag als verwaltungsrechtlicher anzusehen ist, bestimmt sich nach seinem Gegenstand. Er muß dem „öffentlichen Recht" angehören[105]. Sie unterscheidet zwischen Verträgen, die von Verwaltungsorganen untereinander oder von Bürgern untereinander abgeschlossen werden (koordinationsrechtliche Verträge) und Verträgen, an denen auf der einen Seite ein Verwaltungsorgan, auf der anderen Seite ein Bürger beteiligt ist (subordinationsrechtliche Verträge)[106].

Das Problem der Zulässigkeit, insbesondere des subordinationsrechtlichen Vertrages, stellt sich auch für sie. Auch sie hält, wie die (west-)deutsche Verwaltungsrechtslehre[107], Verträge für unzulässig, die zur Gesetzesumgehung geschlossen werden[108].

Das Anwendungsgebiet des verwaltungsrechtlichen Vertrages sieht sie in dem Gebiet der „öffentlichen Dienstleistungen" (russ.: publičnye služby)[109]. Sie versteht darunter, wie ihre weiteren Ausführungen verdeutlichen, die Tätigkeit von Verwaltungsbehörden im Rahmen der Daseinsvorsorge. Die Übereinkunft zwischen verschiedenen Verwaltungsträgern über den Bau einer Wasserleitung dient ihr als Beispiel für einen koordinationsrechtlichen Vertrag[110].

---

skogo i trudovogo prava (deutsch: Fragen des sowjetischen Zivil- und Arbeitsrechts), Moskau 1952, S. 5 - 38.

[102] Vgl. Fn. 101.

[103] *Speranskaja*, S. 16, 17.

[104] *Speranskaja*, S. 18, 22.

[105] *Speranskaja*, S. 24. Es ist erstaunlich, daß sie noch 1928 den Ausdruck „öffentliches Recht" verwandte.

[106] *Speranskaja*, S. 20.

[107] *Wolff*, Verwaltungsrecht I, S. 249.

[108] *Speranskaja*, S. 25.

[109] *Speranskaja*, S. 18.

[110] *Speranskaja*, S. 23.

Die Übereinkunft zwischen den zuständigen Verwaltungsorganen und einem Bürger über die Unterbringung betrachtet sie als Beispiel eines subordinationsrechtlichen Vertrags.

Selbst unter veränderten historischen Bedingungen erscheint für das sowjetische Recht das Institut des verwaltungsrechtlichen Vertrags in seinen beiden Erscheinungsformen auch heute nicht als überflüssig. Das wiedergegebene Beispiel der Übereinkunft über den Bau einer Wasserleitung und Abmachungen mit ähnlichem Inhalt sind auch heute noch denkbar. Leider ist zu diesem Punkt kein faktisches Material zu erhalten.

Weitere Beispiele für die eine Möglichkeit des verwaltungsrechtlichen Vertrages sind die Verträge, die zwischen Wirtschaftslenkungsbehörden und den ihnen unterstellten Projektierungsorganisationen zur Herstellung von Projektierungs- und Vermessungsarbeiten geschlossen werden. Ein Beispiel für einen verwaltungsrechtlichen Vertrag im Verhältnis eines staatlichen Verwaltungsorgans zum Bürger ist der Fernsprechvertrag, durch den die Post dem einzelnen Bürger die Beteiligung am Fernsprechverkehr, d. h. an der Ausübung eines Staatsmonopols, überläßt.

Nur zu den erstgenannten „Projektierungsverträgen" lassen sich in der Literatur Ansätze dazu feststellen, diese Verträge dem Verwaltungsrecht anzurechnen[111]. Im übrigen schweigt die sowjetische Verwaltungsrechtsliteratur zu der Frage. Dennoch lassen sich in neuerer Zeit Ansätze zu einer ersten vorsichtigen Diskussion über das Problem feststellen. So spricht Staros'cjak mehr nebenbei davon, es könne in besonderen Vorschriften den Behörden erlaubt sein, „Verträge besonderen Typs" zu schließen, wie z. B. einen Vertrag, in dem das Präsidium des (polnischen Erg. d. Verf.) örtlichen Nationalrats einer dritten Person ein Stück Land überträgt, das im Privateigentum steht.

Mit der Frage, welcher „besondere Typ" ein solcher Vertrag ist, setzt sich Staros'cjak aber nicht auseinander[112].

In einem ins russische übersetzten Bericht des Instiuts für Rechtswissenschaften der Polnischen Akademie der Wissenschaften über eine Konferenz der Lehrstühle für Verwaltungsrecht[113] wird u. a. als eine der

---

[111] Vgl. *Basin*, Ju. G., Pravovye voprosy proektirovanija v stroitel'stve (deutsch: Rechtsfragen bei der Aufbauprojektierung), Moskau 1962, S. 59, zitiert nach *Loeber*, Vertrag, S. 110, Fn. 49; ders., Osobennosti pravootnošenij proektirovanija (deutsch: Besonderheiten der bei der Projektierung bestehenden Rechtsverhältnisse), Pravovedenie 1964, Nr. 1, S. 73 ff. (S. 78 - 80). *Rassudovskij*, V. A., Dogover na vypolnenie proektnych i izyskatel'nych rabot v kapital'nom stroitel'stve (deutsch: Der Vertrag zur Erfüllung von Projektierungs- und Forschungsarbeiten im Investitionsbauwesen), Moskau 1963, S. 55.

[112] *Staros'cjak*, S. 295 ff.

[113] In „sovremennoe pol'skoe pravo, 1965, Nr. 5, Chronika naučnoj Žizni, Konferencija Kafedr administrativnogo prava" (deutsch: Das gegenwärtige

Hauptfragen des modernen Verwaltungsrechts angesehen: „Die Rechtsform der Verwaltungshandlungen, insbesondere die Eignung des klassischen Verwaltungsakts, und die Rechtsform der Verwaltungshandlungen auf dem Gebiet der Daseinsvorsorge“ (russ.: v oblasti obsluživanija). Über die Rechtsform selbst schweigt der Bericht. Dazu nimmt aber ein Jahr später, 1966, im Rahmen einer Buchrezension Jampol'skaja etwas näher Stellung. Stajnov, der Autor des rezensierten Buches, lehnt das Institut des verwaltungsrechtlichen Vertrags kategorisch ab für den sog. Wirtschaftsvertrag und auch für alle anderen Verträge von Verwaltungsorganen[114].

Jampol'skaja dagegen weist auf die Möglichkeit hin, einen Vertrag zwischen Verwaltungsorgan und Bürger nicht immer als zivilrechtlichen Vertrag qualifizieren zu müssen, sondern ihn in bestimmten Fällen als verwaltungsrechtlichen Vertrag begreifen zu können[115].

Eine Regelung durch einen verwaltungsrechtlichen Vertrag hält sie insbesondere auf dem Gebiet der staatlichen Dienstleistungen (russ.: bytovoe obsluživanie) für möglich. Aber auch sie behandelt das Problem nicht umfassender. Sie will lediglich eine Denkanregung geben und verweist als Hilfe bei der weiteren Bearbeitung des Problems auf den Aufsatz von Speranskaja.

Wodurch läßt sich die Zurückhaltung der sowjetischen Verwaltungsrechtslehre gegenüber den verwaltungsrechtlichen Verträgen erklären? Der zitierte Aufsatz von Jampol'skaja bietet dafür einen Anhaltspunkt. Für die sowjetische Rechtswissenschaft war das Institut des verwaltungsrechtlichen Vertrages identisch mit dem Versuch der bürgerlichen Rechtswissenschaft, den zivilrechtlichen Charakter des sowjetischen Wirtschaftsvertrags, also des plangebundenen Vertrags zweier staatlicher Unternehmen miteinander, zu leugnen[116], an dessen zivilrechtlichen Charakter bis heute festgehalten wird. Die Leugnung des zivilrechtlichen Charakters der plangebundenen Wirtschaftsverträge macht diese Verträge zu Verträgen des Wirtschaftsrechts. Die Lehre vom Wirtschaftsrecht war aber bereits 1938 dem Verdammungsurteil Vyšinskij's zum Opfer gefallen. Außerdem würde die Zurechnung des Wirtschaftsvertrages zum Verwal-

---

polnische Recht, 1965, Nr. 5, Chronik des wissenschaftlichen Lebens, Konferenz der Lehrstühle für Verwaltungsrecht), S. 41.

114 *Stajnov,* P., Teorijata za administrativnaja dogovor i socialističeskoto pravo, „Godišnik“ na Sofiiskija universitet, Juridičeskij fakultet, 1965, tom LVI (deutsch: Die Theorie des Verwaltungsvertrags und das sozialistische Recht, Jahrbuch der Universität Sofia, Juristische Fakultät, 1965, Band 56), S. 71 - 72.

115 *Jampol'skaja,* C. A., O teorii administrativnogo dogovora (deutsch: Die Theorie des Verwaltungsvertrages), SGiP 1966, Nr. 10, S. 132 ff. (S. 135), im Folgenden zitiert als Jampol'skaja, O teorii.

116 *Jampol'skaja,* O teorii, S. 133.

tungsrecht den Grundlagen des sowjetischen Zivilrechts widersprechen, das von dem Prinzip der Einheit des Zivilrechts ausgeht[117].

So wird erklärlich, warum die Frage der verwaltungsrechtlichen Verträge für die sowjetische Verwaltungsrechtslehre tabu war und warum andere Möglichkeiten verwaltungsrechtlicher Verträge die außer den plangebundenen Wirtschaftsverträgen bestehen, nicht untersucht werden.

Zusammenfassend ist festzuhalten:

Das Institut des verwaltungsrechtlichen Vertrages wird innerhalb der sowjetischen Lehre vom Verwaltungshandeln nicht erörtert. Gleichwohl sind auch im sowjetischen Recht im System der Verwaltungshandlungen Handlungen denkbar, die nur mit dem Begriff des verwaltungsrechtlichen erfaßt werden können. Sie müssen daher in ein System der Verwaltungshandlungen eingeordnet werden.

II. Das Problem der rechtlichen Einordnung des Wirtschaftsvertrages

1. Der allgemeine Typus des Wirtschaftsvertrages

Die sowjetische Verwaltungsrechtslehre betrachtet zivilrechtliche Rechtshandlungen von Verwaltungsorganen und damit insbesondere die Wirtschaftsverträge, die als Verträge des Zivilrechts angesehen werden, nicht als Verwaltungshandlungen.

Im Rahmen einer Darstellung der Lehre vom Verwaltungshandeln in der sowjetischen Verwaltungsrechtslehre ist eine Untersuchung der Wirtschaftsverträge jedoch dann geboten, wenn Zweifel an der Richtigkeit der zivilrechtlichen Einordnung bestehen. Wegen der Voraussetzungen, unter denen sie abgeschlossen werden, entsteht nämlich bei einer bestimmten Art von Wirtschaftsverträgen die Frage, ob sie im Gegensatz zu der sowjetischen Auffassung als verwaltungsrechtliche Verträge zu qualifizieren sind. Es sind dies die Wirtschaftsverträge, deren Partner nur staatliche, genossenschaftliche oder gesellschaftliche Organisationen sind. Die wichtigsten Formen sind in den Grundlagen für Zivilgesetzgebung der UdSSR und der Unionsrepubliken vom 8. Dezember 1962 geregelt[118].

Es handelt sich dabei um folgende Verträge:

Den Liefervertrag im innerstaatlichen Rechtsverkehr (Art. 44 - 50 GZG), den Vertrag über den staatlichen Ankauf landwirtschaftlicher Erzeug-

---

[117] Vgl. die Grundlagen für die Zivilgesetzgebung UdSSR und der Unionsrepubliken vom 8. Dezember 1961, abgekürzt: GZG, AOS der UdSSR 1961 Nr. 50, Pos. 525, die die Bestimmungen über die Vermögensverhältnisse der Bürger und der sozialistischen Organisationen in sich vereinigen, also von der Einheit des Zivilrechts ausgehen.

[118] Vgl. Fn. 117.

nisse (Art. 51 und 52 GZG) und den Werkvertrag bei Investitionsbauten (Art. 67 - 71 GZG). Dieser Hinweis auf die Grundlagen der Zivilgesetzgebung zeigt, daß sich der sowjetische Gesetzgeber für die zivilrechtliche Einordnung dieser Verträge entschlossen hat. Trotz dieser Einordnung erheben sich Zweifel an deren Richtigkeit aus folgenden Gründen:

1. Die Verträge werden nicht nach dem Grundsatz der Vertragsfreiheit abgeschlossen. Vielmehr erfolgt ihr Abschluß aufgrund eines Planaktes der übergeordneten Verwaltungsbehörde, der in der Regel die Vertrags-Abschlußpflicht, die Partnerpflicht und die Inhaltspflicht enthält[119].

So erfolgt z. B. der Abschluß von Lieferverträgen zwischen staatlichen Organisationen aufgrund eines Planaktes[120] der übergeordneten Verwaltungsbehörde, der wiederum auf einem „Liefer- und Verteilerplan" dieser Behörde beruht.

2. Die Ausschaltung jeglichen Partnerermessens erfolgt durch die Verstärkung der Vertragspflichten gegenüber dem Partner durch entsprechende Pflichten gegenüber dem Staat und dadurch, daß die Wahrnehmung der Vertragsrechte gegenüber dem Partner ebenfalls zur Pflicht dem Staat gegenüber wird[121].

Die Durchsetzung der so verstandenen „Vertragsdisziplin", d. h. die Erfüllung der Pflichten gegenüber dem Staat, wird durch die hierfür zuständigen Staatsorgane überwacht. Diese Behörden sind die vorgesetzte Behörde des verpflichteten Partners, die Staatsarbitrage, die Staatsbank und die Finanzorgane. Werden bei der Überwachung der Vertragsdisziplin Verletzungen der Pflichten gegenüber dem Staat festgestellt, so ergreifen die aufgezählten Behörden Verwaltungsmaßnahmen[122]. Die Verletzung der Vertragspflichten kann auch dienststrafrechtliche Folgen haben, wie z. B. eine Entlassung[123] oder eine Verwarnung[124].

Der Abschluß des Vertrags auf Grund eines hoheitlichen Planaktes, der Partner-, Inhalts- und Abschlußpflicht festlegt, und die Überwachung der Erfüllung des Vertrags durch die zuständigen Staatsbehörden legen den Gedanken nahe, diese Wirtschaftsverträge als verwaltungsrechtliche Verträge zu qualifizieren. Gegen eine solche rechtliche Einordnung gibt es jedoch Bedenken. Zu den Prinzipien des Wirtschaftsvertrages gehören die Grundsätze der Gegenseitigkeit und Entgeltlichkeit der Leistung. Im Vor-

---

[119] Vgl. *Loeber*, Vertrag, S. 50.

[120] Zu diesen „Planakten" vgl. S. 124 f. Der Terminus „Planakt" wird verwendet im Anschluß an Art. 44 GG GZG (planovyj akt) und *Loeber*, Vertrag, S. 46.

[121] *Loeber*, Vertrag, S. 223.

[122] *Loeber*, ebd.

[123] Sbornik instruktivnych ukazanij Gosudarstvennogo arbitraža pri Sovete ministrov SSSR (deutsch: Entscheidungssammlung der Staatsarbitrage beim Ministerrat der UdSSR), Red. *A. A. Volin* (seit Nr. 8), zusammengestellt von *P. V. Bachmurov*, Moskau 1960, Nr. 15, S. 124, im Folgenden zitiert als Sbornik.

[124] Sbornik Nr. 9 (1959), S. 27; Sbornik Nr. 10 (1959), S. 97.

dergrund stehen materielle Interessen. Das sind aber typisch zivilrechtliche Züge. Dieser zivilrechtliche Charakter tritt auch in der gegenseitigen Haftung der Parteien für Nicht- oder Schlechterfüllung der Vertragspflichten zutage[125]. Die Mischung verwaltungsrechtlicher und zivilrechtlicher Elemente in den Wirtschaftsverträgen macht den in der Sowjetunion herrschenden Streit um die Schaffung eines besonderen Wirtschaftsrechts verständlich. Zwar hat sich der sowjetische Gesetzgeber in den genannten Grundlagen des Zivilrechts für die Anerkennung der zivilrechtlichen Eigenschaft der Wirtschaftsverträge entschlossen, gleichzeitig aber war er gezwungen, die auf der hoheitlichen Gestaltung beruhende Eigenart der Wirtschaftsverträge in zahlreichen Vorschriften zu berücksichtigen[126].

Auch nach dem Erlaß der Grundlagen für die Zivilrechtsgesetzgebung wird in der Sowjetunion noch die Forderung nach der Schaffung eines vom Zivilrecht gesonderten „Wirtschaftsrechts" vertreten[127].

Die durch den Gesetzgeber erfolgte zivilrechtliche Einordnung der Wirtschaftsverträge verhindert nicht die Frage, ob diese Einordnung richtig war oder ob sie nicht doch als verwaltungsrechtliche Verträge hätten qualifiziert werden müssen.

Gegen diese letzte Lösung bestehen aber außer den bereits genannten noch andere Bedenken. Der Abschluß eines koordinationsrechtlichen verwaltungsrechtlichen Vertrags erfordert entweder das Handeln von zwei Verwaltungsorganen oder das Handeln von zwei Privatpersonen über einen Gegenstand des Verwaltungsrechts. Beide Möglichkeiten liegen hier nicht vor. Sieht man den Vertrag dennoch wegen der Bedeutung des ihn gestaltenden Verwaltungsakts als verwaltungsrechtlichen Vertrag an, so setzt man sich über die Tatsache des Vertragsschlusses durch die Parteien und dessen rechtliche Folgen hinweg. Zieht man weiterhin in Betracht, daß die Rechtsform des Vertrags eine typisch zivilrechtliche Erscheinung ist, die im Verwaltungsrecht nur mit besonderer Vorsicht angewandt werden darf, so muß man zu dem Ergebnis kommen, daß die zivilrechtlichen Elemente beim Wirtschaftsvertrag (Gegenseitigkeit, Entgeltlichkeit, gegenseitige Haftung der Parteien) überwiegen. Die Wirtschaftsverträge sind daher nicht in das System der Verwaltungshandlungen im engeren Sinne mit einzubeziehen.

---

[125] Vgl. z. B. Art. 50, 69, 70 GZG.

[126] So in den Art. 1, 4, 33, 34, 36, 44, 67, 73, 85 GZG.

[127] So z. B. von *Laptev*, V. V., Pravovye problemy chozjajstvennoj reformy (deutsch: Rechtsprobleme der Wirtschaftsreform), SGiP 1967, Nr. 4, S. 57 f. (62 - 65) und *Aleksandrov*, N. G., O roli prava v osuščestvlenii ekonomičeskich metodov rukovodstva promyšlennostju (deutsch: Die Rolle des Rechts bei der Anwendung wirtschaftlicher Methoden in der Leitung der Industrie), SGiP 1967, Nr. 6, S. 67 ff. (75).

Bei dieser Entscheidung für den zivilrechtlichen Charakter der Wirtschaftsverträge wird nicht verkannt, daß sie deren Sonderstellung nicht vollauf gerecht wird.

2. Besondere Typen des Wirtschaftsvertrages

Die Ausführungen über den allgemeinen Typus des Wirtschaftsvertrages können nicht gelten für „planaktfreie"[228] Verträge und für Verträge mit Abschlußzwang aus „rechtsgeschäftlicher Selbstbindung"[129]. Die Problematk bei der rechtlichen Einordnung der Wirtschaftsverträge zwischen staatlichen oder gesellschaftlichen Organisationen bestand darin, daß sie aufgrund von Planakten abgeschlossen werden. Fehlt dieses Merkmal, so können sie von vornherein nicht als verwaltungsrechtliche Verträge angesehen werden, sondern müssen als zivilrechtliche Verträge betrachtet werden.

Ohne einen vorangegangenen Planakt der übergeordneten Verwaltungsbehörde können gewisse Lieferverträge geschlossen werden. Es sind dies Lieferverträge über den Erwerb von Waren, die nicht in die Liefer- und Verteilerpläne der übergeordneten Verwaltungsbehörden aufgenommen worden sind.

Wenn diese Verträge aber nicht durch einen Dritten gestaltet werden, wie es für den Plan-Wirtschaftsvertrag typisch ist[130], dann entfällt das hoheitliche Element ganz, und es handelt sich um autonom gestaltete Verträge des Zivilrechts.

Bei einer anderen Gruppe von Wirtschaftsverträgen ist es zweifelhaft, ob sie dem Zivilrecht oder dem Verwaltungsrecht angehören. Es sind diejenigen Verträge, für die nur ein beschränkter hoheitlicher Vertragszwang typisch ist. Diese Beschränkung ist darin zu finden, daß zwar ein Partner- und Abschlußzwang besteht, aber die Vertragsparteien in der Gestaltung des Vertragsinhalts eine gewisse Freiheit haben. Als Beispiel für diesen Typ des Wirtschaftsvertrags sind die Lieferverträge zu nennen, die aufgrund vorher eingegangener Bestellungen abgeschlossen werden[131].

---

[128] Terminologie nach *Loeber*, Vertrag, S. 51.

[129] Terminologie nach *Loeber*, Vertrag, S. 127.

[130] *Loeber*, Vertrag, S. 161. Vgl. zu den planaktfreien Verträgen: *Jazev*, V. A., Dogover postavki tovarov narodnogo potreblenija (deutsch: Der Liefervertrag über Konsumgüter), Gostorgizdat, Moskau 1960.

Chajdas, G. I., Pravovaja priroda narodnochozjajstvennych planov, in Voprosy pravovogo regulirovanija narodnogo chozjajstva, Sbornik statej, Red. V. V. Laptev (deutsch: Die Rechtsnatur der staatlichen Volkswirtschaftspläne, in Fragen der rechtlichen Regelung der Volkswirtschaft, Aufsatzsammlung), Moskau 1962, S. 35 - 36, im Folgenden zitiert als Chajdas, Pravovaja priroda.

Možejko, V., Chozjajstvennyj dogovor v SSSR (deutsch: Der Wirtschaftsvertrag in der UdSSR), Moskau 1962, Gosjurizdat.

[131] Zum Ganzen vgl. *Loeber*, S. 126.

Bei diesen Verträgen werden bereits vor Aufstellung des Produktionsplans eines Herstellerunternehmens für Verbrauchswaren oder Produktionsgüter aufgrund eines Verknüpfungsplans (russ.: plan prikreplenija) Hersteller und Käufer miteinander in Verbindung gebracht. Es werden schon zu diesem Zeitpunkt bei den Herstellerunternehmen „Bestellungen" angenommen, die dann im Produktionsplan des Herstellerunternehmens berücksichtigt werden[132].

Nach der Bestätigung der Plankennziffer des Herstellerunternehmens durch die vorgesetzte Behörde sind die Parteien zum Abschluß des Liefervertrags verpflichtet. Daneben besteht aber noch eine Abschlußpflicht der Parteien aus der vorangegangenen Bestellung des Käufers bei der Herstellerfirma. Ohne die Bestätigung der Plankennziffern jedoch besteht noch keine rechtsgeschäftliche Selbstbindung, die die Parteien zum Abschluß des Vertrags verpflichtet[133].

Die Abhängigkeit der rechtsgeschäftlichen Selbstbindung von dem Verwaltungsakt der Bestätigung der Plankennziffern wirft auch hier das Problem auf, ob die Einordnung dieser Verträge in das Zivilrecht richtig ist. Für diese Einordnung läßt sich aber als zusätzliches Argument über die beim allgemeinen Typus des Wirtschaftsvertrages angeführten Argumente hinaus die Tatsache verwerten, daß hier das für den allgemeinen Typus wesentliche Kriterium der Drittgestaltung durch einen staatlichen Hoheitsträger entfällt.

---

[132] *Verdnikov*, V. G., O planovom charaktere chozjajstvennogo dogovora (deutsch: Der Plancharakter des Wirtschaftsvertrags), SGiP 1966, Nr. 4, S. 63 ff. (68); *Klejn*, N. I.: Zakonodatel'stvo o planirovanii proizvodstva tovarov narodnogo potreblenija (deutsch: Die Gesetzgebung zur Planung für die Herstellung von Konsumgütern), Juridičeskaja literatura, Moskau 1967, S. 12, 50.

[133] *Klejn*, N. I., S. 51, 134; *Joffe*, O. S., Plan i dogovor v uslovijach chozjajstvennoj reformy (deutsch: Plan und Vertrag unter den Bedingungen der Wirtschaftsreform), SGiP, Nr. 7, S. 47 ff. (52).

Drittes Kapitel

Der Akt der sowjetischen staatlichen Verwaltung als hoheitliche Anordnung

§1 Die Definition des Aktes der sowjetischen staatlichen Verwaltung

I. Die Unzulässigkeit der herrschenden Definition

Von den rechtstheoretisch möglichen Rechtshandlungen der Verwaltung wird nur die einseitige Rechtshandlung der Verwaltung, der Verwaltungsakt, näher untersucht. Folgende Definitionen des „Aktes der sowjetischen staatlichen Verwaltung" sind in der sowjetischen Verwaltungsliteratur enthalten:

Denisov definiert: „Akte der sowjetischen staatlichen Verwaltung ... sind Akte, die aufgrund und in Vollzug der sowjetischen Gesetze und Parteidirektiven durch die vollziehenden und verfügenden Organe der Staatsgewalt erlassen werden[134]."

Diese Definition hat sich mit geringen Abweichungen bis heute erhalten. Sie ist nur insoweit genauer geworden, als in einigen Lehrbüchern des Verwaltungsrechts diese Akte als „Rechtsform" (russ.: juridičeskaja forma) der vollziehenden und verfügbaren Tätigkeit der Staatsorgane bezeichnet werden[135].

Damit wird der Begriff des Verwaltungsaktes eindeutig auf verwaltungsrechtliche Rechtshandlungen der Verwaltung begrenzt. Im Verhältnis zu der Definition Denisov's ist damit kein Wandel eingetreten. Denn in seiner Aufzählung von Verwaltungsakten, die sich an die Definition anschließt, bezeichnet er nur Akte mit Rechtsfolgen als Verwaltungsakte. Als am meisten verbreitete Definition des Verwaltungsaktes ist also festzuhalten: Akte der sowjetischen staatlichen Verwaltung sind die Rechtsformen der vollziehenden und verfügenden Tätigkeit der Staatsorgane und in Vollzug von Gesetzen.

---

[134] *Denisov*, Administrativnoe pravo, S. 101.

[135] *Studenikin* 1950, S. 145; *Studenikin* 1959, S. 124; *Lunev* 1960, S. 112; vgl. auch *Kozlov* 1962, S. 199 und *Lunev* 1967, S. 157, wo von den Verwaltungsakten nur als „Formen" der Verwaltungstätigkeit gesprochen wird.

Diese Definition des Verwaltungsaktes ist unzureichend: Sie besagt nichts über sein Wesen und nichts über seinen Inhalt. Eine Reihe von Wesensmerkmalen können erst aus den weiteren Ausführungen über den Verwaltungsakt abgeleitet werden. Sie werden aber nicht in die Definition mit eingezogen. Die Definition besagt lediglich, daß die Rechtsformen, in denen die Verwaltungsorgane handeln, Verwaltungsakte genannt werden.

Sie gibt jedoch nichts über diese Rechtsformen selbst an. Es bleibt unklar, ob diese Verwaltungsakte zwei- oder einseitige Rechtshandlungen oder beides sind, welche Rechtswirkungen sie haben, in welchen Rechtsverhältnissen diese Rechtswirkungen entstehen. Daß mit Verwaltungsakten nur verwaltungsrechtliche Rechtshandlungen gemeint sind, kommt ebenfalls nicht hinreichend deutlich zum Ausdruck.

II. Kozlov's Versuch einer genaueren Definition

Kozlov definiert den Verwaltungsakt als eine auf gesetzlicher Grundlage beruhende Vorschrift hoheitlichen Charakters (russ.: gosudarstvenno vlastnyj charakter), die in den entsprechenden Formen im Laufe des Prozesses der vollziehend-verfügenden Tätigkeit der zuständigen Organe erlassen werde[136]. Diese Definition ist genauer als die herrschende Definition des Verwaltungsakts. Sie beschränkt den Begriff des Verwaltungsakts auf einseitige Rechtshandlungen der Verwaltung („Vorschrift hoheitlichen Charakters“) und stellt klar, daß der Begriff nur verwaltungsrechtliche Rechtshandlungen erfaßt. Aber auch sie ist nicht ausreichend. Sie sagt weder etwas über die Rechtswirkungen eines Verwaltungsakts aus noch etwas über die Rechtsverhältnisse, in denen diese Wirkungen eintreten.

Dieser Mangel ist in der neuesten Definition des sowjetischen Verwaltungsakts, der von R. F. Vasil'ev, vermieden. Er fügt der Kozlov'schen Definition hinzu, die Akte seien auf die Setzung von Rechtsnormen oder die Begründung von konkreten Rechtsverhältnissen gerichtet[137].

Die „Vorschrift hoheitlichen Charakters“ bezeichnen Kozlov und Vasil'ev als „Willenserklärung“ eines Verwaltungsorgans (russ.: Voleizjavlenie)[138]. Der Begriff „Willenserklärung“ entstammt dem Zivilrecht und hat dort die Bedeutung eines auf einen bestimmten rechtlichen Erfolg gerichteten Willens[139]. Diese zivilrechtliche „Willenserklärung“ verpflichtet den, der sie abgibt. Anders ist es jedoch im Verwaltungsrecht. Verwaltungsrechtliche Willenserklärungen verpflichten grundsätzlich ihren

---

[136] *Kozlov* 1968, S. 207.

[137] *Vasil'ev*, R. F., Pravovye akty organov upralenija (deutsch: Die Rechtsakte der Verwaltungsorgane), Izdatel'stvo Moskovskogo universiteta, Moskau 1970, S. 17, im Folgenden zitiert als Vasil'ev, Pravovye akty.

[138] *Kozlov* 1968, S. 211.

[139] *Genkin - Bratus*, S. 249.

Adressaten. Dieses Unterschieds muß man sich bewußt sein. Zur Klärung des Begriffs „Verwaltungsakt" trägt seine Klassifizierung als „Willenserklärung" nichts bei.

Wegen ihrer größeren Genauigkeit wird die weitere Untersuchung von der Definition des Verwaltungsakts ausgehen, die von Kozlov aufgestellt worden ist. Dabei wird die Untersuchung sich mit dem Merkmal des „hoheitlichen Charakters" auseinander zu setzen haben.

§2 Der Begriff der „hoheitlichen Anordnung" (russ.: Predpisanie gosudarstvenno-vlastnogo charaktera) und das Problem der Abgrenzung von Verwaltungs- und Zivilrecht

I. Kurzer Überblick über die Entwicklung des Problems in der sowjetischen Zivilrechtslehre

1. Problemstellung

Kozlov verwendet in seiner Definition des Verwaltungsakts erstmalig in der sowjetischen Verwaltungsrechtslehre den Begriff „hoheitliche Anordnung". Das Attribut „hoheitlich" ist erforderlich, um den Verwaltungsakt gegenüber Rechtshandlungen der Verwaltungsorgane auf dem Gebiet des Zivilrechts abzugrenzen. Damit wird die Erörterung des Begriffs „hoheitlich" hineingestellt in die Problematik der Abgrenzung von Verwaltungs- und Zivilrecht. Bekanntlich lehnt die kommunistische Staats- und Rechtstheorie die Unterscheidung von privatem und öffentlichem Recht mit der Begründung ab, im sozialistischen Staat sei alles öffentlich.

Faktisch besteht jedoch auch im sowjetischen Recht, wie die weitere Untersuchung ergeben wird, der Unterschied zwischen privatem und öffentlichem Recht. Auch der sowjetischen Rechtswissenschaft bleibt eine Erörterung des Problems nicht erpart. Nur taucht es hier in dem Gewande der Abgrenzung von Verwaltungs- und Zivilrecht auf.

Um eine treffende Abgrenzung bemüht sich die sowjetische Rechtswissenschaft seit mehr als 30 Jahren.

Als Rechtssubjekte treten die sowjetischen Verwaltungsorgane auch in folgenden Gebieten des innerstaatlichen materiellen Rechts auf: Im Staatsrecht, Finanzrecht, Zivilrecht, Bodenrecht, Arbeitsrecht und Kolchosrecht. Die Konzeption des Verwaltungsrechts als eines eigenständigen Rechtsgebiets fordert von der sowjetischen Verwaltungsrechtslehre die Entwicklung von Kriterien, die es gegenüber jenen anderen Rechtsgebieten abgrenzen.

Am bedeutsamsten und schwierigsten ist in diesem Zusammenhang die Abgrenzung von Verwaltungs- und Zivilrecht, weil hier die Verwaltungsorgane nicht als Träger von Hoheitsrechten auftreten. Auf die Darstellung dieser Abgrenzung wird sich die Untersuchung beschränken, da nur für die Lehre vom Verwaltungshandeln sie eine Rolle spielt. Das Problem hat für die sowjetische Verwaltungsrechtslehre und Zivilrechtslehre gleiche Bedeutung. Für beide wird seine Erörterung bei der Untersuchung der wirtschaftlichen Tätigkeit des Staates unumgänglich.

Es ist daher nicht verwunderlich, daß auch die sowjetische Zivilrechtswissenschaft sich in besonderem Maße mit dem Problem auseinandergesetzt hat. Obgleich das Thema der Arbeit eine Beschränkung auf die Darstellung der Verwaltungsrechtsliteratur gebietet, soll doch die Behandlung des Problems in der sowjetischen Zivilrechtsliteratur wiedergegeben werden. Die Gleichheit des Gegenstandes verbietet es, hier nach Verwaltungs- und Zivilrechtslehre zu trennen.

Bei den Abgrenzungsversuchen der Zivil- und Verwaltungsrechtswissenschaft ist vor allem eines bemerkenswert: In der theoretischen Begründung mag im Sowjetstaat ein Unterschied zwischen privatem und öffentlichem Recht nicht bestehen, da in ihm alles öffentlich ist.

In der Praxis läßt sich aber feststellen, daß die von einem Teil der sowjetischen Rechtslehre entwickelten Unterscheidungsmerkmale von Verwaltungs- und Zivilrecht ungefähr dem entsprechen, was überwiegend in der (west-)deutschen Verwaltungsrechtswissenschaft als Unterschied zwischen öffentlichem und privatem Recht angesehen wird.

2. Der Gegenstand als Unterscheidungsmerkmal

Die sowjetische Zivilrechtslehre wird nicht müde zu betonen, die Abgrenzung zwischen Zivil- und Verwaltungsrecht habe nichts mit der Abgrenzung von bürgerlichem und öffentlichem Recht im bürgerlichen Staat zu tun[140].

Diese ideologische Befangenheit mag der Grund dafür sein, daß der größte Teil der sich mit dem Problem beschäftigenden Untersuchungen zu dem Versuch verführt wird, Verwaltungs- und Zivilrecht allein nach dem Gegenstand der durch sie geregelten Rechtsverhältnisse zu unterscheiden, ohne die Bedeutung der Methode der rechtlichen Regelung für den Gegenstand der Untersuchung zu beachten. Die letzte Möglichkeit würde nämlich die Unhaltbarkeit der obigen Behauptung an den Tag bringen.

---

[140] So besonders deutlich: *Joffe*, O. S., Osnovnye čerty i strukturnye osobennosti graždanskogo pravootnošenija (deutsch: Grundzüge und Strukturbesonderheiten der Zivilrechtsverhältnisse), SGiP 1949, Nr. 5, S. 21 - 32 (21), im Folgenden zitiert als: Joffe, Osnovnye čerty.

Für die Unterscheidung des Zivil- und Verwaltungsrechts nach dem Gegenstand greift die sowjetische Zivilrechtswissenschaft wie ein Teil der deutschen Verwaltungsrechtswissenschaft im letzten Jahrhundert auf die Unterscheidung von Vermögens- und Nicht-Vermögensrechten zurück.

Das Zivilrecht soll die vermögensrechtlichen Rechtsverhältnisse regeln, das Verwaltungsrecht die nicht-vermögensrechtlichen. Ein großer Teil der Literatur verkennt jedoch nicht, daß auch im sowjetischen Recht die Grenze zwischen Zivilrecht und Verwaltungsrecht nicht ganz genau zwischen Vermögens- und Nichtvermögensrechten verläuft. Er sieht, daß zum Verwaltungsrecht auch Vermögensrechte gehören, wie z. B. die Verwaltung des staatlichen Eigentums, die Planung, die Verteilung der Fonds, die Umverteilung des Vermögens untergeordneter Wirtschaftsorganisationen durch die übergeordnete Verwaltungsbehörde[141]. Die Berücksichtigung dieser Erkenntnis führt im Endergebnis dazu, daß eine in sich saubere Trennung von Zivil- und Verwaltungsrecht mißlingt. Denn man versucht die Fälle, die nicht in das Schema „Vermögensrecht - Nichtvermögensrecht" passen, durch zusätzliche Kriterien zu erfassen. So sollen die durch das Verwaltungsrecht geregelten sich von denen durch das Zivilrecht geregelten Vermögensbeziehungen dadurch unterscheiden, daß sie mit der Organisation und Verwaltung der Volkswirtschaft verbunden sind[142].

Oder man sieht die dem Zivilrecht zuzurechnenden Vermögensbeziehungen als solche an, die der Sphäre des Warenumlaufs angehören[143].

Diesen Versuchen haftet neben der Schwäche, kein durchgängiges Kriterium gefunden zu haben, die weitere Schwäche an, daß die zusätzlichen Kriterien zu ungenau sind, um mit ihrer Hilfe eindeutig den Unterschied zwischen Zivilrecht und Verwaltungsrecht zu bestimmen. Genkin und Kečekʹjan sehen sich daher auch am Schluß ihrer Erörterungen zu einer Aufzählung all der Rechtsverhältnisse gezwungen, die sie dem einen oder dem anderen Rechtsgebiet zuweisen wollen.

---

[141] *Genkin,* D. M., Predmet sovetskogo graždanskogo prava, V porjadke obsuždenija (deutsch: Der Gegenstand des sowjetischen Zivilrechts, Ein Diskussionsbeitrag), SGiP 1939, Nr. 4, S. 28 - 40 (39), im Folgenden zitiert als Genkin, Predmet.

Kečekʹjan, O sisteme sovetskogo socialističeskogo prava, V porjadke obsuždenija (deutsch: Das System des sowjetischen Zivilrechts, Ein Diskussionsbeitrag), SGiP 1946, Nr. 2, S. 41 - 50 (47), im Folgenden zitiert als Kečekʹjan, O sisteme.

Tadevosjan, V. S., Suščnostʹ sovetskogo chozjajstvennogo prava i predstojaščaja kodifikacija graždanskogo zakonodatelʹstva SSSR (deutsch: Das Wesen des sowjetischen Wirtschaftsrechts und die bevorstehende Kodifikation der Zivilgesetzgebung der UdSSR), SGiP, Nr. 6, S. 50 - 61 (57).

[142] *Genkin,* Predmet, S. 39.

[143] *Kečekʹjan,* O sisteme, S. 47.

Agarkov versucht dieses Dilemma zu vermeiden[144]. Auch er geht von der Unterscheidung von Vermögens- und Nichtvermögens-Beziehungen aus[145], leugnet aber im Endergebnis das Vorhandensein von Vermögensbeziehungen im Verwaltungsrecht[146]. Zwar räumt er ein, die Tätigkeit der Verwaltung habe auch Vermögensbeziehungen zum Gegenstand[147]. Die Unterscheidung der beiden Rechtsgebiete nach dem Gegenstand Vermögensbeziehung - Nichtvermögensbeziehung glaubt er jedoch durch einen Kunstgriff retten zu können. Da die Tätigkeit des Staates eine organisatorische sei, bestände die Abgrenzung zwischen Zivilrecht und Verwaltungsrecht in der Unterscheidung zwischen Vermögensbeziehungen einerseits und Organisationsbeziehungen andererseits[148].

Diese Organisationsbeziehungen sollen auch die Vermögensbeziehungen der Verwaltung erfassen. Vermögensbeziehungen glaubt er zu den Organisationsbeziehungen rechnen zu können, weil in ihm die organisatorischen Elemente überwiegen[149]. Wann das der Fall sein soll, untersucht Agarkov nicht.

Deshalb glaubt Chalfina, der im Grundsatz die Agarkov'sche Auffassung vertritt, zusätzliche Kriterien entwickeln zu müssen. Das Zivilrecht regelt danach die Vermögensbeziehungen, die von ihrem wesentlichen Inhalt her Vermögensbeziehungen sind[150]. Was aber ist der „wesentliche Inhalt“? Wegen der Unbestimmtheit dieses Begriffs ist es nicht verwunderlich, wenn Chalfinas Versuch nur zu einer Aufzählung der Vermögensbeziehungen führt, die dem Zivilrecht zuzurechnen sind.

Die konsequente Lösung bei der Trennung der beiden Rechtsgebiete nach Vermögens- und Nichtvermögensbeziehung liefert Bratus.

Bratus hält die Unterscheidung von Vermögens- und Nichtvermögensbeziehungen für identisch mit der Trennung von Zivil- und Verwaltungsrecht[151].

---

144 *Agarkov,* M. M., Predmet i sistema sovetskogo graždanskogo prava, V porjadke obsuždenija (deutsch: Gegenstand und System des sowjetischen Zivilrechts, Ein Diskussionsbeitrag), SGiP 1940, Nr. 8 - 9, S. 52 - 72, im Folgenden zitiert als Agarkov, Predmet.

145 *Agarkov,* Predmet, S. 54.

146 *Agarkov,* Predmet, S. 62.

147 *Agarkov,* Predmet, S. 61.

148 *Agarkov,* Predmet, S. 61.

149 *Agarkov,* Predmet, S. 62.

150 *Chalfina,* R. O., O predmete sovetskogo graždanskogo prava (deutsch: Der Gegenstand des sowjetischen Zivilrechts), SGiP 1954, Nr. 8, S. 82 - 86 (85).

151 *Bratus,* S. N., Predmet i sistema sovetskogo graždanskogo prava (deutsch: Gegenstand und System des sowjetischen Zivilrechts), Gosudarstvennoe Izdatel'stvo juridičeskoj literatury, Moskau 1963, S. 46, im Folgenden zitiert als Bratus, Predmet.

Bratus, S. N., O razgraničenii graždanskogo i administrativnogo prava, k voprosu o predmete sovetskogo graždanskogo prava (deutsch: Die Abgrenzung von Zivil- und Verwaltungsrecht, Zur Frage nach dem Gegenstand des sowje-

Er will die Vermögensbeziehungen allein dem Zivilrecht zuordnen. Vermögensbeziehungen im Verwaltungsrecht erkennt er nicht an. Die Beziehungen, die bei der planend-regulierenden Tätigkeit der Verwaltung auf dem Gebiet der Volkswirtschaft entstehen, sind nach ihm keine Vermögensbeziehungen. Vielmehr sind es die Organisationsbeziehungen zwischen den Organen, die die wirtschaftliche Tätigkeit des Staates regeln. Die Organisationsbeziehungen sind zwar auf Vermögensbeziehungen gerichtet, sind selbst aber keine Vermögensbeziehungen[152]. Diese Ansicht beruht auf der Annahme, Vermögensbeziehungen könnten nur zwischen Subjekten entstehen, die das Besitz-, Nutzungs- und Verfügungsrecht über einen Gegenstand, das Recht der operativen Verwaltung, haben[153].

Dem kann jedoch nicht gefolgt werden.

Kozlov weist darauf hin, daß z. B. unentgeltliche Übergabe eines Gebäudes von einem staatlichen Unternehmen an ein anderes auf Grund der Verfügung eines Verwaltungsorgans (z. B. eines Ministeriums) erfolgt[154].

Von der Entscheidung des übergeordneten Verwaltungsorgans und nicht von dem Unternehmen, das das Recht der operativen Verwaltung besitzt, hängt also die Übergabe ab. Die Beziehung zwischen dem übergeordneten Organ und dem Unternehmen ist also eine Vermögensbeziehung, obwohl nicht nur Träger des Rechts der operativen Verwaltung daran beteiligt sind.

3. Die Methode als Unterscheidungsmerkmal

Der knappe Überblick über Abgrenzungsversuche von Zivil- und Verwaltungsrecht nach dem Gegenstand offenbart die Fruchtlosigkeit dieser Methode. Es überrascht daher nicht, wenn sich in der sowjetischen Zivilrechtslehre Tendenzen erkennen lassen, von ihr abzurücken.

Bereits 1949 weist Ioffe darauf hin, daß neben anderen Unterschieden der charakteristische Unterschied zwischen Zivil- und Verwaltungsrecht im unterschiedlichen Status der jeweils an einem Rechtsverhältnis beteiligten Subjekte zu suchen sei. Während das Zivilrechtsverhältnis durch die Gleichheit der Subjekte gekennzeichnet ist, stünden sich die Subjekte eines Verwaltungsrechtsverhältnisses in einem Über- Unterordnungsverhältnis gegenüber[155].

---

tischen Zivilrechts), Izdatel'stvo Leningradskogo universiteta, Leningrad 1962, im Folgenden zitiert als Bratus, O razgraničenii.

[152] *Bratus*, Predmet, S. 46; *Bratus*, O razgraničenii, S. 47.

[153] *Bratus*, O razgraničenii, S. 56.

[154] *Kozlov*, Ju. M., Predmet sovetskogo administrativnogo prava (deutsch: Der Gegenstand des sowjetischen Verwaltungsrechts), Izdatel'stvo Moskovskogo Universiteta, Moskau 1967, S. 47, 48, im Folgenden zitiert als Kozlov, Predmet.

[155] *Ioffe*, Osnovnye čerty, S. 26, 27; ebenso in: Pravootnošenie po sovetskomu graždanskomu pravu (deutsch: Das Rechtsverhältnis im sowjetischen Zivilrecht), Izdatel'stvo Leningradskogo Universiteta, Leningrad 1949, S. 33, 34.

Genkin und Alekseev sprechen zwar noch davon, daß die Vermögensbeziehungen dem Zivilrecht zuzuordnen seien. Gleichzeitig verwenden sie jedoch das Kriterium der Gleichheit bzw. der Über- Unterordnung der Subjekte eines Rechtsverhältnisses[156].

Den konsequenten Abschluß dieser Entwicklung bilden die von Tolstoj entwickelten „kennzeichnenden Besonderheiten des Zivilrechts“: Gleichheit als Gegenstandskennzeichen, Gleichberechtigung als Methode[157].

Damit ist in der sowjetischen Zivilrechtswissenschaft eine Meinung entwickelt worden, die der ähnelt, die sich innerhalb der sowjetischen Verwaltungsrechtswissenschaft langsam herausgeschält hat.

II. Die Behandlung des Problems in der sowjetischen Verwaltungsrechtsliteratur

1. Die „obrigkeitliche“ Anordnung als Unterscheidungsmerkmal in der herrschenden sowjetischen Verwaltungsrechtslehre

Auch die sowjetische Verwaltungsrechtslehre sah sich aus den oben genannten Gründen[158] mit dem Problem der Abgrenzung von Verwaltungs- und Zivilrecht konfrontiert.

Es taucht in den sowjetischen Verwaltungsrechtslehrbüchern zweimal auf: Zunächst in der allgemeinen Form der Abgrenzung von Verwaltungs- und Zivilrecht, dann in der speziellen Form der Abgrenzung von Verwaltungsakt und zivilrechtlichem Vertrag.

In den Abgrenzungsversuchen der Verwaltungsrechtsliteratur ist die Entwicklung zur Herausarbeitung des entscheidenden Kriteriums erkennbar.

Im Laufe der Zeit haben sich zwei voneinander in einigen Punkten abweichende Ansichten herausgebildet.

Die Entwicklung der ersten Ansicht, die bis auf den heutigen Tag einhellig in allen Verwaltungslehrbüchern außer in dem von Kozlov vertreten wird, verlief folgendermaßen:

---

[156] *Genkin*, D. M., Osnovy sovetskogo socialističeskogo graždanskogo prava, Lekcii, pročitannye v vysšej partinoj škola pri ZK KPSS (deutsch: Grundlagen des sowjetischen Zivilrechts, An der Obersten Parteischule beim ZK der KPdSU gehaltene Vorlesungen), Moskau 1956, S. 415; *Alekseev*, S. S., Predmet sovetskogo socialističeskogo graždanskogo prava, Sverdlovskij juridičeskij institut, Učenye trudy, Tom I, Serija Graždanskoe pravo (deutsch: Der Gegenstand des sowjetischen Zivilrechts, Sverdlovsk Juristisches Institut, Wissenschaftliche Arbeiten, Band I, Reihe Zivilrecht), Sverdlovsk 1959, S. 77.

[157] *Tolstoj*, T. K., Kodificacija graždanskogo zakonodatel'stva v SSSR (1961 - 1965). Doktorskaja dissertacija (deutsch: Die Kodifikation der Zivilgesetzgebung in der UdSSR (1961 - 1965), Doktor-Dissertation, Leningrad 1970, S. 86.

[158] Vgl. S. 58.

In dem von Denisov herausgegebenen Verwaltungsrechtslehrbuch wird das Problem noch oberflächlich und ergebnislos behandelt. Es heißt dort, käme nur darauf an, ob eine vollziehend-verfügende Tätigkeit der Verwaltungsorgane vorliege oder nicht[159]. Die vollziehend-verfügende Tätig-Zivil- und Verwaltungsrecht seien leicht gegeneinander abzugrenzen. Es keit wird jedoch nicht definiert. Es werden lediglich eine Reihe von Verwaltungstätigkeiten aufgezählt. Auch die Untersuchung der Ausführungen über die Abgrenzung zivilrechtlicher Rechtsgeschäfte der Verwaltungsorgane von Verwaltungsakten bringt keine Lösung. Der Unterschied zwischen beiden wird darin gesehen, daß die einen nach den Normen des Zivilrechts, die anderen nach den Normen des Verwaltungsrechts sich richten[160]. Der Unterschied zwischen Zivilrechtsgeschäft und Verwaltungsakt ist damit nicht erklärt worden.

Auch Studenikins Abgrenzungsversuch ist unbefriedigend. Seine allgemeine Abgrenzung von Verwaltungs- und Zivilrecht ist unzulänglich. Ein in seiner Bedeutung nicht geklärter Begriff tritt an die Stelle des anderen ebenfalls ungeklärten Begriffs, wenn ein Verwaltungsorgan dann verwaltungsrechtlich handeln soll, wenn es als Subjekt der organisierenden Tätigkeit des Staates auftritt[161].

Die Unzulänglichkeit dieser Definition wird deutlich bei der Abgrenzung von Verwaltungsakt und zivilrechtlichem Vertrag der Verwaltungsorgane. Dort muß Studenikin ein zusätzliches Kriterium für das Verwaltungshandeln einführen. Danach kennzeichnet der Verwaltungsakt immer die einseitige Anordnung, während der zivilrechtliche Vertrag immer ein zweiseitiges Rechtsgeschäft ist[162]. Einseitige Anordnungen sind aber auch auf dem Gebiet des Zivilrechts denkbar, während das Verwaltungsrecht auch zweiseitige Rechtsgeschäfte kennt[163]. Sind aber Einseitigkeit und Zweiseitigkeit vertauschbar, können sie nicht das entscheidende Kriterium sein.

Der Lösung näher kommt das in den Verwaltungsrechtslehrbüchern von Lunev und in dem 1962 von Kozlov herausgegebenem Lehrbuch verwandte Kriterium.

Nach ihnen besteht der Unterschied zwischen Verwaltungs- und Zivilrecht darin, daß die Verwaltungsorgane dann auf dem Gebiet des Verwaltungsrechts handeln, wenn sie als Träger von hoheitlichen Kompetenzen (russ.: vlastnye polnomočija) auftreten[164].

---

159 *Denisov*, Administrativnoe pravo, S. 12.
160 *Denisov*, Administrativnoe pravo, S. 102.
161 *Studinikin* 1950, S. 15.
162 *Studenikin* 1950, S. 150; *Studenikin* 1959, S. 129.
163 Vgl. S. 47.
164 *Lunev* 1960, S. 30; *Lunev* 1967, S. 13; *Lunev* 1970, S. 24; *Kozlov* 1962, S. 56.

Diese Kriterien benutzen sie auch bei der Abgrenzung von Verwaltungsakt und zivilrechtlichem Vertrag[165].

In diesem Zusammenhang greift Petrov in seinen Verwaltungsrechtslehrbüchern auf dasselbe Kriterium zurück[166], obwohl er bei der allgemeinen Abgrenzung zwischen Verwaltungs- und Zivilrecht anders verfährt. In dem 1960 erschienenen Lehrbuch arbeitet er zwar heraus, daß die Rechtsverhältnisse des Zivilrechts durch die Gleichrangigkeit der Parteien gekennzeichnet seien, verzichtet aber auf eine Untersuchung des Verwaltungsrechtsverhältnisses[167]. Immerhin kann man hieraus mittelbar ableiten, daß im Gegensatz dazu für die Rechtsverhältnisse des Verwaltungsrechts ein Über-Unterordnungsverhältnis charakteristisch sein soll.

In seinem Lehrbuch von 1970 dagegen verwendet er ein vollkommen unbestimmtes und daher unbrauchbares Kriterium: Verwaltungsrecht regelt Beziehungen, die bei der unmittelbaren praktischen Organisierung der Funktionen des sowjetischen sozialistischen Staates entstehen[168].

Ist die Ausübung von Hoheitsrechten für das Verwaltungshandeln im engeren Sinn kennzeichnend, so kommt alles darauf an, was die sowjetische Verwaltungsrechtslehre unter diesem Begriff versteht. Merkwürdigerweise wird in den soeben zitierten Verwaltungsrechtslehrbüchern der Inhalt der hoheitlichen Kompetenz nicht näher erläutert.

Lediglich Lunev deutet ihn an, wenn er sagt, der Verwaltungsakt enthalte einen bestimmten Befehl[169]. Zu den hoheitlichen Rechten gehört also die Fähigkeit, Befehle erlassen zu dürfen. Befehle werden aber nur in einem Über-Unterordnungsverhältnis erlassen. Der Unterschied zwischen dem Verwaltungsakt und dem zivilrechtlichen Vertrag bestünde dann wie bei der klassischen bürgerlichen Unterscheidung zwischen privatem und öffentlichem Recht in dem Über-Unterordnungs-Verhältnis auf einem Gebiet des öffentlichen Rechts, und der Ebene der Gleichberechtigung der Partner auf dem Gebiet des Zivilrechts.

Diese Deutung des hoheitlichen Handelns wird von der übrigen sowjetischen Verwaltungsliteratur bestätigt und ergänzt, soweit sie den Begriff der „hoheitlichen Kompetenzen“ isoliert untersucht, d. h. nicht im Zusammenhang mit der Abgrenzung von Verwaltungs- und Zivilrecht und der Lehre vom Verwaltungsakt.

---

[165] *Lunev* 1962, S. 119; *Lunev* 1967, S. 157, 160; *Kozlov* 1962, S. 207.

[166] *Petrov* 1960, S. 179; *Petrov*, G. I., Sovetskoe administrativnoe pravo, čast obščaja (deutsch: Sowjetisches Verwaltungsrecht, Allgemeiner Teil), Izdatel' stvo Leningradskogo universiteta, Leningrad 1970, S. 190, im Folgenden zitiert als Petrov 1970.

[167] *Petrov* 1960, S. 15.

[168] *Petrov* 1970, S. 27.

[169] *Lunev* 1962, S. 119; *Lunev* 1967, S. 157, 160.

Studenikin hebt im Zusammenhang mit der Erörterung der Besonderheiten der Verwaltungsorgane hervor: Die Verwaltungsorgane hätten hoheitliche Funktionen und deshalb seien ihre Akte bindend[170].

Der Hinweis auf die Bindungswirkung der Verwaltungsakte läßt die Tendenz erkennbar werden, den Zwangscharakter des Verwaltungsakts als dessen besonderes Merkmal anzuerkennen.

Das geschieht, zeitlich später, bei Jampol'skaja und Kozlov. Nach ihnen werden die hoheitlichen Kompetenzen durch vier Elemente charakterisiert:

1. Den Befehl,
2. die Bindungswirkung des Befehls für den Adressaten,
3. das Recht auf Anwendung eines Zwangsmittels, um die Ausführung des Befehls zu erzwingen,
4. die Gewährleistung der Befehlserfüllung durch Maßnahmen der Erziehung, der Überzeugung und des Anreizes[171].

Hinter dem vierten Element verbirgt sich aber nicht die Erkenntnis, Verwaltungshandeln könne nicht nur ein „Befehlen" sondern auch ein „Gewähren" sein. Denn die Mittel der Erziehung, der Überzeugung und des Anreizes dienen ebenfalls nur der Durchsetzung von Befehlen. Mit dem Begriff der „Überzeugung" (russ.: ubeždenie) wird auch in dem umfangreichen sowjetischen Spezialschrifttum zu diesem Problem nicht die Vorstellung des gewährenden Staates verbunden. Auch hier wird nur an die freiwillige Erfüllung staatlicher Anordnungen aufgrund einer vorhergehenden Überzeugungsbildung durch Erziehung, Stärkung des Gemeinschaftsbewußtseins und des Rechtsbewußtseins gedacht[172].

Es kann also festgehalten werden:

Als Kriterium zur Abgrenzung von Verwaltungs- und Zivilrecht läßt sich in der sowjetischen Verwaltungsrechtsliteratur das Abstellen auf obrigkeitliches Handeln, also ein Handeln im Über-Unterordnungs-Verhältnis, feststellen. Trotzdem wird dieses Kriterium mit der Ausnahme von Kozlov und Vasi'lev[173] in die Definition des Verwaltungsakts nicht mit einbezogen.

---

[170] *Studenikin* 1959, S. 68.

[171] *Jampol'skaja*, Organy, S. 17; *Kozlov*, Organy, S. 12.

[172] z. B. Naučnye, osnovy, S. 328; vgl. weiter zum Begriff der „Überzeugung": *Petrov*, G. I., Ubeždenie i prinuždenie v sovetskom gosudarstve (deutsch: Überzeugung und Zwang im sowjetischen Staat), Woronež 1962; *Nedbajlo*, P. E., Primenenie sovetskich pravovych norm (deutsch: Die Anwendung sowjetischer Rechtsnormen), Gosjurizdat, Moskau 1960; *Jampol'skaja*, C. A., Ob ubeždenie i prinuždenie v sovetskom administrativnom prave, Sbornik: Voprosy sovetskogo administrativnogo i finansovogo prava (deutsch: Überzeugung und Zwang im sowjetischen Verwaltungsrecht, Sammlung: Fragen des sowjetischen Verwaltungs- und Finanzrechts), Izdatel'stvo Akademii Nauk SSSR 1962.

[173] Vgl. S. 57.

2. Versuche, das schlicht-hoheitliche Verwaltungshandeln bei der Abgrenzung zu berücksichtigen

Kozlov verbindet mit dem Merkmal „hoheitlich“ einen weitergehenden Sinn als die übrige sowjetische Verwaltungsrechtsliteratur. Er bezieht das gewährende Handeln der Verwaltung mit ein. Hier hat eine Entwicklung stattgefunden, die ebenfalls erkennbar werden läßt, wie in einem Teil der sowjetischen Verwaltungsrechtsliteratur das herrschende Verständnis des Begriffs „hoheitliche Kompetenzen“ sich weiterentwickelt hat.

Die Beschränkung der einseitigen Rechtshandlungen der Verwaltungsorgane auf obrigkeitliches Handeln trifft wie im (west-)deutschen Verwaltungsrecht auch im sowjetischen Verwaltungsrecht nicht zu. Auch hier wird die Verwaltung nicht nur obrigkeitlich tätig. Sie schafft sozial-kulturelle Einrichtungen, sie sorgt für den gesamten Bereich, der bei uns mit dem Begriff Daseinsvorsorge umschrieben ist, sie gewährt dem Bürger Renten und Ausbildung. In diesem Bereich nehmen die Verwaltungsorgane auch Rechtshandlungen vor. Der hoheitliche Befehl allein kann also nicht das entscheidende Kriterium dafür sein, ob ein Verwaltungsorgan auf dem Gebiet des Verwaltungsrechts oder auf dem Gebiet des Zivilrechts handelt. Dieses Kriterium kann nicht alle Fälle einseitiger verwaltungsrechtlicher Rechtshandlungen erfassen.

a) Das Erkennen des Problems bei Dozorcev, Dogadov und Vil'njanskij

Die Erkenntnis, daß die herrschende Auslegung des Begriffs der Hoheitsrechte nicht alle Fälle des Verwaltungshandelns erfaßt, findet zunächst nur beiläufig in Randbemerkungen in Aufsätzen von Dozorcev, Dogadov und Vil'njanskij ihren Ausdruck[174]. Die Frage wird von ihnen jedoch nicht weiter untersucht. Lediglich Vil'njanskij geht einen Schritt weiter und behauptet beispielsweise, durch den Antrag eines Bürgers auf Zuteilung von Wohnraum entstehe ein Verwaltungsrechtsverhältnis zwischen Bürger und Verwaltungsorgan, das kein hoheitlich geregeltes Verhältnis sei, weil das Verwaltungsorgan hier dem gesetzlich begründeten Anspruch des Bürgers unterstellt sei[175]. Auf die Unhaltbarkeit dieser Behauptung wird noch eingegangen werden.

---

[174] *Dozorcev*, A. V., O predmete sovetskogo graždanskogo prava i sisteme graždanskogo kodeksa SSSR (deutsch: Der Gegenstand des sowjetischen Zivilrechts und das System des Zivilkodex der UdSSR), SGiP 1954, Nr. 7 (S. 104 bis 108), (S. 105, 106); *Dogadov*, V. M., Sovetskogo trudovoe pravo i ego predmet, Vestnik Leningradskogo universiteta, Nr. 5, Serija ekonomiki, filosofii i prava, Vypusk 1 ()deutsch: Das sowjetische Arbeitsrecht und sein Gegenstand, Bote der Leningrader Universität, Nr. 5, Reihe Wirtschaft, Philosophie und Recht), Band 1, S. 86 - 97 (92).
Vil'njanskij, S. I., K voprosu o sisteme sovetskogo prava (deutsch: Die Frage nach dem System des Sowjetrechts), SGiP 2957, Nr. 1, S. 102 - 109.

[175] *Vil'njanskij*, ebd.

An Vil'njanskijs Bemerkung knüpft Petrov an, der sich mit dem Problem genauer auseinandersetzt.

b) Die falsche Lösung Petrovs und Volkovs

Bereits in seiner Rezension des 1949 erschienenen Verwaltungsrechtslehrbuchs von Studenikin hatte er darauf hingewiesen, der Staat könne gegenüber dem Bürger nicht nur fordernd tätig werden, sondern der Bürger könne auch seinerseits vom Staat die Befriedigung seiner gesetzlich geschützten Interessen verlangen[176]. Petrov hatte jedoch dort das Problem nicht weiter erörtert. Erst in seiner 1958 erschienenen Monographie: Suščnost' sovetskogo administrativnogo pravo (deutsch: Das Wesen des sowjetischen Verwaltungsrechts) beschäftigt er sich ausführlicher mit dem Merkmal des hoheitlichen Handelns. Er hält es zur Abgrenzung von Verwaltungs- und Zivilrecht für ungeeignet. Er sieht die Verwaltungsrechtsverhältnisse zwischen Bürger und Verwaltungsorgan, die z. B. auf Grund der Zuteilung von Wohnraum, der Gewährung von Pensionen und Fürsorgeunterstützung entstehen, als „horizontale Verwaltungsrechtsverhältnisse" an[177]. Den Gegensatz zu ihnen bilden die „vertikalen Verwaltungsrechtsverhältnisse". Nur sie entstehen nach ihm auf Grund hoheitlicher Regelung[178], weil nur hier von einer Gewaltunterworfenheit des Adressaten die Rede sein kann. Bei den „horizontalen Verwaltungsrechtsverhältnissen" übt dagegen das Verwaltungsorgan gegenüber dem Bürger keine Hoheitsrechte aus. Er begründet das folgendermaßen:

Die Teilnehmer dieser Verwaltungsrechtsverhältnisse seien vor dem Gesetz gleichgestellt, da sie ihm im gleichen Maße unterstellt seien[179]. Da die Verwaltungsorgane den gesetzlich begründeten Forderungen der Bürger nachzukommen hätten, könnten sie keine Befehle erlassen[180]. Hoheitsrechte werden nur gegenüber dem Verwaltungsorgan ausgeübt, das von dem Verwaltungsorgan, an das sich der Bürger mit seinem Antrag wandte, zur Gewährung der Hilfe z. B. verpflichtet wurde. Petrov ist bei dieser Begründung demselben Fehler erlegen wie Vil'njanskij. Er verwechselt die Grundlagen, die zur Begründung eines Verwaltungsrechtsverhältnisses führen, den Antrag des Bürgers und dessen gesetzliche Grundlage, mit dem daraufhin entstehenden Rechtsverhältnis selbst.

---

[176] *Petrov*, G. I., Voprosy teorii sovetskogo administrativnogo pravo, SGiP 1950, Nr. 12, S. 57 ff. (64) (deutsch: Fragen zur Theorie des sowjetischen Verwaltungsrechts).

[177] *Petrov*, Suščnost', S. 90.

[178] *Petrov*, Suščnost', S. 91, 93.

[179] *Petrov*, G. I., Zadači kodifikacii sovetskogo administrativnogo prava (deutsch: Aufgaben bei der Kodifizierung des sowjetischen Verwaltungsrechts), SGiP 1956, Nr. 6, S. 21 - 35 (24, 35).

[180] *Petrov*, Suščnost', S. 91.

Hoheitliches Handeln reduziert sich für Petrov auf die Fälle, in denen ein Verwaltungsorgan dem Adressaten eines Verwaltungsakts aus eigener Initiative etwas vorschreibt. Petrovs Lehre von den „horizontalen Verwaltungsrechtsverhältnissen" ist daher von Jurčenko und Kozlov starker Kritik unterzogen und abgelehnt worden[181].

Auf Grund seiner falschen Schlußfolgerungen zum Problem des hoheitlichen Handelns gelingt Petrov ebenfalls keine befriedigende Abgrenzung des Zivilrechts vom Verwaltungsrecht. Wenn es auch Verwaltungsrechtsverhältnisse nicht hoheitlicher Art gibt, so kann das hoheitliche Handeln kein Unterscheidungsmerkmal des Verwaltungsrechts vom Zivilrecht sein. Petrov hält deshalb eine Untersuchung nach dem Gegenstand und nicht nach der Methode für geboten. Den Gegenstand des Verwaltungsrechts bilden nach ihm diejenigen gesellschaftlichen Verhältnisse, die in der Sphäre der vollziehenden und verfügenden Tätigkeit des sowjetischen Staates entstehen[182].

Diese Unterscheidung ist jedoch unhaltbar.

Der Begriff „vollziehend-verfügende Tätigkeit" wird, wie oben S. 17 nachgewiesen wurde, in der sowjetischen Verwaltungsrechtslehre synonym für Verwaltungstätigkeit gebraucht. Die Petrov'sche Festlegung des Gegenstandes des Verwaltungsrechts besagt also nichts weiter, als daß das Verwaltungsrecht diejenigen gesellschaftlichen Verhältnisse umfaßt, die während der Verwaltungstätigkeit des sowjetischen Staates entstehen.

Auf die Fragwürdigkeit der Unterscheidung von Methode und Gegenstand wird unten eingegangen werden[183].

Mittelbar hat auch Volkov zu dem Problem der Hoheitsrechte Stellung genommen, ohne das Problem zu lösen[184].

Innerhalb der Untersuchung des Systems der Verwaltungsorgane beschäftigt er sich auch mit den staatlichen Unternehmen, den staatlichen Wirtschaftsorganisationen, den sozial-kulturellen Anstalten. Er betrachtet

---

181 *Jurčenko,* A. K., Razgraničenie administrativnych i graždanskich pravootnošenij, „Problemy graždanskogo i administrativnogo prava" (deutsch: Die Abgrenzung von Verwaltungs- und Zivilrechtsverhältnissen, in „Probleme des Zivil- und des Verwaltungsrechts"), Izdatel'stvo LGU, Leningrad 1962, S. 63 - 94 (73), im Folgenden zitiert als Jurčenko.
Kozlov, Predmet, S. 34.

182 *Petrov,* Suščnost', S. 122.

183 Vgl. S. 73, 74.

184 *Volkov,* M. A., Sovetskoe gosudarstvennoe upravlenie i sistema ego organov, Učenye zapiski Belorusskogo gosudarstvennogo universiteta, imeni V. I. Lenin, Vypusk 34, serija juridičeskaja (deutsch: Die sowjetische Staatsverwaltung und das System ihrer Organe, in „Wissenschaftliche Berichte der Belorussischen staatlichen Lenin-Universität", Band 34, Jur. Reihe), Minsk 1957, S. 85 - 121, im Folgenden zitiert als Volkov.

sie mit einigen Ausnahmen[185] zwar als Staatsorgane aber nicht als Verwaltungsorgane[186].

Verwaltungsorgane besitzen nach Volkov immer hoheitliche Kompetenzen, nicht jedoch die eben genannten Einrichtungen[187].

Er glaubt, das einmal aus derVerfassung derUdSSR ableiten zu können, in der die Verwaltungsorgane abschließend aufgezählt seien[188], zum anderen verbindet er mit den hoheitlichen Kompetenzen die Vorstellung eines Über-Unterordnungsverhältnisses[189], innerhalb dessen Verwaltungsorgane an die Bürger oder an eine Organisation zwangsweise durchsetzbare Befehle richten kann[190].

Über derartige Rechte verfügen die genannten Einrichtungen nicht und können deshalb keine Verwaltungsorgane sein. Volkov erkennt also das Problem nicht einmal. Davon legt auch die Tatsache Zeugnis ab, daß er ohne Zögern bei der Aufzählung von Hoheitsrechten der Exekutivkomitees der örtlichen Sowjets Formen der Eingriffsverwaltung der gewährenden Verwaltung nebeneinander nennt[191].

c) Ansätze zur Lösung bei Vlasov, Javič und Jurčenko

Gegen Volkov wendet sich Vlasov. Auch er untersucht den Begriff der hoheitlichen Kompetenzen lediglich am Beispiel der Akte der staatlichen Wirtschaftsbetriebe und sozial-kulturellen Einrichtungen. Mit Recht wendet sich Vlasov gegen die These von der abschließend erfolgten Aufzählung aller Verwaltungsorgane in der Verfassung der UdSSR[192].

Auch gegen den zweiten Grund, den Organen der staatlichen Wirtschaftsbetriebe und der sozial-kulturellen Einrichtungen die Eigenschaft eines Verwaltungsorgans abzusprechen, wendet sich Vlasov mit einer Begründung, die im Ansatz bereits eine Lösung des Problems enthält, die nicht nur auf die Tätigkeit der Verwaltungsorgane zutrifft.

Er erkennt, daß es nicht richtig sein kann, den Begriff der hoheitlichen Kompetenzen nur auf die mit Zwang durchsetzbaren Akte zu beschränken[193]. Er stellt darauf ab, daß der Inhalt dieses Begriffs unter-

---

[185] *Volkov*, S. 108 - 111.
[186] *Volkov*, S. 97.
[187] *Volkov*, S. 98.
[188] *Volkov*, S. 98, 121.
[189] *Volkov*, S. 100.
[190] *Volkov*, S. 97.
[191] *Volkov*, S. 106.
[192] *Vlasov*, V. A., Sovetskij gosudarstvennyj apparat (deutsch: Der sowjetische Staatsapparat), Gosjurizdat Moskau 1959, S. 52, im Folgenden zitiert als Vlasov, Apparat.
[193] *Vlasov*, Apparat, S. 54.

schiedlich sei je nach der Art der Aufgabe eines staatlichen Organs und den ihm gesetzlich übertragenen Kompetenzen. Damit hat Vlasov zwar noch kein brauchbares Kriterium zur Unterscheidung hoheitlichen Handelns zu nichthoheitlichem Handeln der Verwaltungsorgane entwickelt. Indirekt aber hat er auf die Bedeutung des einer Verwaltungshandlung zugrundeliegenden Rechtssatzes verwiesen. Die Kompetenzen eines Verwaltungsorgans lassen sich nur aus den ihm zugeordneten Rechtssätzen entnehmen. Vlasov selbst hat das noch nicht klar erkannt. Denn er zählt nur auf, was zu den Hoheitsrechten der Verwaltungsorgane der sozialkulturellen Einrichtungen zu zählen ist: Die Verwaltung des Staatseigentums[194], die Aufnahme in die Schule, die Schulentlassung, Ausstellung eines Schulzeugnisses[195]. Eine abstrakte Regel stellt er nicht auf.

Einen weiteren Gedanken zur Lösung des Problems, in dem die Überwindung des Denkens in den Kategorien des Über-Unterordnungsverhältnisses anklingt, steuert Javič bei. Nach ihm darf die Gewaltunterworfenheit des Bürgers unter die Organe der Verwaltung nur in einem übertragenen Sinn aufgefaßt werden. Die Gewaltunterworfenheit ist die Abhängigkeit des Bürgers vom Verwaltungsorgan, das selbständig und hoheitlich eine Frage entscheidet[196].

Der von Vlasov angedeutete Gedanke der Bedeutung des Rechtssatzes und der von Javič geäußerte des selbständigen Handelns der Verwaltungsorgane führen zur Weiterentwicklung der Lösung des Problems. Selbständiges Handeln heißt in diesem Zusammenhang:

Nur ein Verwaltungsorgan und niemand anders kann die anstehende Frage entscheiden. Die Staatsorgane haben also ein Monopol für den Erlaß von Verwaltungsakten. Das Monopol des Staates ist nicht nur für die obrigkeitlichen, sondern auch für die anderen Rechtshandlungen der Verwaltungsorgane charakteristisch, wie z. B. die Aufnahme von Kindern in die Schule, die Gewährung einer Rente. Immer ist dies ein Handeln, daß nur Staatsorgane vornehmen können und nicht Bürger. Für das Handeln auf dem Gebiet des Zivilrechts ist dagegen charakteristisch, daß hier kein Monopol der Staatsorgane besteht. Hier können Bürger und Staatsorgane gleichberechtigt handeln.

Den Gedanken des Monopols der Verwaltungsorgane stellt daher Jurčenko bei seinem Abgrenzungsversuch mit Recht in den Vordergrund[197]. Die Bedeutung des Rechtssatzes dagegen arbeitet er noch nicht genügend heraus.

---

[194] *Vlasov,* Apparat, S. 56.

[195] *Vlasov,* Apparat, S. 60.

[196] *Javič,* S. L., Sovetskoe pravo regulator obščestvennych otnošenij v SSSR (deutsch: Das Sowjetrecht als Regulator der gesellschaftlichen Beziehungen in der UdSSR), talinabad, 1957, S. 63, Fn. 1.

[197] *Jurčenko,* S. 73.

Wie läßt sich aber feststellen, ob die Verwaltungsorgane ein Monopol für bestimmte Handlungen besitzen? Das kann nur ein Rechtssatz sein, dessen Zuordnungssubjekt allein ein Verwaltungsorgan ist. Handeln die Verwaltungsorgane aufgrund eines solchen Rechtssatzes, so handeln sie auf dem Gebiet des Verwaltungsrecht, d. h. entweder im Sinne von hoheitlich in der Bedeutung von „obrigkeitlich“ oder im Sinne von hoheitlich in der Bedeutung von „schlicht hoheitlich“.

3. Die Subjektstheorie Kozlov's

Die bisher einzige annähernd befriedigende Lösung ist Kozlov gelungen.

Den Begriff der hoheitlichen Kompetenzen untersucht er nicht im Rahmen der Abgrenzung von Zivil- und Verwaltungsrecht, sondern im Rahmen der Untersuchung dessen, was er als verwaltungsrechtliche Methode beschreibt.

Die Erkenntnis, daß es nicht nur Verwaltungshandlungen anordnenden, sondern auch gewährenden Charakters gibt[198], führt ihn zu der Einsicht, die Ausübung hoheitlicher Kompetenzen laufe nicht immer auf die Ausübung von Zwang der einen Seite eines Verwaltungsrechtsverhältnisses auf die andere Seite hinaus. Charakteristisch für beide Arten von Verwaltungshandlungen ist aber, daß infolge von Rechtsvorschriften das Verwaltungsorgan die offizielle Instanz ist, die zur Entscheidung der jeweiligen Frage allein berechtigt ist[199]. Nach Kozlov besteht das Wesen der hoheitlichen Kompetenzen daher darin, daß entsprechend den geltenden Rechtsvorschriften die Lösung einer konkreten Frage allein der Kompetenz der Verwaltungsorgane anvertraut ist[200].

Kozlov hat damit für die sowjetische Verwaltungsrechtslehre selbständig eine Definition für hoheitliches Handeln der Verwaltungsorgane entwickelt, die ungefähr der entspricht, die Wolff für das (west-)deutsche Verwaltungsrecht zur Abgrenzung des gesamten öffentlichen Rechts vom Privatrecht erarbeitet hat[201].

Diese unabhängig voneinander erfolgte, nahezu gleiche Lösung desselben Rechtsproblems erhärtet die in der Einleitung zu dieser Arbeit wiederholte bekannte Feststellung von der Gleichheit der Rechtsprobleme in den Rechtsordnungen verschiedener Gesellschaftssysteme.

Kozlov ist bis jetzt mit seiner Lösung allein geblieben. Keines der beiden nach 1968 erschienenen Verwaltungsrechtslehrbüchern, das von Petrov und unter der Redaktion von Lunev herausgegebene, erwähnt Kozlovs Ansicht auch nur mit einem Wort.

---

[198] *Kozlov*, Predmet, S. 34; *Kozlov* 1968, S. 46.
[199] *Kozlov*, Predmet, S. 36; *Kozlov* 1968, S. 45.
[200] *Kozlov*, Predmet, S. 40; *Kozlov* 1968, S. 46.
[201] *Wolff*, Verwaltungsrecht I, S. 87.

Eine geringfügige Ergänzung der Kozlovschen Theorie erscheint noch erforderlich:

Theoretisch sind Fälle von Verwaltungshandlungen, in denen Zweifel bestehen, ob Zuordnungssubjekt des zugrunde liegenden Rechtssatzes allein ein Verwaltungsorgan oder auch ein Bürger ist, denkbar. In solchen Fällen wird man die Vermutung für ein verwaltungsrechtliches Handeln sprechen lassen müssen.

Handelt ein Verwaltungsorgan, so kann grundsätzlich davon ausgegangen werden, daß es mit dem ihm zustehenden Handlungsmitteln tätig werden will. Ein entgegengesetzter Wille kann nur aus besonderen Umständen des Einzelfalles geschlossen werden.

Kozlov benutzt jedoch nicht die von ihm aufgestellte Definition für hoheitliches Handeln allein, um das Verwaltungsrecht vom Zivilrecht abzugrenzen. Vielmehr bedient er sich dazu einer Verknüpfung des Gegenstands und der Methode des Verwaltungsrechts. Das Problem der Abgrenzung entsteht, wie bereits dargelegt, bei den Vermögensbeziehungen, die im sowjetischen Recht sowohl durch das Zivil- als auch das Verwaltungsrecht geregelt werden. Das Zivilrecht regelt nach Kozlov solche Vermögensbeziehungen, bei denen die Parteien gleichberechtigt sind; das Verwaltungsrecht solche, deren Seiten nicht gleichberechtigt sind. Das beruht darauf, daß eines der Subjekte des geregelten Rechtsverhältnisses Träger von hoheitlichen Kompetenzen ist[202]. Die Ausübung hoheitlicher Kompetenzen ist aber das, was von Kozlov als die Methode der verwaltungsrechtlichen Regelung bezeichnet wurde. Die Methode wird lediglich dort ergänzendes Kriterium, wo die Unterscheidung nach dem Gegenstand nicht weiterhilft. Darin ist der alte Gedanke versteckt, Zivil- und Verwaltungsrecht ließen sich nach dem Gegenstand der Regelung unterscheiden.

Wäre es richtig, daß die Mehode nur dann anzuwendendes Kriterium wäre, wenn die Unterscheidung der Rechtsgebiete nach dem Gegenstand versagt, dann wäre es auch Kozlov nicht gelungen, ein durchgängiges Kriterium zu finden. Das hoheitliche Handeln als Methode der verwaltungsrechtlichen Regelung ist aber für alle verwaltungsrechtlichen Verhältnisse typisch. Kozlov hätte also allgemein Verwaltungs- und Zivilrecht mit Hilfe der verschiedenartigen Methoden abgrenzen können.

Die allgemein in der sowjetischen Verwaltungs- und Zivilrechtsliteratur anzutreffende Unterscheidung entweder nach dem Gegenstand oder nach der Methode erscheint weniger fruchtbar. Gegenstand und Methode sind letztlich verschiedene Seiten derselben Sache. Entscheidend ist allein der Gesichtspunkt von dem aus der Unterschied zwischen beiden Rechtsge-

---

[202] *Kozlov*, Predmet, S. 48/49; *Kozlov* 1968, S. 47, 48.

bieten betrachtet wird. Es läßt sich sagen: Verwaltungs- und Zivilrecht unterscheiden sich durch die Art, in der Rechtsverhältnisse begründet, aufgehoben oder geändert werden. Dann steht die Methode im Vordergrund.

Stattdessen läßt sich auch folgendermaßen formulieren: Verwaltungs- und Zivilrecht unterscheiden sich durch ihre Gegenstände. Deren Verschiedenheit beruht auf der unterschiedlichen Art der Regelung der Rechtsverhältnisse. Hier ist der Gegenstand Ausgangspunkt der Unterscheidung.

Zusammenfassung:

Ausgangspunkt dieses Teils der Arbeit war der Begriff „hoheitlich" in der Kozlovschen Definition des Verwaltungsakts. „Hoheitlich" bedeutet nach einem Teil der sowjetischen Verwaltungsrechtslehre lediglich obrigkeitliches Handeln der Verwaltungsorgane, während es nach der Mindermeinung auch das „schlicht-hoheitliche" Handeln des Staates erfaßt.

Viertes Kapitel

Die Einteilung der Akte der sowjetischen staatlichen Verwaltung

§1 Allgemeine Anmerkung zu den sowjetischen Einteilungsversuchen

Eine Einteilung der Verwaltungsakte setzt einen fest umrissenen Begriff des Verwaltungsakts voraus. Bis zu diesem Punkt der Untersuchung konnte aber eine ausreichende Definition des Verwaltungsakts nicht geliefert werden. Deshalb ist es unlogisch, bereits jetzt die Einteilung der Verwaltungsakte in der sowjetischen Verwaltungsrechtslehre darzustellen. Trotzdem folgt die Untersuchung aber dem sowjetischen Vorbild. Denn nur so kann eine Schwäche der sowjetischen Methode wiedergegeben werden, die allerdings bei Kozlov fast überwunden ist: die geringe Abstraktionsfähigkeit.

Zu Beginn der Untersuchung steht eine unklare Definition des Verwaltungsakts. Weitere für den sowjetischen Begriff des Verwaltungsakts notwendige Elemente können erst aus den weiteren Ausführungen über einzelne Erscheinungsformen dieses Rechtsphänomens erarbeitet werden.

Zwischen dem Versuch der Definition und dem Abschnitt über die Einteilung (russ.: klassifikacija) der Verwaltungsakte ist in den meisten sowjetischen Darstellungen ein Abschnitt über die rechtliche Bedeutung des Verwaltungsakts eingeschoben[203].

Für diesen Abschnitt ist charakteristisch, daß aus ihm weitere Elemente für die Definition herausgezogen werden können. Er setzt eine Definition voraus und besteht aus einer Anhäufung von Beispielen verschiedener Verwaltungsakte, aus denen sich Einteilungsversuche herauslesen lassen. Sachlich gehören diese Ausführungen daher in den Abschnitt „Einteilung". So läßt sich zum Beispiel aus dem Satz, ein Verwaltungsakt könne die Grundlage eines anderen sein, der erste Versuch für eine mögliche Einteilung in selbständige und unselbständige Verwaltungsakte herleiten[204]. In der Feststellung, ein Verwaltungsakt könne Grundlage für

---

[203] *Studenikin* 1950, S. 148; *Studenikin* 1959, S. 126; *Lunev* 1960, S. 113, 114; *Lunev* 1967, S. 158; *Kozlov* 1962, S. 202 - 204; *Kozlov* 1968, S. 207, 208.
[204] Vgl. *Studenikin* 1950, S. 148.

die Entstehung anderer Rechtsverhältnisse sein, kann der erste Schritt zur Herausarbeitung eines rechtsgestaltenden Verwaltungsakts zu sehen sein[205].

In diesen Beispielen deutet sich der — nicht fortgeführte — Versuch an, die Fülle der Verwaltungsakte nach inhaltlichen Gesichtspunkten zu ordnen. Für die im Abschnitt „Einteilung der Akte der sowjetischen staatlichen Verwaltung" unternommenen Einteilungsversuche ist es demgegenüber charakteristisch, daß sie bis auf die grundlegende Unterscheidung von Normativ- und Individualakten keine weiteren an inhaltliche Unterschiede gebundene Einteilungen enthalten. Im Mittelpunkt der Einteilungsversuche stehen die mehr oder weniger kunstvollen aber unergiebigen, am staatlichen Organisationsschema orientierten Einteilungsversuche, nach der den Verwaltungsakt erlassenen Autorität.

Dazu gehören die Einteilung nach den erlassenen Organen, die Einteilung nach der räumlichen Geltung der Verwaltungsakte, die Einteilung in Akte zentraler und örtlicher Organe und in Akte der allgemeinen und der besonderen Verwaltung[206].

Diese Einteilungsversuche sind aber deshalb interessant, weil sie ein Licht darauf werfen, wie stark der Staatsapparat im Mittelpunkt des Interesses der sowjetischen Verwaltungsrechtswissenschaft steht und wie wenig ausgeprägt die Neigung zur abstrakten rechtlichen Durchdringung der Verwaltungserscheinungen ist.

§2 Die Unterscheidung der Akte der sowjetischen staatlichen Verwaltung nach ihrer Rechtsnatur

I. Die Akte der sowjetischen staatlichen Verwaltung mit generellen Regelungen

1. Rechtstheoretische Untersuchung zur Einordnung der Normativakte als Akte der sowjetischen staatlichen Verwaltung

Im Gegensatz zum (west-)deutschen Verwaltungsrecht rechnet die sowjetische Verwaltungsrechtslehre nicht nur die Regelung von Einzelfällen (russ.: individualnye akty), sondern auch generelle Regelungen (russ.: normativnye akty) zu den Verwaltungsakten. Der Einfachheit halber soll im Folgenden von Individualakt und Normativakt gesprochen werden.

Von der sowjetischen Verwaltungsrechtslehre her gesehen, ist die Qualifizierung der von Verwaltungsorganen erlassenen generellen Normen des objektiven Rechts als Verwaltungsakte konsequent. Da sie nicht

[205] *Studenikin*, ebd.
[206] *Studenikin* 1950, S. 152 ff.

zwischen formellen Staatsfunktionen unterscheidet, vollzieht sie keine logische Trennung nach typischen Staatsaufgaben. Alle Rechtsakte werden daher nicht als Ergebnis einer funktionell von anderen Staatstätigkeiten verschiedenen Staatstätigkeit betrachtet, sondern als Ergebnis der Tätigkeit des erlassenden Organs schlechthin.

Von dem hier eingenommenen Standpunkt aus gesehen, nach dem Verwaltung jede Staatstätigkeit ist, die weder Rechtssetzung noch Rechtsprechung ist, läßt sich die Einordnung der Normativakte als Verwaltungsakte nicht halten. Das ist nur dann möglich, wenn man die Bezeichnung „Verwaltungsakt“ lediglich als Hinweis auf den Erzeuger des Normativ- bzw. Individualakts auffaßt. Erzeuger von Normativakten können auch Verwaltungsorgane sein, da sie als die Staatsorgane definiert worden sind, die in *überwiegendem* Umfang solche Tätigkeiten wahrnehmen, die weder Rechtssetzung noch Rechtsprechung sind[207].

Damit ist klargestellt, daß Verwaltungsorgane auch Rechtssetzungsakte erlassen können. Die terminologische Gleichsetzung des Rechtssetzungsakts durch Verwaltungsorgane mit dem in Ausübung der Staatsfunktion Verwaltung erlassenen Rechtsakts ist jedoch unfruchtbar für die weitere Untersuchung, da sie die Unterschiede zwischen Normativ- und Individualakt verschleiert.

Die von der sowjetischen Verwaltungsrechtslehre vorgenommene Einordnung der Normativakte führt jedoch zu der bereits oben angeschnittenen Frage[208], ob die hier vertretene Definition der Verwaltung haltbar ist und der sowjetischen Konstruktion nicht unausgesprochen eine rechtstheoretisch richtige Einsicht zugrunde liegt. Diese Einsicht lautet:

Einen Unterschied zwischen den Normativ- und den Individualakten gibt es nicht. Normativakte der Verwaltung sind nicht nur der Terminologie nach, sondern auch inhaltlich Verwaltungsakte. Wäre das richtig, so wäre die oben erarbeitete Definition der Verwaltung falsch, weil der Begriff „Verwaltung“ die Rechtssetzung, die nicht Gesetzgebung ist, mit umfassen müßte.

Die negative Definition der Verwaltung geht davon aus, daß es sich bei dem Erlaß von Individualakten nicht um den Erlaß von generellen Normen des objektiven Rechts handelt. Sollte aber in Wirklichkeit ein Unterschied zwischen Rechtsnormen und Individualakten nicht bestehen, so wären die Individualakte auch als Rechtsnormen anzusehen. Bekanntlich wird diese Auffassung in der Lehre vom Stufenbau der Rechtsordnung vertreten[209].

---

[207] Vgl. S. 33.

[208] Vgl. S. 31, 32.

[209] *Merkl*, S. 157 ff. (insbesondere S. 172); in Ansätzen schon in „Das doppelte Rechtsantlitz“, Jurist. Blätter 1918, S. 425 ff.; *Kelsen*, H., Reine Rechtslehre, 2. Auflage, Wien 1960, S. 228 ff. (insbesondere S. 266 ff.).

Die theoretische Rechtfertigung der sowjetischen Lehre durch die sogenannte Wiener Rechtsschule würde nicht der Ironie entbehren. Sie wird bekanntlich von der sowjetischen Rechtslehre als reaktionärste bourgeoise Theorie, die „die Unterdrückung der Bedeutung der Gesetze und anderer Normativakte zur bewußten Verzerrung des Rechtsbegriffs ausnutzt“[210].

Die Lehre vom Stufenbau der Rechtsordnung geht davon aus, daß alle Rechtsquellen stufenförmig zusammenhängen. Das Grundsystem dieser Lehre sieht folgendermaßen aus:

Auf der obersten Stufe der positiven Rechtsordnung steht die Verfassung (die sog. rechtliche Grundnorm). Sie sieht den Erlaß von Rechtsnormen vor und regelt das Verfahren, in dem das formelle Gesetz ergeht.

Dieses bildet die zweite Stufe der Rechtsordnung. Im formellen Gesetz kann die Rechtssetzung in anderer Form als der der formellen Gesetzgebung vorgesehen sein, nämlich in Form von Verordnungen und autonomen Satzungen. Diese bilden die dritte Stufe. Das System wird dadurch komplizierter, daß eine Stufe übersprungen oder eine neue Stufe eingeschoben werden kann. Das Gemeinsame der bisher genannten 3 Stufen ist, daß sie regelmäßig generelle Rechtsnormen enthalten. Aufgrund dieser generellen Rechtsnormen werden konkrete Rechtshandlungen vorgenommen, die individuelle rechtliche Beziehungen begründen. Diese individuelle Rechtsanwendung wird von der Stufenlehre ebenfalls als Setzung von Rechtsnormen betrachtet. Der Unterschied zu den Rechtsnormen der ersten drei Stufen besteht darin, daß die Normen der 4. Stufe individuelle Normen enthalten. Beide Arten von Rechtsnormen, die generellen und die individuellen, verbindet ein gemeinsames Element. Jeder Rechtssetzungsakt ist rechtsvollziehend und rechtserzeugend zugleich. Denn der gesamte Inhalt einer Rechtsnorm unterer Stufe kann nicht in den Rechtsnormen höherer Stufen enthalten sein. Vielmehr ist in jeder Stufe eine Konkretisierung der höherstufigen Norm durch Anpassung an die im konkreten Fall zu regelnden Verhältnisse nötig. Das gemeinsame Element der generellen und der individuellen Normen ist das Element des Schöpferischen.

Nach dieser Theorie ist es nicht möglich, zwischen den Staatsfunktionen Rechtsprechung, Rechtssetzung und Verwaltung zu unterscheiden. Denn Rechtssetzung ist sowohl der Erlaß von Gesetzen als auch der Erlaß von Normativakten und Individualakten. Dann kann auch die Verwaltung nicht mehr als die Staatstätigkeit definiert werden, die weder Recht-

---

[210] Vgl. *Mickevič*, A. V., Akty vysšich organov sovetskogo gosudarstva (Juridičeskaja priroda normativnych aktov vysšich organov gosudarstvennoj vlasti i upravlenija SSSR) deutsch: Die Akte der obersten sowjetischen Staatsorgane (Die Rechtsnatur der Normativakte der obersten Organe der Staatsmacht und der Verwaltung der UdSSR), Izdat. „Juridičeskaja literatura“, Moskau 1967, S. 16, 17. Im folgenden zitiert als Mickevič, Akty.

setzung noch Rechtsprechung ist. Von der Lehre vom Stufenbau der Rechtsordnung her gesehen können verschiedene Staatsfunktionen nur durch ihr unterschiedliches Verhältnis zur rechtlichen Grundnorm, der Verfassung, bestimmt werden. Dann ist aus dem allgemeinen Begriff der Rechtsetzung der Begriff der Gesetzgebung auszuscheiden. Gesetzgebung ist unmittelbarer Verfassungsvollzug. Die übrige Rechtsetzung, d. h. das Setzen anderer genereller Rechtsnormen und der individuellen Rechtsnormen, ist mittelbarer Verfassungsvollzug.

Die Stufenlehre unterscheidet daher konsequenterweise: Gesetzgebung, Rechtsprechung, Verwaltung.

Wenn Verwaltung dann — negativ bestimmt — jede Staatstätigkeit ist, die weder Gesetzgebung noch Rechtsprechung ist, so sind auch die Normativakte der Verwaltung Verwaltungsakte. Von diesem Standpunkt aus bezeichnet die sowjetische Verwaltungsrechtslehre die Normativakte der Verwaltung mit Recht als Verwaltungsakte. Auch ist trotz der Ablehnung der Kelsenschen Lehre die große Ähnlichkeit der sowjetischen Definition der Verwaltung mit ihr unverkennbar. Auch sie beruht auf dem Ausgangspunkt, daß alle Verwaltungsakte als Folge des hierarchischen Verwaltungsaufbaus stufenförmig zusammenhängen. „Vollziehend-verfügende" Tätigkeit ist nur ein anderer Ausdruck für „rechtsvollziehende und rechtserzeugende" Tätigkeit.

Wäre die Lehre vom Stufenbau der Rechtsordnung für das sowjetische Rechtssystem zu übernehmen, so müßte die sowjetische Auffassung von der Qualifizierung der von Verwaltungsorganen gesetzten Rechtssätze als Verwaltungsakte als rechtstheoretisch richtig anerkannt werden. Nun wird u. a.[211] von Nawiasky gegen die Lehre vom Stufenbau des Rechts folgende Kritik vorgebracht:

Nawiasky weist nach, daß die durchgängige Stufenordnung des Rechts durch „Zwischenlinien geprägt ist, ... jenseits deren nicht mehr selbständige Rechtsnormen gegeben sind"[212].

Nawiasky bezieht sich auf drei Punkte[213]:

(1) Die letzte Verwirklichung des Rechts ist nicht auf die Schaffung einer individuellen Rechtsnorm gerichtet, vielmehr handelt es sich um die Herbeiführung eines tatsächlichen Zustands. Damit meint Nawiasky z. B. die Erfüllung eines Verwaltungsakts durch eine tatsächliche Leistung.

---

[211] Zur Kritik an der Stufenlehre vgl. auch *Rupp* und die dortigen Verweisungen, Grundfragen, S. 13, 16, 51, 52, 59 Fn. 124, 73 Fn. 154, 74 Fn. 156, 105, 106, 148 - 151, 168, 186 Fn. 262, 193, 197, 199.

[212] *Nawiasky*, H., Allgemeine Rechtslehre als System der rechtlichen Grundbegriffe, 1. Aufl., Einsiedeln/Köln, 1941, im Folgenden zitiert als Nawiasky, Seite 60.

[213] *Nawiasky*, S. 58, 59.

(2) Für das Wesen des Rechts ist die Unrechtsfolge des äußeren Zwangs typisch. „Zwangsbewehrung" der Norm ist nur auf der Stufe des Gesetzes gegeben. Der Zwangscharakter der Normen der darunterliegenden Stufen beruht auf dem Zwangscharakter der Gesetzesstufe.

(3) Auch die rechtliche Grundnorm, die Verfassung, enthält nicht nur unmittelbar zwangsbewehrte Normen, sondern Normen über ihre Entstehung. Wenn auch diese Kritik der Lehre vom Stufenbau der Rechtsordnung nicht folgt, so übersieht Nawiasky jedoch nicht, daß zwischen der Rechtsnorm und dem Einzelakt die Gemeinsamkeit des schöpferischen Elements steht. Aber er ist der Ansicht, daß der im Wege der Rechtsanwendung erlassene Einzelakt gegenüber der allgemeinen Rechtsnorm Besonderheiten aufweise, die ihre Unterscheidung rechtfertigten[214].

Doch selbst bei einer Bejahung der Lehre vom Stufenbau der Rechtsordnung dürften im sowjetischen Verwaltungsrecht die Normativakte der Verwaltung nicht zu den Verwaltungsakten gezählt werden. Denn die Lehre vom Stufenbau der Rechtsordnung paßt auf das sowjetische Rechtssystem nicht.

In ihm ist eine genaue Trennung zwischen den an die Zustimmung des Obersten Sowjets der Union gebundenen Rechtssetzungsakte (Gesetzgebungsakte) und den Rechtssetzungsakten der Verwaltungsorgane nicht möglich. Zwar reicht nach Art. 31 der Verfassung der UdSSR die Zuständigkeit des Obersten Sowjets der Union so weit, wie die in Art. 14 der Verfassung festgelegte Kompetenz der Union. Damit ist der Bereich der an die Zustimmung des Obersten Sowjets der Union der gemäß Art. 32 der Verfassung Inhaber des Gesetzgebungsmonopols ist, gebundenen Rechtssetzungsakte bestimmt. Die Unterscheidung von unmittelbarem und mittelbarem Verfassungsvollzug erscheint daher möglich[215]. In der Verfassungswirklichkeit jedoch läßt sich diese Unterscheidung nicht durchführen. Denn das Gesetzgebungsmonopol des Obersten Sowjets der UdSSR wird durchbrochen durch den Erlaß von Verordnungen des Ministerrats der UdSSR und den Erlaß von Dekreten durch das Präsidium des Obersten Sowjets der UdSSR, die beide gesetzesderogierende Kraft haben[216]. Als Ergebnis der bisherigen Untersuchung der Normativakte der Verwaltung ist festzuhalten: Auch rechtstheoretisch stellen die Normativakte der Verwaltung inhaltlich keine Verwaltungsakte dar.

2. Die nähere Untersuchung des Begriffs Normativakt

Die nähere Klärung dieses Begriffs ist nicht Selbstzweck, sondern hat im Rahmen dieser Untersuchung Bedeutung insbesondere bei der Dar-

---

[214] *Nawiasky*, S. 62.

[215] Vgl. S. 79.

[216] Vgl. *Maurach*, R., Handbuch der Sowjetverfassung, München 1955, Art. 32, S. 170 - 175, im Folgenden zitiertals Maurach, Verfassung.

stellung der Einteilung der Verwaltungsakte nach den erlassenden Organen und bei der Darstellung des sozialistischen Plans[217].

Die in der sowjetischen Verwaltungsrechtslehre anzutreffenden Definitionen des Begriffs sind inhaltlich nahezu identisch: „Normativakte sind Verwaltungsakte, die generelle Verhaltensregeln, d. h. Rechtsnormen, enthalten[218].“

Die Untersuchung der Definition erfordert das Eingehen auf den Begriff des Rechts und der Rechtsnorm.

a) Der Begriff des Rechts[219]

Nach der berühmten offiziellen Formulierung Višinskijs aus dem Jahre 1938 ist Recht „die Gesamtheit der Verhaltensregeln, die den Willen der herrschenden Klasse ausdrücken und die in gesetzlicher Weise festgelegt sind, sowie die Gebräuche und Regeln des Zusammenlebens die von der Staatsgewalt sanktioniert sind, wobei ihre Durchsetzung durch die Zwangsgewalt des Staates zwecks Sicherung, Festigung und Entwicklung der gesellschaftlichen Verhältnisse, die der herrschenden Klasse genehm und vorteilhaft sind, gewährleistet wird“[220].

Diese Definition kann mit geringen Abweichungen als auch heute noch herrschende Definition des Sowjetrechts angesehen werden. Eine neuere Definition läßt den Zweck des Rechts noch deutlicher hervortreten. Es heißt bei Joffe - Šargorodskij: „Das sozialistische Recht ist der staatliche Wille der Arbeiterklasse und der mit ihr vereinigten Werktätigen, der in der Gesamtheit der Normen ausgedrückt ist, die durch die Kraft der gesellschaftlichen Überzeugung und Maßnahmen des staatlichen Zwangs gestützt und zur Regelung der gesellschaftlichen Verhältnisse zwecks Aufbau des Sozialismus und des allmählichen Übergangs zum Kommunismus erlassen werden[221].“

---

[217] Vgl. S. 100 ff., 120 ff.

[218] *Studenikin* 1950, S. 112 ff. und S. 132 ff.; *Lunev* 1960, S. 120; *Lunev* 1957, S. 162; *Kozlov* 1962, S. 20; *Kozlov* 1968, S. 212.

[219] Vgl. dazu genauer *Lucas*, R., Quellen und Formen des Sowjetrechts, Studien des Instituts für Ostrecht, München, Bd. 16, Herrenalb 1965, S. 24 ff., im Folgenden zitiert als Lucas.

[220] *Višinskij*, A. J., Osnovnye zadač i nauki sovetskogo socialističeskogo prava, in: Voprosy teorii gosudarstva i prava (deutsch: Die Hauptaufgaben der Wissenschaft vom sozialistischen Sowjetrecht, in: Fragen der Theorie des Staates und des Rechts), 2. Aufl., Izdatel'stvo „Juridičeskaja literatura“, Moskau 1949, S. 54.123; hier zitiert nach der deutschen Ausgabe, (Ost-)Berlin 1953, S. 76.

[221] *Joffe*, O. S. und M. D. *Šargorodskij*, Voprosy teorii prava, Moskau 1961 (deutsch: Fragen der Rechtstheorie), S. 81; im Folgenden zitiert als Joffe - Šargorodskij.

In neueren Definitionen ist allerdings sowohl das Element des Zwangs als auch des Zwecks nicht mehr enthalten. An die Stelle des Willens der herrschenden Klasse ist der Wille des gesamten Volkes getreten, vgl. z. B. Osnovy

Das Recht dient also nicht dazu, eine bereits vorhandene Ordnung zu erhalten, sondern eine neue Ordnung zu schaffen. Damit ist der Rechtsbegriff an die Verhältnisse des staatlichen Dirigismus angepaßt. Diese Aufgabe des Rechts kommt besonders deutlich in dem Titel des Buches von Fedoseev „Die schöpferische Rolle des Sowjetstaates und des Sowjetrechts bei der Errichtung der sozialistischen und der kommunistischen Gesellschaft" zum Ausdruck[222]. Von dieser Auffassung des Rechts her ist es deshalb nicht verwunderlich, wenn in den sowjetischen Schriften über allgemeine Rechtslehre die regulierende und organisierende Funktion des Rechts betont wird[223]. Auf die regulierende Funktion des Sowjetrechts wird im Zusammenhang mit der Erörterung der Rechtsnatur der staatlichen Wirtschaftspläne zurückzukommen sein[224].

b) *Der Begriff der Rechtsnorm*

Kaum in Einklang zu bringen mit dieser Funktionalisierung des Rechtsbegriffs ist die bis heute noch als herrschend zu betrachtende Definition der Rechtsnorm als „generelle Verhaltensregel". Worin besteht der generelle Charakter der Verhaltensregel?

Darüber besteht im sowjetischen rechtstheoretischen und verwaltungsrechtlichen Schrifttum keine einhellige Meinung.

Das Merkmal „generell" wird teilweise nur auf den Adressaten der Norm, teilweise nur auf den Inhalt der Norm bezogen, von einigen Autoren auch auf beide genannten Merkmale.

Die erste Meinung wird von Jampol'skaja und den „Naučnye osnovy" vertreten[225].

---

sovetskogo prava (deutsch: Grundlagen des Sowjetrechts), Red. N. M. *Borodanov*, Izdatel'stvo „Juridičeskaja literatura", Moskau 1968, S. 6, im Folgenden zitiert als Osnovy 1968. Mit dieser Veränderung der Definition ist aber keine Änderung der Auffassung vom Recht verbunden. Denn in den weiteren Ausführungen wird sowohl auf die Funktion des Rechts, die Gesellschaft weiterzuentwickeln, eingegangen, als auch auf das Moment des Zwangs (Osnovy 1968, S. 7).

[222] *Fedoseev*, A. S., Die schöpferische Rolle des Sowjetstaates und des Sowjetrechts bei der Errichtung des sozialistischen und der kommunistischen Gesellschaft, (Ost-)Berlin 1954.

[223] Vgl. *Šejndlin*, B. V., Suščnost' sovetskogo prava (deutsch: Das Wesen des Sowjetrechts), Moskau 1959, S. 101 - 117.

[224] Vgl. S. 120 ff.

[225] *Jampolskaja*, C. A., O pravovoj norme i pravovom otnošenii (deutsch: Rechtsnorm und Rechtsverhältnis), SGiP, 1951, Nr. 9, S. 33 ff. (35); vgl. auch *Šebanov*, A. F., Nekotorye voprosy teorii normativnych aktov v svjazi s sistematizaciej sovetskogo zakonodatel'stva (deutsch: Einige Fragen zur Theorie der Normativakte im Zusammenhang mit der Systematisierung der sowjetischen Gesetzgebung), SGiP 1960, Nr. 7, S. 150 - 151; Naučnye osnovy, S. 352. Hier ist allerdings nicht die Rede von der „Nichtpersonifiziertheit" des Adressaten. Im Ergebnis ist aber dasselbe gemeint.

Jampol'skaja sieht den generellen Charakter der Norm in der, wie die wörtliche Übersetzung lautet, „Nichtpersonifiziertheit" des Adressaten. Das Merkmal „Nichtpersonifiziertheit" des Adressaten ist gewählt worden, um auch staatliche Befehle, die nicht an nach allgemeinen Merkmalen bestimmte Bürger, sondern an ein bestimmtes Staatsorgan oder bestimmte Beamte gerichtet sind, zu den Rechtsnormen zählen zu können. Die „Nichtpersonifiziertheit" des Adressaten bedeutet daher in bezug auf Staatsorgane oder Staatsfunktionäre, daß sich die Norm an die Organe unabhängig vom Personalbestand wendet und an die Staatsfunktionäre unabhängig davon, wer bei Erlaß der Norm den fraglichen Posten bekleidet[226].

Eine Anzahl sowjetischer Autoren stellt auf die unbestimmte Anzahl der Fälle ab, die eine Norm zu regeln hat. Die Norm enthält immer eine zur mehrmaligen Anwendung bestimmte Regelung[227]. Die wohl überwiegende Anzahl von Autoren kombiniert beide Gesichtspunkte und findet das Merkmal der „generellen Regelung" sowohl in der Unbestimmtheit des Adressaten als in der Unbestimmtheit der Zahl der geregelten Fälle[228]. Diese letzte Definition stimmt mit der heute noch als herrschend zu bezeichnenden Definition der Norm im (west-)deutschen Verwaltungsrecht als abstrakter, genereller Anordnung überein[229].

3. Die Einteilung der Normativakte nach dem durch sie geregelten Verhältnis

Innerhalb der Lehre vom Verwaltungsakt sind kaum über die oben auf Seite 81 wiedergegebene Definition hinausgehende Äußerungen über die Normativakte der Verwaltung anzutreffen. Die Darstellung dabei bewenden zu lassen und nicht die in den sowjetischen Verwaltungsrechtslehrbüchern verstreuten, in anderem Zusammenhang gemachten Äußerungen zu verwerten, hieße die Chance zur Herausarbeitung der rechtlichen Besonderheiten des Normativakts vertun. Solche rechtlichen Besonderheiten können mit Hilfe der Einteilung der Normativakte nach inhaltlichen Gesichtspunkten erarbeitet werden.

---

226 *Jampol'skaja*, ebd.

227 *Javič*, L. S., Norma sovetskogo socialističeskogo prava i socialističeskoe pravovoe otnošenie (deutsch: Die Sozialistische Rechtsnorm und das sozialistische Rechtsverhältnis), Leningrad 1959, S. 33; *Sokolov*, Ju. A., O specifičeskich priznakach pravovych norm (deutsch: Die besonderen Kennzeichen der Rechtsanwendungsakte), SGiP 1954, Nr. 8, S. 80; *Kozlov* 1968, S. 212.

228 *Nedbajlo*, P. E., Primenenie sovetskich pravovych norm (deutsch: Die Anwendung sowjetischer Rechtsnormen)2 Gosjurizdat, Moskau 1960; Teorija gosudarstva i prava (deutsch: Theorie des Staates und des Rechts), Red. *Denisov*, A. I.; Moskau 1967, S. 288; *Lunev* 1967, S. 162.

229 Vgl. z. B. *Wolff*, Verwaltungsrecht I, S. 98.

Innerhalb der Darstellung der Verwaltungsakte lassen sich keine Hinweise für die Einteilung der Normativakte finden. Hier lassen sich die im Rahmen der allgemeinen Versuche zur Bestimmung des Gegenstandes des Verwaltungsrechts anzutreffenden Unterteilungen der sog. „Verwaltungsrechtsnorm" für die Einteilung der Normativakte der Verwaltungsorgane verwenden. Zwar ist der Begriff „Verwaltungsrechtsnorm" gegenüber dem Begriff „Normativakt der Verwaltung" der allgemeinere Begriff. Er ist die Summe aller Verwaltungsrechtssätze und umfaßt neben den Gesetzen und den Normativakten der Verwaltungsorgane auch solche Rechtsetzungsakte, die nicht von Verwaltungsorganen erlassen werden. Das hindert jedoch nicht, die allgemeinen Ausführungen über die Normen des Verwaltungsrechts nur für einen Teil dieser Normen, die Normativakte der Verwaltung, zu verwenden.

Nach den Unterteilungsversuchen der Verwaltungsrechtsnormen allgemein ergeben sich für die Normativakte der Verwaltungsorgane folgende Einteilungsmöglichkeiten: Gliederung in verpflichtende, verbietende und ermächtigende Normen, in eine Unterscheidung nach räumlicher und zeitlicher Geltung und in eine nach dem Adressaten der Norm[230]. Adressaten des Normativakts können sein: Verwaltungsorgane, gesellschaftliche Organisationen und Bürger einschließlich Ausländer und Staatenlosen[231].

Die Unterscheidung der „Verwaltungsrechtsnormen" nach den Adressaten steht nicht im Vordergrund der sowjetischen Betrachtung, sondern wird gleichrangig neben den anderen genannten Unterscheidungen erwähnt. Es ist aber nützlich, diese Einteilung in den Vordergrund zu rükken. Denn sie ist die grundlegende Unterscheidung zwischen allen Normativakten der Verwaltung. Erst von hier aus werden Unterschiede zwischen den einzelnen Normativakten sichtbar, die von der sowjetischen Lehre nicht herausgearbeitet werden. In der Untersuchung wird aber nicht allein der Adressat des Normativaktes in den Vordergrund gerückt, vielmehr soll zugleich der Inhalt des Normativaktes erfaßt werden. Damit wird der Begriff des Rechtsverhältnisses bereits zur Unterteilung der Normativakte herangezogen. Die sowjetische Verwaltungsrechtslehre tut dies erst im Zusammenhang mit den Individualakten.

Wie wird hier, im Zusammenhang mit den Normativakten der Verwaltung, der Begriff „Rechtsverhältnis" verstanden?

Als Rechtsverhältnis kann man die Bindung bezeichnen, die zwischen dem Normadressaten und der Rechtsnorm dadurch entsteht, daß die Rechtsnorm eine bestimmte Verpflichtung des Normadressaten zum Ge-

---

[230] *Petrov*, Administrativnoe pravo, S. 83, 84; *Lunev* 1960, S. 38; *Lunev* 1967, S. 29; *Lunev* 1970, S. 28; *Kozlov* 1962, S. 62; *Kozlov* 1968, S. 57.

[231] *Petrov*, Administrativnoe pravo, S. 85; *Lunev* 1960, S. 41; *Lunev* 1967, S. 35; *Kozlov* 1962, S. 65; *Kozlov* 1968, S. 70.

genstand hat[232]. Das ist ein Rechtsverhältnis im weiteren Sinn. In dieser Bedeutung wird der Begriff hier nicht verwandt. Vielmehr ist für die Untersuchung eine engere Bedeutung erheblich.

Die Lehre vom Verwaltungshandeln hat sich auch mit der Frage seiner Rechtmäßigkeit zu beschäftigen. Die Prüfung der Rechtmäßigkeit einer Verwaltungshandlung hängt zunächst davon ab, ob die den Prüfungsmaßstab bildende Rechtsnorm überhaupt einschlägig ist. Es kommt also darauf an, ob sie die Rechtsbeziehungen zwischen den in Frage stehenden Rechtssubjekten regeln will. Für die Lehre vom Verwaltungshandeln ist also das Verhältnis der normunterworfenen Rechtssubjekte zueinander von Bedeutung. Dieser Feststellung liegt die bereits von Nawiasky[233] und von Rupp[234] aufgenommene Erkenntnis zugrunde: Eine Norm des Verwaltungsrechts schafft nicht nur ein Rechtsverhältnis im weiteren Sinne, sondern läßt auch subjektive Korrespondenzverhältnisse rechtlicher Art zwischen den normunterworfenen Rechtssubjekten entstehen.

Dieses subjektive Korrespondenzverhältnis ist ein Rechtsverhältnis im engeren Sinn. Es darf nicht mit dem geläufigen Begriff des Rechtsverhältnisses verwechselt werden, der die Frage beantwortet, ob und mit welchem Inhalt durch die Anwendung einer Rechtsnorm auf einen konkreten Fall zwischen zwei Personen konkrete rechtliche Beziehungen entstanden sind (Rechtsverhältnis im engeren Sinn).

Die Benutzung des Begriffs „Rechtsverhältnis“ für das Verhältnis der normunterworfenen Rechtssubjekte zueinander kann für die kritische Betrachtung der Voraussetzungen, die die sowjetische Verwaltungsrechtslehre ihrem Verständnis des Normativaktes der Verwaltung zugrunde legt, fruchtbar gemacht werden.

Nach den durch die Adressaten bestimmten Rechtsverhältnissen lassen sich folgende Normativakte unterscheiden:

(1) Normativakte, die das Rechtsverhältnis zwischen Verwaltungsorganen regeln,
(2) solche, die das Rechtsverhältnis zwischen Verwaltungsorganen und gesellschaftlichen Organisationen regeln und
(3) solche, die das Rechtsverhältnis der Verwaltungsorgane zu den Bürgern regeln.

4. Die durch den Normativakt geregelten Verhältnisse im einzelnen

a) Regelung des Verhältnisses zwischen Verwaltungsorganen

Die sowjetische Verwaltungsrechtslehre rechnet zu den Adressaten der Normativakte der Verwaltung auch die Verwaltungsorgane. Norma-

---

232 *Nawiasky*, 2. Aufl. 1, 1948, S. 153.
233 *Nawiasky*, S. 153 ff. und S. 240 ff.
234 *Rupp*, Grundfragen, S. 16, 17.

tivakte sind daher auch die in der (west-)deutschen Terminologie als „Allgemeine Verwaltungsvorschriften" bekannten generellen Anordnungen übergeordneter Verwaltungsorgane an nachgeordnete Organe. Für den am (west-)deutschen Verwaltungsrecht geschulten Betrachter ist dies aufallend. Denn erst in neuerer Zeit sind in der (west-)deutschen Verwaltungsrechtslehre Stimmen laut geworden, die die Meinung vertreten, die im Innenverhältnis zwischen Verwaltungsorganen ergangenen Vorschriften seien im Gegensatz zur herrschenden Meinung Rechtssätze[235].

Für die sowjetische Verwaltungsrechtslehre ist dies offenbar selbstverständlich. Auf den ideologischen Grund dieser Ansicht wurde bereits verwiesen[236]. Darüber hinaus ist eine rechtliche Begründung möglich.

Es ist bemerkenswert, daß nicht immer im sowjetischen Verwaltungsrecht die Beziehungen zwischen den Verwaltungsorganen als Rechtsbeziehungen angesehen wurden. Vielmehr wurden in der Periode der NEP die Verhältnisse zwischen den Verwaltungsorganen nicht als Rechtsverhältnisse betrachtet. Es wurde wie im bürgerlichen Staat zwischen Rechtsnorm und Verwaltungsnorm unterschieden. Nur ist im Gegensatz zum bürgerlichen Staat der Umfang des Begriffs Verwaltungsnorm weiter. Auch die Begründung für die Unterscheidung von Rechts- und Verwaltungsnorm ist völlig anders.

Im bürgerlichen Staat beruhte die Unterscheidung von Rechts- und Verwaltungsnormen auf der Trennung von Außen- und Innenverhältnissen der Verwaltung. Diese Trennung geht letzten Endes auf die Lehre Labands und Jellineks von der sog. „Impermeabilität" der juristischen Person Staat zurück[237]. Alle Beziehungen des Staates zu seinen Organen können, da sie personenintern sind, keine Rechtsbeziehungen sein. Denn der Zweck des Rechts besteht nach Laband darin, die Befugnisse und Pflichten der einzelnen (Rechts-)Subjekte gegeneinander abzugrenzen. Das Recht setzt nach dieser Auffassung eine Mehrheit von Willensträgern voraus, die miteinander kollidieren können[238].

In dieser Auffassung vom Zweck des Rechts findet die Ansicht ihren Ausdruck, daß es zwischen dem Staat einerseits und der bürgerlichen Gesellschaft andererseits Gegensätze gibt.

---

[235] *Merkl* hatte bereits 1927 die Unterscheidung zwischen Rechts- und Verwaltungsnormen als „krause Vorstellung" bezeichnet, vgl. Merkl, S. 122; vgl. weiter *Rupp*, Grundfragen, S. 1 - 103; *Schmidt*, W., Gesetzesvollziehung durch Rechtssetzung, Bad Homburg 1969; *Ossenbühl*, F., Verwaltungsvorschrift und Grundgesetz, Homburg v. d. H., Berlin, Zürich 1968.

[236] Vgl. S. 37.

[237] *Laband*, P., Das Staatsrecht des Deutschen Reiches, 5. Aufl., Tübingen 1911 - 1914, Bd. II, S. 181, im Folgenden zitiert als Laband.

Jellinek, G., System der subjektiven öffentlichen Rechte, Fotomech. Nachdruck der 2. durchgesehenen und vermehrten Aufl. Tübingen 1905, Darmstadt 1963, S. 194.

[238] *Laband*, ebd.

Demgegenüber geht die kommunistische Staatslehre von der Identität des einzelnen Bürgers mit Gesellschaft und Staat aus. Handelt es sich aber bei dem Verhältnis Staat - Bürger nicht um das Verhältnis zweier verschiedener Rechtssubjekte, dann können die Beziehungen zwischen Staat und Bürger nicht durch Rechtsnormen geregelt werden. Dasselbe gilt für das Verhältnis der einzelnen Glieder des Staatsapparates zueinander. Es kann daher nicht verwundern, wenn Pašukanis das gesamte sowjetische öffentliche Recht als technische Instruktionsregeln betrachtet[239], und Archipov schreibt: „Alle Rechtsnormen werden im sozialistischen Staat zu Normen innerer Ordnung, die Gesetze zu wirtschaftlichen Instruktionen und die Dekrete zu administrativen Direktiven“[240]. Der Begriff Verwaltungsnorm umfaßt also sowohl die Regelung des Verhältnisses Staat - Bürger als auch die Regelung des Verhältnisses der Verwaltungsorgane untereinander.

Von dem heute herrschenden sowjetischen Rechtsbegriff aus[241] ist es konsequent, die Beziehungen der Verwaltungsorgane untereinander als Rechtsbeziehungen zu betrachten. Besteht der Zweck des Rechts im sozialistischen Staat im Gegensatz zum bürgerlichen Staat nicht darin, Befugnisse und Pflichten einzelner Subjekte gegeneinander abzugrenzen, sondern sind Rechtsnormen zweckbestimmte staatliche Anordnungen[242], so ist es undenkbar, zwischen Rechts- und Verwaltungsnormen zu unterscheiden.

Neben diesem anderen Rechtsbegriff wird die Erkenntnis, daß es sich bei den Verwaltungsvorschriften um Rechtsnormen handelt, noch dadurch erleichtert, daß der Staat nicht als juristische Person begriffen wird. Die Konzeption vom Handeln der Organe und nicht des Staates macht es von vornherein unmöglich, einen für das Verhältnis der Verwaltungsorgane untereinander rechtsfreien Bereich zu schaffen. Der Gedanke von der „Impermeabilität“ des Staates kann nicht aufkommen.

Die Qualifizierung der zwischen den staatlichen Verwaltungsorganen ergehenden Vorschriften als Rechtsnormen setzt aber ein weiteres voraus, worauf oben bereits kurz hingewiesen wurde[243].

Jede Rechtsnorm ist subjektbezogen. Adressat einer Rechtsnorm kann aber nur sein, wer Rechtssubjektivität besitzt. Um von Rechtsnormen im Verhältnis von Verwaltungsorganen zueinander sprechen zu können, ist es also erforderlich, dem Verwaltungsorgan, an das eine Rechtsnorm ge-

---

[239] *Pašukanis,* Allgemeine Rechtslehre und Marxismus, Wien, Berlin 1929, S. 78.

[240] *Archipov,* Sovetskij zakon (deutsch: Das sowjetische Gesetz), in Sovetskoe Pravo, 1924, 1, zitiert bei *Lucas,* S. 62.

[241] Vgl. S. 81 f.

[242] Vgl. S. 82.

[243] Vgl. S. 35 ff.

richtet ist, Rechtssubjektivität zuzuerkennen. Bevor die Lösung dieses Problems in der sowjetischen Allgemeinen Rechts- und Verwaltungsrechtslehre dargestellt wird, soll zunächst versucht werden, das Problem rechtstheoretisch zu entwickeln.

Ausgangspunkt der Untersuchung ist die Feststellung, daß es sich bei dem durch eine Norm zwischen Verwaltungsorganen geschaffenen Verhältnis um ein Rechtsverhältnis handelt.

Ist aber von einem Rechtsverhältnis zwischen Organen die Rede, so setzt das die Rechtssubjektivität der Organe voraus. Dieses in der deutschen Staatsrechtsliteratur sehr umstrittene Problem[244] ließe sich dann scheinbar einfach lösen, wenn als Zuordnungssubjekt einer Rechtsnorm im Innenbereich der Verwaltung nicht das Organ selbst, sondern der Organwalter, d. h. die menschliche Persönlichkeit, die für das Organ handelt, angesehen werden könnte. Selbst wenn das der Fall wäre, verschiebt sich damit das Problem nur. Denn auch die Feststellung, der Mensch habe als solcher Rechtspersönlichkeit, würde zur Lösung des Problems nicht beitragen. Die für das Zivilrecht angenommene volle Rechtspersönlichkeit des Menschen bedeutet nämlich nicht, daß der Mensch in allen denkbaren Rechtsverhältnissen Träger von Rechten und Pflichten oder anders ausgedrückt, Zurechnungssubjekt einer Norm sein kann. Der Umfang der Rechtspersönlichkeit des Menschen ist nämlich von den Rechtsnormen abhängig, die dem einzelnen bestimmte Rechte und Pflichten zuweisen. Dieser Gedanke der Relativität der Rechtspersönlichkeit, der z. B. dem in der sowjetischen Zivilrechtslehre vertretenen Begriff der Rechtsfähigkeit zugrunde liegt[245], beginnt sich in der (west-)deutschen Allgemeinen Rechtslehre erst langsam durchzusetzen[246].

Ist also eine jede Rechtspersönlichkeit nicht absolut, sondern relativ zu verstehen, so kann auch die Rechtspersönlichkeit des Organwalters im Zivilrecht nicht zur Begründung seiner Rechtspersönlichkeit im Verwaltungsrecht herangezogen werden. Selbst, wenn also sich eine Norm in Wirklichkeit nicht an das Organ, sondern an den Organwalter richten würde, wäre allein auf Grund seiner Rechtspersönlichkeit auf dem Gebiet des Zivilrechts seine Rechtspersönlichkeit in dieser Beziehung noch nicht gegeben. Es müßte daher festgestellt werden, woraus seine Rechtssubjektivität in diesem Rechtsverhältnis herzuleiten ist. Hier ist aber zu-

---

[244] Vgl. die Nachweise bei *Thoma*, R., Das System der subjektiven öffentlichen Rechte und Pflichten, Handbuch des Deutschen Staatsrechts, Bd. II, Tübingen 1930, S. 607 ff. (610), Fn. 13.

[245] Vgl. z. B. *Genkin - Bratus* (deutsche Ausgabe 1953), S. 148, 149: „Der Umfang der zivilen Rechtsfähigkeit in der UdSSR wird durch den Willen des Sowjetstaates der Arbeiter und Bauern bestimmt, der sich in seinen Gesetzen äußert."

[246] Vgl. dazu *Fabricius*, F., Relativität der Rechtsfähigkeit, München, Berlin 1963 und *Rupp*, Grundfragen, S. 82 ff.

nächst darauf hinzuweisen, daß das Rechtsverhältnis nicht zwischen dem erlassenden Verwaltungsorgan und dem Organwalter des anderen Organs besteht, sondern zwischen den Organen selbst. Der erste Gedanke liegt nicht völlig fern. Denn es ist durchaus vorstellbar, daß es sich bei der Adressierung einer Norm an ein Verwaltungsorgan nur um eine Vereinfachung handelt, die aus rechtstechnischen Gründen vorgenommen wurde, und daß in Wirklichkeit die für das Organ handelnden Organwalter angesprochen sein sollten. Das am Anfang gestellte Problem wäre dann falsch formuliert. Es ginge nicht um die Rechtssubjektivität der Organe, sondern um die Rechtssubjektivität der Organwalter. Die Unmöglichkeit dieser Konstruktion hat Rupp nachgewiesen[247]. Die Auflösung der einheitlichen Normadresse in verschiedene Normadressaten führt zur Auflösung des einheitlichen Norminhalts. Denn die einzelnen Organwalter eines Organs haben bei dem Vollzug einer Norm ganz verschiedene Rechte und Pflichten, über die die Norm selbst nichts aussagt, sondern erst die vom Organ vorgenommene Kompetenzverteilung zwischen den einzelnen Organwaltern. Es bedarf also zum Vollzug der Norm einer weiteren Rechtsnorm, die den Inhalt der Norm für die einzelnen Organwalter aufschlüsselt.

Der am Beispiel des Organwalters dargelegte Gedanke von der Abhängigkeit jeder Rechtspersönlichkeit von dem Rechtsverhältnis, in dem sie gilt, kann jedoch für die Frage nach der Rechtssubjektivität der Verwaltungsorgane nutzbar gemacht werden. Bedeutet nämlich Rechtssubjektivität in bestimmten Rechtsverhältnissen, so kommt es nur darauf an, ob ein Rechtssatz ein Gebilde zum Zurechnungsendsubjekt eines Rechts oder einer Pflicht gemacht hat[248]. Dabei ist es ausreichend, daß eine Rechtsnorm einem Gebilde nur eine Rechtspflicht, nicht aber auch ein Recht auferlegt. Denn wie Kelsen herausgearbeitet hat, besteht die wesentliche Funktion des Rechtssatzes in der Statuierung einer Rechtspflicht[249]. Folglich hat ein Gebilde dann Rechtssubjektivität, wenn es in auch nur einem Fall Zurechnungsendsubjekt einer durch einen Rechtssatz festgelegten Rechtspflicht ist[250].

Eine solche Bestimmung der Rechtssubjektivität sieht sich aber dem Einwand ausgesetzt, sie betrachte die Rechtssubjektivität nicht als Voraussetzung, sondern als Folge einer durch eine Rechtsnorm zugewiesenen Pflicht. Rupp räumt diesen Einwand mit der Begründung aus, die Zuord-

---

247 *Rupp*, Grundfragen, S. 84.

248 *Rupp*, Grundfragen, S. 82.

249 *Kelsen*, H., Hauptprobleme der Staatsrechtslehre. Entwickelt aus der Lehre vom Rechtssatz, Unveränderter Nachdruck der 2. und um eine Vorrede vermehrten Auflage, Tübingen 1923, Fotomechanischer Nachdruck Aalen, 1960, S. 312, 515.

250 *Kelsen*, H., Hauptprobleme, S. 517; *Rupp*, Grundfragen, S. 83; *Wolff*, Verwaltungsrecht I, S. 159.

nung eines subjektiven Rechts oder einer subjektiven Pflicht müsse das Merkmal der „Rechtsfähigkeit" in sich schließen, wenn sie überhaupt einen Sinn haben soll[251]. Rupp verwendet an dieser Stelle den Begriff „Rechtsfähigkeit" statt „Rechtssubjektivität". Damit drängt sich die Frage nach der Zulässigkeit der Gleichsetzung der Begriffe Rechtssubjektivität und Rechtsfähigkeit auf.

Rechtsfähigkeit ist nach Wolff[252] die „rechtsordnungsgemäße Fähigkeit eines Menschen oder einer Organisation, in einem System von Rechtssätzen im Verhältnis zu anderen Trägern von Rechten und Pflichten zu sein". Träger einer Pflicht aber ist ein Mensch oder eine Organisation, wenn sie Zurechnungsendsubjekt einer Rechtsnorm ist, die eine solche Pflicht begründet. Das theoretische Beispiel der Zuweisung einer einzelnen Pflicht erhellt, daß in diesem Fall Rechtsfähigkeit und Rechtssubjektivität identisch sind. Bei der Zuweisung mehrerer Pflichten und auch mehrerer Rechte läßt sich diese Rechtsfähigkeit als mehrfache Rechtssubjektivität konstruieren. Das zeigt aber, daß es nur eine Frage der Terminologie ist, ob bei einer größeren Zahl feststehender Rechtsverhältnisse von Rechtsfähigkeit der Menschen und Organisationen gesprochen wird, oder ganz allgemein von Rechtssubjektivität.

Nach der Darstellung dieser noch umstrittenen Lösung des Problems der Rechtssubjektivität der Verwaltungsorgane ist die Lösung des Problems in der sowjetischen Allgemeinen Rechts- und Verwaltungsrechtslehre darzustellen. Im Gegensatz zu dem die deutsche Staats- und Verwaltungsrechtslehre beschäftigenden Streit um die Rechtssubjektivität der Organe der Verwaltung läßt sich in der sowjetischen Allgemeinen Rechts- und Verwaltungsrechtslehre eine grundsätzliche Einigkeit in der Behandlung dieser Frage erkennen. Die Lösung des Problems entspricht annähernd der in der rechtstheoretischen Untersuchung gewonnenen, obwohl eine konsequente Begründung fehlt.

Auffallend ist zunächst, daß für die sowjetische Allgemeine Staats- und Verwaltungsrechtslehre die Frage nach der Rechtssubjektivität der Verwaltungsorgane kein Problem ist. Die Verwaltungsorgane werden ohne weiteres als „Subjekt des Verwaltungsrechts" bezeichnet oder es wird von der „Rechtssubjektivität der Verwaltungsorgane" gesprochen[253]. Sie wird, wie oben bereits angedeutet[254], ohne weiteres auch für den Innenbereich der Verwaltung angenommen.

---

[251] *Rupp*, Grundfragen, S. 85.

[252] *Wolff*, Verwaltungsrecht I, S. 159.

[253] Vgl. z. B. *Petrov*, Administrativnoe pravo, S. 102; *Petrov*, Suščnost', S. 68, 69; *Lunev* 1960, S. 41; *Lunev* 1967, S. 35; *Kozlov* 1962, S. 75.

Aleksandrov, N. G., Pravovye otnošenija v socialističeskom obščestve (deutsch: Die Rechtsverhältnisse in der sozialistischen Gesellschaft), Izdatel'stvo Moskovskogo Universiteta, im Folgenden zitiert als Alesandrov, Otnošenija.

[254] Vgl. S. 36 f.

Diese Selbstverständlichkeit hat scheinbar ihren Ursprung darin, daß der Begriff des Rechtsverhältnisses für die Betrachtung der Rechtsstellung der Verwaltungsorgane fruchtbar gemacht wird. In den meisten Ausführungen über die Subjekte der Verwaltung wird nämlich von den Verwaltungsorganen als „Subjekten verwaltungsrechtlicher Verhältnisse" gesprochen[255].

Der Begriff des Rechtsverhältnisses und die damit verbundene Anknüpfung des Problems an den Rechtssatz scheint es von vornherein zu ermöglichen, das Problem der Rechtssubjektivität der Verwaltungsorgane nicht als die Frage nach der totalen Rechtssubjektivität der Organe zu verstehen, sondern es als die Frage nach der relativen Rechtssubjektivität entsprechend den verschiedenen Rechtsnormen, in denen ein Verwaltungsorgan Zurechnungsendsubjekt ist, zu begreifen. Eine genauere Prüfung zeigt jedoch, daß die sowjetische Lehre auf halbem Wege stehen bleibt. Sie verengt den Begriff des Rechtsverhältnisses auf das „Resultat einer rechtlichen Regelung"[256]. Darunter ist die konkrete, durch Anwendung eines Rechtssatzes entstandene Rechtsbeziehung zu verstehen[257].

Vereinzelt jedoch beginnen Autoren in der sowjetischen Allgemeinen Rechtslehre, einen weiteren Begriff des Rechtsverhältnisses zu entwikkeln, der dem in dieser Arbeit verwandten Begriff des Rechtsverhältnisses im engeren Sinne ähnelt. So sieht Karpušin bereits durch die gesetzliche Verleihung der Rechtsfähigkeit „eine bestimmte rechtliche Lage der als rechtsfähig anerkannten Person im Verhältnis zu anderen Personen" gegeben[258]. Damit ist, wie seine weiteren Ausführungen ergeben, das bereits durch die Norm geschaffene Verhältnis der normunterworfenen Personen zueinander gemeint[259].

Ähnlich wie Karpušin versuchen Kotok und Flejšic die Notwendigkeit eines Rechtsverhältnisbegriffs nachzuweisen, der über den hergebrachten Begriff des konkreten Rechtsverhältnisses hinausgeht[260]. Sie bedie-

[255] *Petrov*, Administrativnoe pravo, S. 98; *Petrov*, Suščnost', S. 61; *Lunev*, 1960, S. 41.

[256] Obščaja teorija sovetskogo prava, Red. S. N. *Bratus* und I. S. *Samoščenko* (deutsch: Allgemeine sowjetische Rechtslehre), Izdatel'stvo „Juridičeskaja literatura", Moskau 1966, S. 276, im Folgenden zitiert als Teorija 1966.

Aleksandrov, N. G., Prava i zakonnost' v period razvernutogo stroitel'stva Kommunizma (deutsch: Recht und Gesetzlichkeit in der Periode des entwikkelten Aufbaus des Kommunismus), Moskau 1961, S. 194, 196.

Romaškin, P. S. (Red.), Teorija gosudarstva i prava Osnovy Marksistkolenininskogo učenija o gosudarstve i prave (deutsch: Staats- und Rechtstheorie, Grundlagen der marxistisch-lennistischen Lehre von Staat und Recht), Izdatel'stvo Akademii Nauk, Moskau 1962, S. 460 - 461.

[257] Teorija 1966, S. 276.

[258] *Karpušin*, M. P., Socialističeskoe trudovoe pravo otnošenie (deutsch: Das sozialistische Arbeitsrechtsverhältnis), Gosjurizdat, Moskau 1958, S. 77.

[259] *Karpušin*, S. 78.

[260] *Kotok*, V. F., Konstitucionno-pravovye otnošenija v socialističeskich stranach (deutsch: Verfassungsrechtsverhältnisse in sozialistischen Ländern), Pra-

nen sich dabei einzelner Normen der Verfassung, die Rechte und Pflichten begründen[261] bzw. allein des Eigentumsrechts[262]. Bereits durch diese Rechtsnormen sehen sie ein Rechtsverhältnis geschaffen. Alle drei Autoren ziehen jedoch aus der aus einzelnen Normen gewonnenen Erkenntnis noch nicht den Schluß, daß allgemein bereits durch eine Norm ein Rechtsverhältnis geschaffen wird. Die Tragweite ihrer Entdeckung scheint ihnen noch nicht bewußt zu sein, da sie das Rechtsverhältnis im engeren Sinn und das Rechtsverhältnis im engsten Sinn nicht säuberlich voneinander trennen. Diesen Schritt tut erst Matuzov[263]. Er unterscheidet zwischen besonderen, mehr allgemeinen Rechtsverhältnissen, und den konkreten Rechtsverhältnissen[264]. Damit meint er den Unterschied von Rechtsverhältnissen im engeren Sinn und Rechtsverhältnissen im engsten Sinn.

Die herrschende sowjetische Lehre beschränkt den Begriff des Rechtsverhältnisses nach wie vor auf die konkrete Rechtsbeziehung. Diese Beschränkung wird darin sichtbar, daß die Rechtssubjektivität eines Verwaltungsorgans als Voraussetzung für seine Beteiligung an einem verwaltungsrechtlichen Rechtsverhältnis begriffen wird[265].

Besonders deutlich tritt dies bei Kečekjan hervor[266]. Er hält zwar die Begriffe „Rechtssubjekt" und „Subjekt eines Rechtsverhältnisses" für identisch, geht aber davon aus, daß die Rechtssubjektivität der Beteiligung des Subjekts an einem Rechtsverhältnis vorgegeben ist.

Eine genaue Begründung für die Entstehung der Rechtssubjektivität bleibt die sowjetische Verwaltungsrechtslehre dem Leser schuldig. Daß die Rechtssubjektivität eines Verwaltungsorgans innerhalb eines Rechtsverhältnisses entsteht, das bereits durch den Erlaß einer Norm begründet wird[267], wird nirgends klar herausgearbeitet. Dabei hätte diese Erkenntnis für die sowjetische Verwaltungsrechtslehre nahegelegen. Denn ihr ist die Relativität der Rechtsfähigkeit auch auf dem Gebiet des Verwaltungs-

---

vovedenie 1962, Nr. 1, S. 41 - 52; *Flejšic*, E. A., „Absoljutnaja" priroda prava sobstvennosti Problemy graždanskogo i administrativnogo prava (deutsch: Der absolute Charakter des Eigentumsrechts, in Probleme des Zivil- und Verwaltungsrechts), Izdatel'stvo Leningradskogo universiteta, Leningrad 1962, S. 212, 233.

[261] *Kotok*, S. 41 - 43.

[262] *Flejšic*, ebd.

[263] *Matuzov*, N. I., K voprosu o ponjatii subektivnych prav graždan, Razvitie prav graždan SSSR i usilenie ich ochrany na sovremennom etape kommunističeskogo stroitel'stva (deutsch: Zur Frage des Begriffs der subjektiven Bürgerrechte in der UdSSR und die Verstärkung ihres Schutzes in der gegenwärtigen Etappe des kommunistischen Aufbaus), Saratow 1962, S. 102 - 107.

[264] *Matuzov*, S. 104.

[265] Vgl. *Lunev* 1967, S. 35; *Kozlov* 1968, S. 68.

[266] *Kečekjan*, S. F., Pravootnošenija v socialističeskom obščestve (deutsch: Rechtsverhältnisse in der sozialistischen Gesellschaft), Izdatel'stvo Akademii Nauk SSSR, Moskau 1958, S. 84.

[267] Vgl. oben S. 89.

rechts bewußt. So wird davon gesprochen, der Inhalt der Rechtsfähigkeit eines Staatsorgans bestimme sich nach den Aufgaben, zu deren Erfüllung es gegründet worden sei[268].

Das Bewußtsein der Abhängigkeit der Rechtssubjektivität von einer Rechtsnorm tritt auch in Äußerungen der sowjetischen Verwaltungsrechtslehre zutage, in denen es heißt, die Rechtssubjektivität eines Staatsorgans entstehe in dem Moment, in dem ein Staatsorgan eine Rechtsnorm erlasse, die die Bildung eines Staatsorgans anordne[269].

Von dem im Ansatz unbewußt richtigen Verständnis von der Begründung der Rechtssubjektivität der Verwaltungsorgane zeugt auch der ständige synonyme Gebrauch der Begriffe „Rechtssubjektivität“ und „Verwaltungsrechtsfähigkeit“[270]. Das Verhältnis beider Begriffe zueinander wird kaum erörtert. Lediglich vereinzelt findet sich ohne eine Begründung ein Hinweis auf die Identität der Begriffe[271]. Eine Begründung wäre der sowjetischen Lehre dann leicht geworden, wenn sie die Relativität der Rechtssubjektivität noch klarer herausgearbeitet hätte. Insoweit ist auf die obigen Ausführungen über das Verhältnis von Rechtssubjektivität und Rechtsfähigkeit zu verweisen[272].

Als Ergebnis ist festzuhalten:

Die sowjetische Allgemeine Rechts- und Verwaltungsrechtslehre geht von einer relativen Rechtssubjektivität der Verwaltungsorgane aus. Sie erkennt auch die Abhängigkeit der Rechtssubjektivität vom Rechtssatz, vermag aber nicht mit der Kelsenschen Gedankenschärfe zu formulieren, daß es für die Rechtssubjektivität eines Gebildes genügt, nur in einem einzigen Fall Zurechnungsendsubjekt einer einzelnen Pflicht zu sein.

Der Gedanke, daß bereits durch einen Normativakt ein Rechtsverhältnis begründet wird, könnte den Ausgangspunkt für die weitere Aufteilung der Normativakte bilden, die das Verhältnis zwischen Verwaltungsorganen regeln. In Parallele zu den Individualakten[273] könnte man hier zwischen Normativakten unterscheiden, die ein Rechtsverhältnis begründen, verändern oder aufheben. Innerhalb der einzelnen Gruppen könnte dann ein System der Normativakte geschaffen werden, in dem nach Rechten

---

[268] *Petrov*, Administrativnoe pravo, S. 102; *Petrov*, Suščnost', S. 73; *Lunev* 1960, S. 41; *Aleksandrov*, Otnošenija, S. 30.

[269] *Kozlov*, Organy, S. 55.

[270] *Kozlov*, Organy, S. 54; *Petrov*, Administrativnoe pravo, S. 102; *Petrov*, Suščnost', S. 61; *Lunev* 1960, S. 41; *Lunev* 1967, S. 35; *Kozlov* 1968, S. 68; Teorija 1966, S. 282.

[271] *Joffe*, O. S., Sovetskoe graždanskoe pravo (deutsch: Sowjetisches Zivilrecht), Band I, Leningrad 1958, S. 104; *Venediktov*, A. V., O subektach socialističeskich pravootnošenij (deutsch: Die Subjekte der sozialistischen Rechtsverhältnisse), SGiP 1955, Nr. 6, S. 17 ff. (S. 20).

[272] Vgl. S. 90.

[273] Vgl. S. 96.

und Pflichten der Verwaltungsorgane unterteilt würde. Damit würde eine einheitliche Betrachtung aller Normativakte, auch der gegenüber gesellschaftlichen Organisationen und Bürger, möglich. Die bisher allgemein in der sowjetischen Verwaltungsrechtsliteratur übliche Aufzählung der Verwaltungsrechtsnormen, die vom konkreten Inhalt ausgeht und die auch für die Normativakte der Verwaltung zu gelten hat[274], würde dann überflüssig. Anhaltspunkte in der sowjetischen Verwaltungsrechtsliteratur zu einer Aufteilung der Normativakte allein nach ihrer rechtlichen Bedeutung sind bereits in dem unter der Redaktion Kozlovs 1968 erschienenen Verwaltungsrechtslehrbuch enthalten. Hier wird unterschieden zwischen verpflichtenden, gewährenden, Kompetenz-verleihenden, empfehlenden und vorschreibenden Verwaltungsrechtsnormen[275].

Auffällig ist im Rahmen der Ausführungen über die Verwaltungsrechtsnormen das Fehlen jeglicher Äußerungen über die Kompetenz zum Erlaß von Normativakten und über ihre rechtliche Bedeutung. Lediglich knappe Andeutungen dazu finden sich innerhalb der Einteilung der Verwaltungsakte nach den erlassenden Organen. Sachlich hätten sie in die Untersuchung der Normativakte selbst gehört[276].

b) Regelung des Verhältnisses zwischen Verwaltungsorganen und gesellschaftlichen Organisationen

Zu den Normativakten der Verwaltung müssen auch diejenigen von Verwaltungsorganen erlassenen generellen Rechtssätze objektiven Rechts gerechnet werden, die das Verhältnis zwischen den Verwaltungsorganen und den sogenannten gesellschaftlichen Organisationen regeln. Die Behandlung dieser Normativakte als gesonderte Gruppe ist durch die besondere Stellung der gesellschaftlichen Organisationen gerechtfertigt. Sie haben sowohl eine Stellung als vom Staat losgelöste freiwillige Vereinigungen von Bürgern als auch in bestimmten Fällen die Stellung von Staatsorganen. Darauf wird unten näher eingegangen werden[277].

Auch im Hinblick auf diese Normativakte ist festzustellen, daß sie in der sowjetischen Verwaltungsrechtsliteratur im Rahmen der Verwaltungsakte nicht behandelt werden. Wenn überhaupt, so werden sie im Zusammenhang mit den sog. Verwaltungsrechtsnormen erwähnt[278].

---

[274] Vgl. S. 84.

[275] *Kozlov* 1968, S. 56, 57; ähnliche Ansätze finden sich auch bei *Lunev* 1967, S. 292. Die Aufteilung nach rechtlichen Gesichtspunkten steht hier aber neben der nach dem konkreten Inhalt (*Lunev* 1967, S. 28).

[276] In geringem Umfange geschieht dies in den „Naučnye osnovy“ (S. 153 bis 159). Hier wird zum ersten Mal auf die Unterteilung der Verwaltungsakte nach den erlassenden Organen verzichtet und eine einheitliche, rechtliche Betrachtung der Normativakte versucht.

[277] Vgl. S. 136 ff.

[278] Vgl. S. 84.

Etwas genauer, aber auch nicht ausreichend, werden sie von Kozlov und Lunev innerhalb der Kapitel über die rechtliche Stellung der gesellschaftlichen Organisationen unter der Überschrift „Die staatliche Regelung der Tätigkeit der gesellschaftlichen Organisationen“ behandelt[279]. Aber auch dort werden sie nicht als Formen des Verwaltungshandelns untersucht. Vielmehr bezieht sich die Darstellung auf Normen, die das Verhältnis zwischen Verwaltungsorganen und gesellschaftlichen Organisationen regeln, auf alle diese Regelung betreffenden generellen Rechtssätze objektiven Rechts, also sowohl auf Dekrete und Gesetze als auch auf Normativakte von Verwaltungsorganen. Nur die letzten sind, systemimmanent gedacht, Verwaltungsakte. Für sie läßt sich aus den Ausführungen Kozlovs und Lunevs zu den Normen im allgemeinen, die das Verhältnis zwischen Verwaltungsorganen und gesellschaftlichen Organisationen regeln, kaum etwas entnehmen. Der Begriff des Rechtsverhältnisses wird bei der Untersuchung der Normen nicht verwandt. Kozlov benutzt den Begriff lediglich für die Darstellung der aufgrund der Normativakte ergehenden Individualakte[280]. Daher gelingt weder Kozlov noch Lunev eine befriedigende, an rechtlichen Unterschieden orientierte Aufteilung dieser Normen, beispielsweise in ein Rechtsverhältnis begründende, ändernde oder aufhebende Normativakte und eine weitere Aufteilung dieser Rechtsverhältnisse[281]. Beide beschränken sich auf die Aufzählung einzelner Normen nach ihrem tatsächlichen Inhalt. Einziger durchgängiger Einteilungsgesichtspunkt ist bei Lunev die Einteilung nach der Art der gesellschaftlichen Organisationen, an die eine Norm gerichtet ist, also die Einteilung nach den Adressaten[282, 283]. Innerhalb dieser so geschaffenen Gruppen-Normen, die sich an die Kommunistische Partei der Sowjetunion, die Gewerkschaften, an die Genossenschaften oder die sog. freiwilligen Vereinigungen richten — wird dann ähnlich wie bei Kozlov unterschieden nach Normen, die die Bildung der Organisationen regeln, die Bestätigung der Satzung, ihre Beteiligung an der Staatsverwaltung.

Eine naheliegende Einteilung könnte von der sowjetischen Verwaltungsrechtslehre übersehen worden sein; die Unterscheidung danach, ob sich der Normativakt an eine gesellschaftliche Organisation in ihrer Eigenschaft als freiwillige Vereinigung von Bürgern oder als Staatsorgan wendet. Das käme einer Trennung der Normen, die das Verhältnis zwischen Verwaltungsorganen und gesellschaftlichen Organisationen regeln, in Innen- und Außenrechtssätze gleich. Eine solche rechtliche Unterscheidung müßte aber, soll sie begründet sein, rechtliche Folgen haben. Solche Folgen könnten sich insbesondere für die Lehre vom fehlerhaften Verwaltungsakt ergeben.

---

[279] *Kozlov* 1968, S. 125 ff.; *Lunev* 1967, S. 119 ff.

[280] *Kozlov* 1968, S. 126, 127.

[281] Vgl. S. 93, 98.

[282, 283] *Lunev* 1967, S. 119 unten — S. 125 oben.

c) Regelung des Verhältnisses zwischen Verwaltungsorganen und Bürger

Für die Darstellung der Normativakte der Verwaltung in der sowjetischen Verwaltungsrechtslehre, die das Verhältnis zum Bürger regeln, gilt die gleiche Kritik wie für die Darstellung der übrigen Normativakte: Keine Erörterung im Rahmen der Darstellung der Verwaltungsakte, keine befriedigende systematische Darstellung im Rahmen der Behandlung der sog. Verwaltungsrechtsnormen, keine Verwendung des Begriffs Rechtsverhältnis, keine Ausführungen über Kompetenzen zum Erlaß von Normativakten und über rechtliche Bedeutung der Normativakte.

Ein wichtiger Unterschied im Gegensatz zu der Darstellung der beiden anderen Arten von Normativakten der Verwaltung besteht jedoch. Bei diesen Normativakten nennt die sowjetische Verwaltungsrechtslehre den Einteilungsgesichtspunkt, der eine rechtssystematisch befriedigende weitere Einteilung der Rechtsverhältnisse ermöglichen würde: Sie teilt die Verwaltungsrechtsnormen gegenüber dem Bürger, also auch die Normativakte der Verwaltung ihm gegenüber, ein in solche, die Rechte und in solche, die Pflichten begründen[284].

Zusammenfassend ist zu den Normativakten der Verwaltung festzustellen:

Im Gegensatz zu der Auffassung der sowjetischen Verwaltungsrechtslehre sind sie keine Verwaltungsakte. Ihre Darstellung ist rechtssystematisch unbefriedigend und unvollständig.

II. Die Akte der sowjetischen staatlichen Verwaltung mit Einzelfallregelungen

1. Die Definition der Individualakte

Als zweite Gruppe von Verwaltungsakten bei der Einteilung nach ihrer Rechtsnatur werden in der sowjetischen Verwaltungsrechtslehre die sog. Individualakte oder, wie ihre andere Bezeichnung lautet, Administrativakte angeführt. Sie werden definiert als Akte von Verwaltungsorganen, die ein konkretes Rechtsverhältnis begründen, verändern oder aufheben[285]. Die Definition ist unvollständig. Es fehlt der Hinweis darauf, daß es sich um Rechtsverhältnisse auf dem Gebiet des Verwaltungsrechts und um einseitige Anordnungen von Verwaltungsbehörden handelt. Lediglich bei Kozlov folgt das bereits aus seiner allgemeinen Definition des Verwaltungsakts[286].

---

[284] *Lunev* 1960, S. 37; *Lunev* 1967, S. 28; *Kozlov* 1962, S. 64; *Kozlov* 1968, S. 38.
[285] Vgl. *Studenikin* 1950, S. 153; *Lunev* 1967, S. 162; Naučnye osnovy, S. 359.
[286] Vgl. S. 57 f

Das Verhältnis des Individualaktes zu den generellen Rechtssätzen objektiven Rechts, also auch zu den Normativakten der Verwaltung, wird erst in neueren Veröffentlichungen klar herausgestellt: Der Individualakt ist das Ergebnis der Anwendung einer Rechtsnorm auf einen konkreten Einzelfall[287]. Der Individualakt vollzieht also eine Norm. Es kommt zum Ausdruck, daß der Individualakt und der Normativakt keine Gegensätze sind, sondern Gemeinsamkeiten haben[288]. Worin diese Gemeinsamkeiten im einzelnen bestehen, wird nicht untersucht. Aus der Erkenntnis, daß der Individualakt das Ergebnis der Anwendung einer Rechtsnorm auf den konkreten Einzelfall ist, könnte sich aber für die sowjetische Verwaltungsrechtslehre ein Anhaltspunkt für die parallele Behandlung von Normativ- und Individualakten ergeben.

Um ein Mißverständnis auszuschließen, sei nochmals darauf hingewiesen, daß es sich bei dem Begriff des Rechtsverhältnisses im Zusammenhang mit dem Individualakt um einen anderen Begriff als den im Zusammenhang mit dem Normativakt verwandten handelt. Beides sind zwar Rechtsverhältnisse im engeren Sinn. Das Rechtsverhältnis im engeren Sinn im Zusammenhang mit den Normativakten bezieht sich aber auf das durch den Normativakt geschaffene Verhältnis der normunterworfenen Rechtssubjekte zueinander. Dagegen trifft der Begriff des Rechtsverhältnisses im Zusammenhang mit den Individualakten den Sachverhalt, daß zwischen einem Rechtssubjekt und einem anderen Rechtssubjekt konkrete rechtliche Beziehungen bestehen.

2. Die Einteilung der Individualakte

Eine befriedigende systematische Unterteilung der durch einen Individualakt — auch Administrativakt genannt — geschaffenen Rechtsverhältnisse enthält die sowjetische Verwaltungsrechtslehre nicht. Im Rahmen der Lehre vom Verwaltungsakt lassen sich bis auf eine Ausnahme[289] keine Einteilungsversuche feststellen. Innerhalb der Darstellung des „verwaltungsrechtlichen Rechtsverhältnisses" werden jedoch in den neueren Verwaltungsrechtslehrbüchern zahlreiche Einteilungsversuche unternommen, die für die rechtliche Untersuchung mehr oder weniger unergiebig sind[290]. Die naheliegende Möglichkeit innerhalb der einzelnen Arten von Rechtsverhältnissen beispielsweise nach Rechten und Pflichten zu unterscheiden, wird nicht genutzt. So gibt es nur Unterscheidungen nach dem Ziel eines Rechtsverhältnisses, nach dem konkreten Inhalt in vermögensrechtliche und nichtvermögensrechtliche, nach der Art ihrer Durchsetzung

[287] *Kozlov* 1968, S. 213; *Lunev* 1967, S. 162.
[288] Vgl. auch Naučnye osnovy, S. 359.
[289] Naučnye osnovy, S. 360 unten.
[290] *Kozlov* 1968, S. 67, 68; *Lunev* 1967, S. 35.

in solche, die im Verwaltungsverfahren und solche, die im Gerichtsverfahren durchgesetzt werden[291], nach ihrem Geltungsbereich, nach der Kompetenz der erlassenden Organe, nach der Art der Entscheidung, nach der Form[292].

Für die rechtsvergleichende Betrachtung ist allein die auch anzutreffende Unterscheidung nach dem an dem konkreten Rechtsverhältnis außer dem erlassenden Verwaltungsorgan beteiligten Rechtssubjekt von Bedeutung[293].

Danach sind zu unterscheiden:

(1) Individualakte, die ein Rechtsverhältnis zwischen einem Verwaltungsorgan und einem anderen Verwaltungsorgan begründen, ändern oder aufheben,

(2) Individualakte, die ein Rechtsverhältnis zwischen einem Verwaltungsorgan und einer gesellschaftlichen Organisation begründen, ändern oder aufheben,

(3) Individualakte, die ein Rechtsverhältnis zwischen einem Verwaltungsorgan und einem Bürger begründen, ändern oder aufheben.

Wie aus der ersten Gruppe zu ersehen ist, ist der Begriff „Individualakt" nicht mit dem Begriff „Verwaltungsakt" des (west-)deutschen Verwaltungsrechts identisch. Denn die sog. innerdienstlichen Anweisungen gelten auch heute noch nach der im (west-)deutschen Verwaltungsrecht herrschenden Auffassung grundsätzlich nicht als Verwaltungsakte. Wegen der Gründe, die für die Richtigkeit der sowjetischen Auffassung sprechen wird auf die Ausführungen zur Rechtssubjektivität der Verwaltungsorgane verwiesen. Sie wurden bei der Untersuchung der Normativakte, die das Verhältnis zwischen Verwaltungsorganen regeln, gemacht[294]. Gerade in diesem Punkt erweist es sich, wie vorteilhaft die Verwendung des Begriffs des Rechtsverhältnisses bei der Verwaltungsaktdefinition ist. Sie erleichtert es, die Verhältnisse innerhalb der Verwaltung als Rechtsverhältnisse zu begreifen.

3. Die Nichtberücksichtigung der Individualakte, die ein Rechtsverhältnis feststellen

Der von der sowjetischen Verwaltungsrechtslehre mit der Begründung, Veränderung und Aufhebung von Rechtsverhältnissen umschriebene Bereich der Individualakte umfaßt den Bereich von Verwaltungsakten, die rechtstheoretisch als konstitutive Verwaltungsakte begriffen werden

---

[291] *Kozlov* 1968, ebd.

[292] Naučnye osnovy, S. 360 unten.

[293] *Lunev* 1967, S. 35; *Kozlov* 1968, S. 68.

[294] Vgl. S. 85 - 93.

können. Darunter sind solche Verwaltungsakte zu verstehen, die eine neue Rechtslage schaffen. Daneben gibt es aber noch deklarative Verwaltungsakte. Sie betreffen diejenigen Fälle, in denen durch einen Verwaltungsakt eine schon bestehende Rechtslage festgestellt wird. Der Hinweis auf diese besonderen Eigenschaften dieser beiden Gruppen von Verwaltungsakten ist aber nur als Hinweis auf deren jeweils besonders hervorstechende Eigenschaft zu verstehen. In Wahrheit mischen sich in den beiden Arten von Verwaltungsakten beide Elemente[295]. Der konstitutive Akt enthält ein deklaratives Element, nämlich die Feststellung, daß der generelle oder individuelle Akt, aus dem er hervorgeleitet wird, ihn bereits enthält. Der deklarative Akt schafft die neue Rechtslage, daß ein streitiges Rechtsverhältnis nun für die Interessenten unbestreitbar ist, z. B. die Feststellung einer bestehenden Staatsbürgerschaft.

Durch die Beschränkung der Individualakte auf den Bereich der konstitutiven Verwaltungsakte tritt zutage, daß die rechtstheoretisch als deklarative Verwaltungsakte bezeichneten Individualakte der Verwaltung von dem sowjetischen System der Individualakte nicht erfaßt werden. Das ist ein Mangel, der leicht dadurch behoben werden könnte, daß das System um den Individualakt ergänzt wird, der ein konkretes Rechtsverhältnis feststellt.

Die Nichtberücksichtigung dieser Art von Verwaltungsakten führt zu einem Fehler der sowjetischen Verwaltungsrechtslehre. Die Beurkundungen durch staatliche Verwaltungsbehörden werden in das System der Verwaltungsakte nicht mit eingezogen[296]. Die immer wiederkehrende Begründung für die Ablehnung ihrer Verwaltungsakteigenschaft ist der Hinweis darauf, durch diese Beurkundung werde kein Rechtsverhältnis begründet, geändert oder aufgehoben. Das ist richtig, zeigt aber gleichzeitig deutlich, daß die Möglichkeit eines deklarativen Verwaltungsakts nicht gesehen wird. Auch diese Beurkundungen sind Verwaltungsakte. Sie sind eine Art der deklarativen Verwaltungsakte.

Auch das Beispiel des deklarativen Verwaltungsakts zeigt die Vorteile, die durch die Verwendung des Begriffs „Rechtsverhältnis" in der Definition des Individualakts erreicht werden. Die (west-)deutsche Verwaltungsrechtslehre kann letztlich von ihrem Ausgangspunkt her (Regelung ist eine einseitige, unmittelbar rechtsfolgebegründende Ordnung eines konkreten Einzelfalls) nicht befriedigend begründen, warum es sich bei dem feststellenden Verwaltungsakt um einen Verwaltungsakt handelt. Denn eine Rechtsfolge wird hier nicht begründet.

Die Verwendung des Begriffs Rechtsverhältnis erübrigt auch die Einbeziehung des Merkmals der „Unmittelbarkeit" in die Definition des Indi-

---

[295] Vgl. *Merkl*, S. 187.

[296] *Studenikin* 1950, S. 152; *Studenikin* 1959, S. 131; *Lunev* 1960, S. 120; *Lunev* 1967, S. 160; *Kozlov* 1962, S. 207; *Kozlov* 1968, S. 209.

vidualakts. Ist die Rechtsfolge eines Individualakts die Begründung, Aufhebung oder Veränderung eines konkreten Rechtsverhältnisses, so wird eine Begrenzung des Begriffs des Individualakts auf den unmittelbar Betroffenen überflüssig. Gegenüber dem mittelbar Betroffenen ist kein konkretes Rechtsverhältnis entstanden.

III. Versuch einer systemimmanenten Definition des Aktes der sowjetischen staatlichen Verwaltung

Zum Abschluß der bisherigen Untersuchung soll eine systemimmanente Definition des sowjetischen Verwaltungsakts versucht werden[297]:

Verwaltungsakte sind alle hoheitlichen Regelungen eines Organs der sowjetischen staatlichen Verwaltung, die entweder generell oder im Einzelfall ein Rechtsverhältnis zwischen zwei Verwaltungsorganen oder zwischen Verwaltungsorganen und gesellschaftlichen Organisationen oder zwischen Verwaltungsorganen und Bürgern begründen, ändern oder aufheben.

§3 Die Einteilung der Akte der sowjetischen staatlichen Verwaltung nach den erlassenden Organen

I. Allgemeine Bemerkungen zu dem Einteilungsmerkmal

Im Mittelpunkt aller Einteilungsversuche der Verwaltungsakte durch die sowjetische Verwaltungsrechtslehre steht bis in die jüngste Zeit hinein die Einteilung der Verwaltungsakte nach den Organen, die die Verwaltungsakte erlassen. Diese Einteilung läuft, wie die weitere Darstellung zeigen wird, auf eine Aufzählung von Staatsorganen hinaus, gibt aber kaum inhaltliche Unterschiede der Verwaltungsakte wieder. Die Aufteilung der Verwaltungsakte nach den erlassenden Verwaltungsorganen kann zur Lehre vom Verwaltungshandeln kaum etwas beitragen. Lediglich die Reihenfolge, in der sie vorgenommen wird, läßt ein Unterscheidungsmerkmal zu: Das nach der Autorität des einen Verwaltungsakt erlassenden Verwaltungsorgans. So ist die Reihenfolge der nachstehend untersuchten Einteilung identisch mit der Rangfolge der Verwaltungsakte.

Die Methode, der Einteilung der Verwaltungsakte den staatlichen Behördenaufbau zugrunde zu legen, ist die gleiche wie sie bei der Untersuchung der Staatsfunktionen festgestellt wurde. Es wird nicht versucht, rechtliche Unterscheidungsmerkmale herauszuarbeiten, sondern es er-

---

[297] Vgl. zur Definition des Verwaltungsakts auch *Forst*, S. 55.

folgt eine Orientierung an der staatlichen Organisationsstruktur. Darin tritt der Pragmatismus der sowjetischen Verwaltungsrechtslehre besonders deutlich hervor. Die Orientierung an der staatlichen Organisationsstruktur bei der Einteilung der Verwaltungsakte führt dazu, daß in dem überwiegenden Teil der sowjetischen Verwaltungsrechtslehre die Rechtsformen, in denen die Verwaltungsakte ergehen, terminologisch nicht in Normen und Einzelakte getrennt werden. Denn jeder Rechtsakt eines Staatsorgans wird als Ergebnis seiner funktionellen Tätigkeit betrachtet[298].

II. Die Verordnungen und Verfügungen des Ministerrates der UdSSR

Die Kompetenz des Ministerrats der UdSSR zum Erlaß von Verordnungen (russ.: postanovlenie) und Verfügungen (russ.: rasporjaženie) ist in Art. 66 der Verfassung der UdSSR geregelt. Wenn überhaupt nähere Ausführungen zu diesen Rechtsformen gemacht werden, so werden von der sowjetischen Verwaltungsrechtslehre als Verordnungen Anordnungen des Ministerrats von grundsätzlicher Bedeutung bezeichnet, während den Verfügungen die Erledigung minder wichtiger Fragen zugewiesen wird[299].

Neben dieser Unterscheidung nach ihrer funktionellen Bedeutung leitet die sowjetische Verwaltungsrechtslehre einen weiteren Unterschied zwischen diesen beiden Arten von Verwaltungsakten aus ihrer Entstehung her. Die Verordnung ergeht im Wege der Kollegial-, die Verfügung dagegen im Wege der Einzelentscheidung[300]. Diese im überwiegenden Teil der sowjetischen Verwaltungsrechtslehre getroffene Unterscheidung zwischen Verordnung und Verfügung ist juristisch unbrauchbar. Eine juristisch brauchbare Unterscheidung nach dem rechtlichen Inhalt dieser Verwaltungsakte in Normativ- und Einzelakte scheitert an der Tatsache, daß z. B. die Verordnungen des Ministerrats sowohl Rechtsnormen als auch Einzelakte enthalten[301].

Zwar wird von Mironov, Mišunin und Jampol'skaja nach dem Inhalt dieser Verwaltungsakte zwischen Normativ- und Einzelakten unterschieden[302]. Dabei werden Verordnungen als Normativakte und Verfügungen

---

[298] *Petrov*, G. I., Istočniki sovetskogo administrativnogo prava (deutsch: Quellen des sowjetischen Verwaltungsrechts), Pravovedenie 1958, Heft Nr. 4, S. 34 ff. (S. 37), im Folgenden zitiert als Petrov, Istočniki.

[299] *Lunev* 1960, S. 21; *Petrov*, Administrativnoe pravo, S. 183, 186; *Petrov*, Itsočniki, S.42; *Kozlov* 1962, S. 210; *Kozlov* 1968, S. 214.

[300] *Lunev* 1960, S. 121; *Petrov*, Administrativnoe pravo, S. 186; *Kozlov* 1962, S. 210; *Kozlov* 1968, S. 214.

[301] Vgl. das Beispiel bei *Petrov*, Administrativnoe pravo, S. 187. Danach enthielten im Jahre 1957 von 154 Verordnungen des Ministerrats der UdSSR 88 Rechtsnormen und 66 Einzelakte.

[302] *Mironov*, N. V. und P. G. *Mišunin*, O juridičeskoj prirode aktov, izdavaemych vysšimi ispolnitelnymi i rasporjaditelnymi organami gosudarstvennoj

als Individualakte betrachtet. Aber auch Mironov - Mišunin erkennen, daß in der Praxis diese Unterscheidung undurchführbar ist[303].

Wenn auch in der sowjetischen Verwaltungsrechtslehre bei der Einteilung der Verwaltungsakte nach den erlassenen Organen grundsätzlich nicht zwischen Normativ- und Individualakt unterschieden wird, so lassen sich doch aus den im Zusammenhang mit dieser Einteilung gemachten Äußerungen Hinweise auf rechtlich bedeutende Unterschiede gewinnen, die systematisch in die Erörterung der Einteilung der Verwaltungsakte in Normativ- und Individualakte gehört hätten. Gemeint sind die knappen Äußerungen, die Rückschlüsse auf die Kompetenz zum Erlaß von Normativakten zu lassen und außerdem die Äußerungen, die sich für die Herausarbeitung der Bedeutung der Normativakte verwerten lassen.

Nach Art. 66 der Verfassung der UdSSR werden die Verordnungen und Verfügungen des Ministerrats der UdSSR aufgrund und in Ausführung der geltenden Gesetze erlassen. Die Kompetenzbestimmung ist also in Form einer Verfassungsbestimmung gefaßt worden. Damit ist von der Methode der Generalermächtigung Gebrauch gemacht worden[304].

Der Ministerrat der UdSSR ist daher aufgrund des Art. 66 der Verfassung ermächtigt, zu den Gesetzen, deren Vollzug in seinen Wirkungskreis gehört, Verordnungen zu erlassen, ohne daß es in den entsprechenden Gesetzen einer besonderen Vollzugsklausel bedarf[305]. In diesem Zusammenhang wird die Bedeutung der Normativakte des Ministerrats der UdSSR für den Bereich der sowjetischen Verwaltung deutlich. Sie sind die Grundlage für die Rechtshandlungen der übrigen Verwaltung. Denn sie haben Geltung für das gesamte Gebiet der UdSSR und haben in der Hierarchie der Rechtsquellen Vorrang vor den Verwaltungsakten der übrigen Verwaltungsorgane. Ihre besondere Bedeutung jedoch liegt in ihrer gesetzesderogierenden Kraft. Darüber fehlen aber in der Lehre vom Verwaltungshandeln jegliche Ausführungen.

Die über das Verhältnis von Verordnungen und Verfügungen des Ministerrats der UdSSR zueinander gemachten Ausführungen gelten in gleicher Weise für die Verordnungen und Verfügungen der Ministerräte der Unionsresubliken und der autonomen Republiken. Der einzige Unterschied besteht außer dem Fehlen der gesetzesderogierenden Kraft in dem unterschiedlichen Geltungsbereich dieser Rechtsakte.

---

vlasti SSSR, sojuznych i avtonomnych respublik (deutsch: Die Rechtsnatur der von den höchsten vollziehend-verfügenden Organen der Staatsgewalt der UdSSR, der Unions- und der autonomen Republiken erlassenen Akte), SGiP 1957, Nr. 8, S. 22 ff. (S. 26, 28); *Jampol'skaja,* Organy, S. 167.

[303] *Mironov - Mišunin,* ebd., S. 27 oben.

[304] Rechtstheoretisch denkbar wäre auch die Methode der Spezialermächtigung gewesen.

[305] Vgl. *Lucas,* S. 122.

III. Die Anordnungen und Instruktionen der Minister der UdSSR

Gemäß Art. 73 der Verfassung der UdSSR erlassen die Minister der UdSSR innerhalb des Kompetenzbereichs der betreffenden Ministerien Anordnungen (russ.: prikaz) und Instruktionen (russ.: Instrukcija) aufgrund und in Ausführung der geltenden Gesetze sowie der Verordnungen und Verfügungen des Ministerrats der UdSSR und überwachen ihre Durchführung.

Auch für diese beiden Rechtsformen der Verwaltungsakte ist wie bei den Verordnungen und Verfügungen des Ministerrats der UdSSR die Unmöglichkeit charakteristisch, dem Unterschied in der Terminologie eine logische Unterscheidung nach dem Inhalt dieser Akte in Normativ- und Einzelakte entsprechen zu lassen. Die Anordnungen des Ministers enthalten sowohl Rechtsnormen als auch Individualakte[306]. Die Instruktionen werden dagegen übereinstimmend als Normativakte betrachtet[307].

Aus dem Bezug auf Art. 73 der Verfassung und den Ausführungen über den Rang der Anordnungen und Instruktionen lassen sich Hinweise auf ihre rechtliche Bedeutung gewinnen. Die Bezugnahme auf Art. 73 der Verfassung sagt etwas über den Gebrauch der Anordnungs- und Instruktionskompetenz aus. Erstens kann der Minister nur im Rahmen seines Wirkungskreises Anordnungen oder Instruktionen erlassen. Zweitens handelt es sich bei der Kompetenz um eine Generalermächtigung. Während aber die Verwaltungsrechtsliteratur zu den Verordnungen und Verfügungen des Ministerrats der UdSSR Ausführungen über das möglicherweise unterschiedliche Verhältnis dieser Rechtsakte zum Gesetz vermissen läßt, kann für die Anordnungen und Instruktionen der Minister etwas anderes festgestellt werden. Denn sowohl nach dem Wortlaut des Art. 73 als auch nach den Ausführungen der sowjetischen Verwaltungsrechtsliteratur zu diesem Problem handelt es sich um Rechtsakte intra legem innerhalb der Verordnungen und Verfügungen des Ministerrats der UdSSR. Sie sind also Ausführungs-, Durchführungs- oder Vollzugsverordnungen[308].

Die Anordnungen und Instruktionen werden im Namen des einzelnen Ministers erlassen. Sie werden als Einzelentscheidungen des Ministers angesehen, auch für den Fall, daß die im Namen des Ministers ergehenden Anordnungen auf einen entsprechenden Beschluß des Kollegiums beim Ministerium zurückgehen. Das Verhältnis zwischen dem vorgehenden

---

[306] *Studenikin* 1959, S. 133; *Lunev* 1960, S. 125; *Kozlov* 1968, S. 215 (anders noch in *Kozlov* 1962, S. 212, wo die Anordnungen als Einzelakte qualifiziert werden).

[307] *Studenikin* 1959, S. 133; *Lunev* 1960, S. 126; *Kozlov* 1962, S. 212; *Kozlov* 1968, S. 215.

[308] *Petrov*. Administrativnoe pravo, S. 188.

Beschluß des Kollegiums und der Zustimmung des Ministers zu diesem Beschluß wird in der sowjetischen Verwaltungsrechtsliteratur nicht erörtert. Hier entsteht die Frage, ob der Beschluß des Kollegiums und die Zustimmungserklärung des Ministers als *zwei* Verwaltungsakte angesehen werden müssen. Es handelt sich jedoch nicht um das Problem des mehrstufigen Verwaltungsakts, bei dem es darum geht, ob die Zustimmung einer Verwaltungsbehörde zu dem Verwaltungsakt einer anderen Verwaltungsbehörde ein Verwaltungsakt ist. Vielmehr geht es um das Zustandekommen eines hoheitlichen Rechtsakts innerhalb einer Verwaltungsbehörde.

Der Beschluß des Kollegiums, einen Verwaltungsakt mit einem bestimmten Inhalt zu erlassen, kann gegenüber dem endgültigen Adressaten dieses Verwaltungsakts noch kein Verwaltungsakt sein, weil er gegenüber ihm noch keine Rechtsfolgen hat. Das gleiche gilt für die Zustimmungserklärung des Ministers.

Als Ergebnis bleibt auch für die Gruppe der Anordnungen und Instruktionen der Minister der UdSSR festzustellen, daß aus den damit im Zusammenhang stehenden Ausführungen der sowjetischen Verwaltungsrechtslehre für die Lehre vom Verwaltungshandeln nichts hergeleitet werden kann mit Ausnahme der Möglichkeit, aus ihnen etwas über den Umfang der Kompetenz zum Erlaß von Normativakten und ihre rechtliche Bedeutung im Verhältnis zu anderen Normativakten zu erfahren.

IV. Die Beschlüsse und Verfügungen der Exekutivkomitees der örtlichen Sowjets

Die Kompetenz zum Erlaß der Verwaltungsakte der Exekutivkomitees der örtlichen Sowjets, Beschluß (russ.: rešenie) und Verfügung (russ.: rasporjaženie), ist in den Verfassungen der einzelnen Unionsrepubliken geregelt. Für die Exekutivkomitees der örtlichen Sowjets auf dem Gebiet der RSFSR sind die Art. 63 und 90 der Verfassung der RSFSR maßgebend.

Auch der Beschluß und die Verfügung entziehen sich einer Einteilung in Normativ- oder Einzelakte. Beide Rechtsformen können sowohl die einen als auch die anderen Rechtsakte enthalten[309]. Alle übrigen Unterscheidungsversuche zwischen beiden Formen sind irrelevant.

So sollen die Beschlüsse in besonders wichtigen Fragen, die Verfügungen in den übrigen Fällen ergehen[310]. Kriterien für besondere Wichtigkeit oder für Unwichtigkeit fehlen. Diese Unterscheidung führt zu der weiteren Unterscheidung der beiden Rechtsformen nach der Art des Zustande-

---

[309] *Petrov*, Administrativnoe pravo, S. 184 ff.; *Petrov*, Istočniki, S. 45; *Kozlov* 1968, S. 216.

[310] *Petrov*, Administrativnoe pravo, S. 187; *Lunev* 1960, S. 128; *Kozlov* 1968, S. 216.

kommens der Entscheidung. Beschlüsse ergehen in besonders wichtigen Fragen, als das Ergebnis einer Kollegialentscheidung, während die Verfügungen auf die Einzelentscheidung des Vorsitzenden des Exekutivkomitees oder seines Stellvertreters in den übrigen Fragen zurückgehen[311].

Die Kompetenz zum Erlaß dieser Rechtsakte wird man unter Berücksichtigung der in letzter Zeit erfolgten Stärkung der örtlichen Sowjets und damit gleichzeitig auch der selbständigen Rechtsetzungsbefugnis anzusehen haben.

Durch folgende Dekrete des Präsidiums des Obersten Sowjet der UdSSR sind die früher sehr begrenzten Rechte der örtlichen Sowjets und die ihrer Exekutivkomitees erheblich erweitert und verstärkt worden:

1. Das Dekret vom 8. April 1968
   „Die grundlegenden Rechte und Pflichten der Dorf- und Siedlungssowjets der Deputierten der Werktätigen"[312],
2. Das Dekret vom 19. März 1971
   „Die grundlegenden Rechte und Pflichten der Bezirkssowjets der Deputierten der Werktätigen"[313],
3. Das Dekret vom 19. März 1971
   „Die grundlegenden Rechte und Pflichten der Stadtsowjets der Deputierten der Werktätigen"[314].

Die hervorstechenden Verstärkungen ihrer Rechtsstellung sind folgende:

Den örtlichen Sowjets obliegt die umfassende Leitung und Kontrolle, der ihnen unterstellten Unternehmen und Anstalten mit all ihren Konsequenzen auf den Gebieten der Planung, des Bau- und Finanzwesens (Dorfsowjetdekret Art. 2, Stadtsowjetdekret Art. 2, Bezirkssowjetdekret Art. 2). Kontrollrechte haben sie auch gegenüber den ihnen nicht unterstellten, aber auf ihrem Gebiet belegenen Unternehmen, Anstalten, Kolchosen und Sowchosen. Für den örtlichen Sowjet führt die Leitung und Kontrolle auf diesem Gebiet das Exekutivkomitee durch (Stadtsowjetdekret Art. 2, Bezirkssowjet Art. 2). Die Leitungs- und Kontrollrechte über die Unternehmen etc. gehen soweit, daß die örtlichen Sowjets in notwendigen Fällen Anordnungen und Verfügungen der Leiter der ihnen unterstellten Unternehmen aufheben dürfen; sogar rechtwidrige Beschlüsse von ihnen nicht unterstellten, aber auf ihrem Gebiet belegenen Unternehmen etc. dürfen sie aussetzen (Dorfsowjetdekret, Art. 4, Ziffer r; Stadtsowjetdekret Art. 7, Ziffer 29; Bezirkssowjetdekret Art. 8, Ziffer 35).

---

311 *Petrov*, Administrativnoe pravo, S. 187; ;*Lunev* 1960, S. 128; *Kozlov* 1962, S. 213; *Kozlov* 1968, S. 216.

312 AOS UdSSR, Nr. 16, Art. 131.

313 Izvestija vom 19. März 1971, S. 3; vgl. dazu im Einzelnen L. *Schultz*, Die strukturellen Wandlungen im Rätesystem der Sowjetunion, WGO 1972, S. 113 ff.

314 Izvestija vom 19. März 1971.

Auch die Finanzkraft der örtlichen Sowjets wird gestärkt. Stadt- und Bezirkssowjet bekommen jetzt einen Teil des Gewinnes, der ihnen nicht unterstellten, aber auf ihrem Gebiet belegenen Unternehmen und wirtschaftlichen Organisationen (Stadtsowjetdekret Art. 4; Bezirkssowjetdekret Art. 4).

In den Dekreten über den Stadt- und den Bezirkssowjet sind auch alle übrigen außer der Leitung der Unternehmen etc. dem entsprechenden Sowjet zugewiesenen Rechte mit einigen Ausnahmen (Stadtsowjetdekret, Art. 9) ausdrücklich nach den Exekutivkomitees zugewiesen (Stadtsowjetdekret Art. 12; Bezirkssowjetdekret Art. 9).

V. Die Anordnungen und Verfügungen der Leiter der staatlichen Unternehmen und der sogenannten sozial-kulturellen Einrichtungen

1. Die Anordnungen und Verfügungen der Leiter der staatlichen Unternehmen

Die Leiter der staatlichen Betriebe und der sog. sozial-kulturellen Einrichtungen erlassen Anordnungen (russ.: Prikaz) und Verfügungen (russ.: rasporjaženie). Beide Rechtsformen sind in anderem Zusammenhang bereits behandelt worden[315]. Wegen einiger Besonderheiten in dem hier zur Diskussion gestellten Zusammenhang sind sie noch einmal zu untersuchen. Zwei Gründe verlangen das:

Der eine besteht in der großen praktischen Bedeutung, die diese Akte nach der Wirtschaftsreform von 1965 haben, die die Rechte der Betriebsverwaltung wesentlich erweiterte[316].

Zum anderen leuchtet es nicht auf Anhieb ein, daß die sowjetische Verwaltungsrechtslehre diese Akte als Verwaltungsakte ansieht und sie deshalb bei der Einteilung der Verwaltungsakte nach den sie erlassenden Organen mit aufzählt.

Die staatlichen Betriebe werden von der Bezirksverwaltung verwaltet. Nach der umstrittenen, aber in der sowjetischen Verwaltungsrechtslehre herrschenden Auffassung ist die Unternehmensverwaltung ein staatliches Verwaltungsorgan, das den Betrieb unmittelbar verwaltet[317].

---

[315] Vgl. S. 101 ff., 103 f., 104.

[316] Vgl. dazu: *Kolzov*, Ju. M., Kak upravljaetsja socialističeskoe predprijatie, učebnoe posobie (deutsch: Wie das sozialistische Unternehmen verwaltet wird, Lehrbuch), Izdatel'stvo Znanie, Moskau 1968, S. 15, im Folgenden zitiert als Kozlov, Kak upravljaetsja; *Kozlov*, Ju. M., Upravlenie narodnym chozjajstvom SSSR, čast' I, Suščnost', funkcii, metody (deutsch: Die Verwaltung der Volkswirtschaft der UdSSR, Teil I, Wesen, Funktionen, Methoden), Izdatel'stvo Moskovskogo Universiteta, Moskau 1969, S. 59, 117, im Folgenden zitiert als Kozlov, Upravlenie.

[317] In der sowjetischen Literatur war und ist es umstritten, ob die Organe der Betriebsverwaltung Staatsorgane sind. So wird die Auffassung vertreten,

Die Problematk der hier zu untersuchenden Verwaltungsakte besteht in Folgendem: Im Unterschied zu den übrigen Verwaltungsorganen stehen den Wirtschaftsverwaltungsorganen neben Hoheitsbefugnissen auch Eigentumsbefugnisse des Staates zu. Die enge Verflechtung beider Komponenten machte es im Einzelfall unmöglich festzustellen, welche dieser Befugnisse ein Wirtschaftsverwaltungsorgan ausübt.

Die Problematik besteht aber nicht darin, daß es sich hier um Innenverhältnisse der Verwaltung handelt[317a]. Auch im Innenverhältnis der Verwaltung ergehen Verwaltungsakte[318].

An der Spitze der Betriebsverwaltung steht der Direktor. Seine Befugnisse sind in Art. 89 - 91 der Ordnung über das sozialistische staatliche Produktionsunternehmen, bestätigt durch Verordnung des Ministerrats der UdSSR vom 4. Oktober 1965, geregelt[318a].

So gehören zu seinen Kompetenzen die Lenkung der Arbeit von Angestellten und Arbeitern, die Aufsicht über die Einhaltung der Arbeits-

---

die Betriebsverwaltung sei kein Staatsorgan, sondern ein Teil des gesamten Kollektivs der im Betrieb vereinigten Menschen (vgl. *Petrov*, Administrativnoe pravo, S.143). In der sowjetischen Zivilrechtslehre wird noch heute die Auffassung vertreten, der gesamte Betrieb sei als Staatsorgan anzusehen; vgl. dazu *Venediktov*, A. V., Gosudarstvennaja socialističeskaja sobstvennost' (deutsch: Das staatliche sozialistische Eigentum), Izdatel'stvo Akademii Nauk SSSR, Moskau - Leningrad 1948, im Folgenden zitiert als Venediktov, Sobstvennost', S. 591 - 593.

Laptev, V. V., Vnutrichozjajstvennye otnošenija na promyšlennom predprijatii (pravovaja organisacija) (deutsch: Innerbetriebliche Rechtsbeziehungen im Industriebetrieb, deutsche Ausgabe „Innerbetriebliche Rechtsbeziehungen", [Ost-]Berlin 1967), Izdatel'stvo „Juridiceškaja literatura", Moskau 1965, S. 35 unten, im Folgenden zitiert als Laptev, Vnutrichozjajstvennye ...

Zur Ansicht der Veraltungsrechtslehre vgl. *Jampol'skaja*, Organy, S. 40; *Kozlov*, Organy, S. 61; *Studenikin* 1959, S. 93; *Kozlov* 1968, S. 112; *Kozlov*, Kak upravljaetsja, S. 18; *Lazarev*, B. M., Gosudarstvennoe proizvodstvennoe predprijatie i ego administracija (deutsch: Das staatliche Produktionsunternehmen und seine Verwaltung), SGiP 1966, Nr. 5, S. 12 - 21 (21); *Lunev* 1967, S. 99; *Lunev* 1970, S. 144.

Lunev, A. E., Pravovoe položenie predprijatija-osnovnogo zvena Promyšlennosti (deutsch: Die Rechtslage des Unternehmens, des untersten Gliedes in der Industrie), Izdatel'stvo „Znanie", Moskau 1970, S. 12, im Folgenden zitiert als Lunev, Pravovoe položenie.

Vgl. zu dem ganzen Problemkreis auch neuerdings: G. *Crespi Reghizzi*: L'impresa nel diritto sovietico, Padua 1969, S. 355 - 422; *Bilinsky*, A., Das sowjetische Wirtschaftsrecht, Studien des Instituts für Ostrecht, München, Band 19, Tübingen und Basel 1968, S. 546 - 548.

317a So aber fälschlich *Bilinsky*, S. 498 f.

318 Siehe oben S. 85 ff.

318a Sobranie Postanovlenij Pravitel'stva SSSR 1965, Nr. 19, 20 (deutsch: Sammlung der Verordnungen der Regierung der UdSSR). Russ. Text in Kommentarij k položeniju o socialističeskom gosudarstvennom proizvodstvennom-predprijatii, Red. V. V. *Laptev* (deutsch: Kommentar zur Ordnung über das sozialistische staatliche Produktionsunternehmen), Izdatel'stvo „Juridičeskaja literatura", Moskau 1968, im Folgenden zitiert als Laptev, Kommentarij.

Deutsche Übersetzung der Ordnung von D. *Heinzig* in WGO, 1966, Heft 1, S. 32 - 234.

regeln, die Einführung neuer Arbeitsmethoden. Er hat umfangreiche Rechte auf dem Gebiet der Planung, der Investitionen, auf finanziellem Gebiet. Im Rahmen der gesetzlichen Bestimmungen ist er zu Lohnkürzungen und Lohnerhöhungen befugt.

Um seine Kompetenzen nach Art. 90 Abs. 4 der genannten Ordnung ausüben zu können, erteilt er „im Rahmen seiner Kompetenz ... Anordnungen an das Unternehmen, in Übereinstimmung mit der Arbeitsgesetzgebung stellt er Arbeitskräfte ein und entläßt sie, ergreift Maßnahmen, um zur Arbeit anzuspornen, und erlegt den Arbeitskräften des Unternehmens Strafen auf". Die Ordnung sieht also nur eine Rechtsform für die einseitigen Verwaltungsrechtshandlungen des Direktors vor. In der Praxis erscheinen aber auch Anordnungen in der Form von Instruktionen und Verfügungen zu ergehen[319]. Aus welcher Rechtsnorm sich dazu die Kompetenz ergibt, ist nicht feststellbar Es liegt aber die Vermutung nahe, daß „Instruktion" und „Verfügung" in der Praxis nur eine andere Bezeichnung für „Anordnung" sind. Denn es ist kaum vorstellbar, daß ein offensichtlich gesetzwidriges Handeln in offiziellen Verwaltungsrechtslehrbüchern erwähnt würde. Darüber hinaus erforderten sie eine gesonderte Untersuchung neben den „Anordnungen", die ebenfalls nicht stattfindet.

Erstaunlicherweise werden die Verwaltungsakte des Direktors des staatlichen Produktionsunternehmens in der sowjetischen Verwaltungsrechtsliteratur kaum behandelt. Geschieht es jedoch, so nur in sehr allgemeiner Form, die auf eine Aufzählung der einzelnen Kompetenzen des Direktors nach der Ordnung über das sozialistische staatliche Produktionsunternehmen hinausläuft[320]. Das mag seinen Grund darin haben, daß die sowjetische Verwaltungsrechtslehre in ihnen keine besondere rechtliche Problematik entdeckt, zumal für sie wegen der anderen Auffassung des Verwaltungsakts das Problem der Rechtsnatur der innerdienstlichen Weisungen nicht besteht.

Selbst unter Berücksichtigung dieser Tatsache erscheint jedoch für das sowjetische Verwaltungsrecht ein näheres Eingehen auf die Akte des Direktors nicht überflüssig. Auch sie enthalten erörternswerte Rechtsprobleme. So ist es ohne nähere Begründung nicht verständlich, weshalb der Direktor hoheitlich handelt, wenn er die Arbeit im Unternehmen leitet und überwacht, wenn er neue Techniken einführt, wenn er Maßnahmen ergreift, um eine schnellere Erfüllung des Plans sicherzustellen, wenn er über ein Gesuch der Arbeiter entscheidet. Nur Kozlov setzt sich ausführlich mit diesem Problem auseinander[321].

---

[319] *Laptev*, Kommentarij, S. 261, Nr. 7; *Lunev* 1960, S. 130; *Lunev* 1970, S. 185; *Kozlov* 1968, S. 217.

[320] So typisch, *Petrov* 1970, S. 137 ff.

[321] *Kozlov*, Upravlenie, S. 129 - 145.

Auch hier kommt es für die Frage nach dem hoheitlichen Charakter der Handlungen des Direktors nach ihm allein darauf an, daß ein Rechtssatz die Entscheidung einer Frage allein einem Verwaltungsorgan anvertraut hat[322].

Danach müssen also alle hoheitlichen Akte des Direktors eines staatlichen Produktionsunternehmens mit Rechtsfolgen Verwaltungsakte sein. Über die einzelnen Akte selbst wird in der sowjetischen Verwaltungsrechtsliteratur kaum etwas gesagt. Eine der wenigen Bemerkungen dazu bezieht sich auf die Rechtsnatur des Akts. Hier läßt sich das Gleiche wie für alle anderen Rechtsakte sowjetischer Verwaltungsorgane feststellen: Sie können sowohl Individualakte als auch Normen sein[323].

Der Verwaltungsrechtsliteratur läßt sich kaum etwas dazu entnehmen, ob die Anordnungen des Direktors, soweit sie Rechtsnormen enthalten, bloße Ausführungsverordnungen sind, oder ob sie auch an die Stelle höherrangiger Normen treten. In der Praxis scheinen beide Möglichkeiten verwirklicht zu werden[324]. Welche zahlenmäßig überwiegen, läßt sich nicht feststellen. Hier ist aber das Übergewicht der Ausführungsvorschriften zu vermuten. Diese Vermutung gründet sich auf die Bedeutung, die die Prinzipien des demokratischen Zentralismus und der sozialistischen Gesetzlichkeit trotz der gewonnenen größeren Selbständigkeit für die staatlichen Produktionsunternehmen haben. Sie schließen im allgemeinen eine vollständige Selbständigkeit des Direktors bei der Entscheidung einer Frage aus[325].

Die verwaltungsrechtliche Literatur läßt auch ein Eingehen auf die Frage vermissen, ob die neben dem Erlaß von Anordnungen in Art. 90 Abs. 4 der Ordnung über das staatliche sozialistische Produktionsunternehmen genannten Handlungen des Direktors, wie Einstellung und Entlassung von Arbeitskräften, Beispiele für solche Anordnungen sein sollen, oder andere Handlungen sind, die nicht in Form der Anordnungen (russ.: prikaz) vorgenommen werden. Die letzte Möglichkeit trifft nicht zu, wie eine Auseinandersetzung mit ihrer Rechtsnatur ergibt.

Alle diese Handlungen sind Verwaltungsakte und damit Anordnungen nach Art. 90 Abs. 4. Die rechtswirksame Einstellung von Arbeitskräften setzt die Zustimmung des Direktors zu dem Arbeitsvertrag voraus. Diese Zustimmung ist ein den Arbeitsvertrag genehmigender Verwaltungsakt. Vor der Zustimmung ist ein Vertrag unwirksam. Die rechtswirksame Kündigung kann nur durch den Direktor erfolgen. Die „Kündigung durch

---

322 *Kozlov*, Upravlenie, S. 137.
323 *Lunev* 1960, S. 130; *Kozlov* 1962, S. 214; *Kozlov* 1968, S. 217.
324 Vgl. *Aleksandrov*, N. G. (Red.), Chozjajstvennaja reforma, trud i pravo (deutsch: Wirtschaftsreform, Arbeit und Recht), Izdatel'stvo Moskovskogo universiteta 1969, S. 73.
325 *Kozlov*, Upravlenie, S. 137.

den Arbeitnehmer" bedeutet nur, daß sie auf seine Initiative zurückgeht[326]. Nach der von Kozlov vertretenen Auffassung von hoheitlichen Handeln, handelt der Direktor bei der Kündigung eines Arbeitsvertrages in Ausübung hoheitlicher Befugnisse. Auch die Kündigung ist daher als ein Verwaltungsakt anzusehen. Die Auferlegung von Strafen läßt sich am leichtesten als Verwaltungsakt klassifizieren. Mit ihr wird der Direktor in Ausübung staatlicher Hoheitsbefugnisse tätig.

Auch die Festsetzung von Arbeitnehmern wird man als Normativakt der Verwaltung anzusehen haben. Der Direktor handelt hier zwar nicht in Ausübung staatlicher Hoheitsbefugnisse, aber aufgrund einer Rechtsnorm, deren Zuordnungssubjekt allein ein Staatsorgan ist. Das reicht nach der hier vertretenen Auffassung vom Begriff des hoheitlichen Handelns für ein Handeln auf dem Gebiet des Verwaltungsrechts aus.

2. Das Zusammenwirken von Unternehmensverwaltung und Unternehmensgewerkschaftskomitee

Wenig erörtert werden in der sowjetischen Verwaltungsrechtslehre die Frage, die sich aus dem Zusammenwirken der Betriebsverwaltung mit dem Betriebsgewerkschaftskomitee ergeben[327]. Auch im zivilrechtlichen Schrifttum lassen sich nur vereinzelt Hinweise darauf antreffen[328]. Das ist erstaunlich, weil dieses Zusammenwirken eine erhebliche praktische Bedeutung hat[329]. Bereits in der „Ordnung über die Rechte des Fabriks-, Betriebs- und örtlichen Gewerkschaftskomitees„ vom 15. Juli 1958[330] waren minutiös genau die umfangreichen Gebiete aufgezählt worden, auf denen das betriebliche Gewerkschaftskomitee mit der Betriebsleitung zusammenarbeitet. U. a. werden dort genannt:

Teilnahme an der Ausarbeitung von Produktions- und Investitionsplänen (Art. 2), Abschluß des Kollektivvertrages mit der Unternehmensverwaltung (Art. 3), Bestätigung von Voranschlägen zur Ausnützung des Unternehmensfonds (Art. 3, Abs. 2), das Recht auf Vorträge durch die

---

[326] Sovetskoe trudovoe pravo, učebnoe posobie, osnovy graždanskogo prava (deutsch: Das sowjetische Arbeitsrecht, Grundlagen des Zivilrechts, Lehrbuch), Profizdat. Moskau 1970, S. 187.

[327] *Kozlov*, Kak upravljaetsja, S. 58 ff.; *Kozlov* 1968, S. 362 ff.; *Lunev* 1967, S. 286 ff.; *Lunev* 1970, S. 307 ff.; *Lunev*, Pravovoe položenie, S. 14 ff.; *Petrov* 1970, S. 141 ff.

[328] *Laptev*, Kommentarij, S. 280 - 282; *Aleksandrov*, N. G. (Red.), Sovetskoe gosudarstvo i profsojuzy (deutsch: Der sowjetische Staat und die Gewerkschaften), Izdat. Moskovskogo universiteta, Moskau 1965, im Folgenden zitiert als Aleksandrov, Gosudarstvo i profsojuzy.

[329] Bestes Zeichen dafür ist die Tatsache, daß über die Hälfte des Buches von *Aleksandrov*, nämlich 159 Seiten, diesem Zusammenwirken gewidmet sind.

[330] Russ.: Položenie o pravach fabričnogo zavodskogo, mestnogo komiteta professional'nogo sojuza Vedomosti Verchovnogo Soveta SSSR 1958, Nr. 15, Art. 282.

Unternehmensleitung über die Erfüllung des Produktionsplans etc. (Art. 4), Vorschlagsrecht für innerbetriebliche Verbesserungen (Art. 5), Zustimmung zu Verzeichnissen, die für bestimmte Arbeiten und Berufsklassen Lohnsonderregelungen treffen, Normen und Prämien festlegen (Art. 6), gemeinsame Organisation von sozialistischen Wettbewerben (Art. 7), Einfluß auf Erfindungen (Art. 8), gemeinsame Erörterung von Klagen der Arbeiter bei Ablehnung von Rationalisierungsvorschlägen, Kontrollbefugnisse zur Einhaltung der Arbeitsgesetzgebung (Art. 9), Zustimmung zur Kündigung eines Arbeiters durch das Unternehmen (Art. 10), Tätigkeit auf dem Gebiet der Sozialversicherung (Art. 11), Tätigkeit auf dem Gebiet der Wohnraumbewirtschaftung (Art. 12, Abs. 2).

Die Ordnung von 1965 über das sozialistische staatliche Produktionsunternehmen enthält in den Artikeln 14, 96, 97 und 101 Vorschriften über das Zusammenwirken von Gewerkschaftskomitee und Unternehmensverwaltung, die bis auf die Art. 3 Abs. 2, 12 Abs. 2, und 7 Abs. 1 der Ordnung von 1958 wiederholen und ergänzen. Neu ist lediglich die Regelung des Art. 96 Abs. 2. Nach ihr wird die Betriebsordnung gemeinsam von Unternehmensverwaltung und Gewerkschaftskomitee erlassen.

Das Verhältnis dieser einander entsprechenden Artikel zueinander streift die Literatur nicht mit einem Wort. Sie scheint beide als nebeneinander existierend zu betrachten[331]. Soweit die Literatur das Zusammenwirken von Unternehmensverwaltung und Gewerkschaftskomitee erwähnt, begnügt sie sich im allgemeinen mit einer mehr oder weniger wörtlichen Inhaltsangabe der Ordnung von 1958. Darüber hinaus bedürfte es aber einer rechtlichen Analyse dieses Zusammenwirkens. Zunächst wären die Tat- von den Rechtshandlungen zu trennen. Bei den Rechtshandlungen entsteht das Problem, ob die Mitwirkungshandlungen der Gewerkschaftskomitees Verwaltungshandlungen sind. Aleksandrov verneint diese Frage im Verhältnis von Gewerkschaftskomitee und Verwaltung mit der Begründung, hier handele es sich nicht um ein Verhältnis der Über- und Unterordnung[332]. Darauf kommt es jedoch für das hoheitliche Handeln nicht entscheidend an. Die positive Entscheidung dieser Frage hängt davon ab, ob man die Gewerkschaftskomitees in diesen Fällen als Verwaltungsorgane ansieht, weil ihnen die alleinige Mitwirkung in einer staatlichen Rechtsnorm zugewiesen ist.

Ein weiteres Problem ist, ob die verschiedenen in der Ordnung über die Rechte des Gewerkschaftskomitees genannten Mitwirkungsformen eine verschiedene rechtliche Bedeutung haben.

Die Ordnung unterscheidet zwischen Teilnahme (Art. 2), Einverständnis (Art. 6) und gemeinsamen Entscheidungen (Art. 12, Abs. 2). Für eine rechtliche Bedeutung läßt sich ihr nichts entnehmen.

---

331 Vgl. *Kozlov*, Kak upravljaetsja, S. 59.
332 *Aleksandrov*, Reforma, S. 78.

Fraglich ist weiter, ob die Mitwirkungshandlung des Gewerkschaftskomitees ein selbständiger Verwaltungsakt ist, oder ob sie nur dazu dient, besondere Interessen bei dem Erlaß des Verwaltungsakts durch die Unternehmensverwaltung zur Geltung zu bringen. Ein Verwaltungsakt des Komitees liegt dann vor, wenn die Erklärung seines Einvernehmens eine Rechtswirkung hat. Ein Kriterium dafür könnte eine in der Ordnung vorgesehene Sanktion für den Fall der Nichteinhaltung des vorgesehenen Verfahrens der Beteiligung des Komitees sein.

Eine solche Sanktion kann man den Artikeln 4 und 5 der Ordnung von 1958 entnehmen. Danach dürfen sich die Gewerkschaftskomitees im Falle der Nichtberücksichtigung ihrer Mitwirkungsrechte an die übergeordneten Verwaltungsorgane wenden. Man könnte daher davon ausgehen, daß die Erklärung des Einvernehmens der jeweiligen betrieblichen Gewerkschaftskomitees, system-immanent gedacht, ein Verwaltungsakt ist. Gleich jedoch, wie diese Frage zu lösen ist, macht das Fehlen der gewerkschaftlichen Mitwirkung den Verwaltungsakt der Unternehmensverwaltung rechtswidrig, weil die gesetzlichen Voraussetzungen zu seinem Erlaß nicht erfüllt sind.

Ob die Folgen der Rechtswidrigkeit Nichtigkeit oder lediglich Anfechtbarkeit des Verwaltungsakts sind, wird ebenso wie das erste Problem nicht in der sowjetischen Verwaltungsrechtsliteratur behandelt. Nur Laptev und Aleksandrov halten einen solchen Akt für ungültig, ohne diese Ansicht zu begründen[333].

3. Die Anordnungen und Verfügungen der Leiter der sozial-kulturellen Einrichtungen

Die Ausführungen über die Rechtsnormen, in denen die Direktoren der staatlichen Betriebe handeln, gelten auch für die Rechtsformen, in denen die Verwaltungsorgane der sog. sozial-kulturellen Einrichtungen handeln[334]. Für die Rechtsakte beider ist charakteristisch, daß sie von der sowjetischen Verwaltungsrechtslehre als Normen „innerer Verwaltung" betrachtet werden[335] und sie von den übrigen Verwaltungsakten mit der Begründung abgegrenzt werden, sie besäßen nur innerhalb der Grenzen des jeweiligen Betriebes und der jeweiligen sozial-kulturellen Einrichtung Gültigkeit. Mit den Normen „innerer Verwaltung" wird nicht an die Unterscheidung von Innen- und Außenverhältnisse der Verwaltung an-

---

[333] *Laptev*, Kommentarij, Art. 96, S. 280; *Aleksandrov*, Gosudarstvo i profsojuzy, S. 88.

[334] Vgl. allgemein zu diesem Problemkreis: *Kozlov*, Ju. M., Upravlenie v oblasti social'no kul'turnogo stroitel'stva (deutsch: Die Verwaltung auf dem Gebiet des sozialkulturellen Aufbaus), Izdatel'stvo Moskovskogo Universiteta 1963.

[335] *Kozlov*, Organy, S. 60, 63; *Lunev* 1967, S. 102; *Kozlov* 1962, S. 214; *Kozlov* 1968, S. 217.

geknüpft. Denn dann wären auch die Dienstanweisung von Ministerien Normen „innerer Verwaltung“. Vielmehr soll damit zum Ausdruck gebracht werden, daß diese Normen nicht an untergeordnete Behörden gerichtet sind, sondern innerhalb von Einrichtungen ergehen, die selbst die unterste Stufe der staatlichen Verwaltung einnehmen.

Betrachtet man die sozial-kulturellen Einrichtungen als staatliche Anstalten, dann fällt im Vergleich zum (west-)deutschen Recht die Ungezwungenheit auf, mit der im sowjetischen Verwaltungsrecht die im Verhältnis zu dem Benutzer ergehenden Akte als Verwaltungsakte angesehen werden. Das ist eine Folge der Verwendung des Begriffs „Rechtsverhältnis“ bei der Definition des Individualakts.

Soweit es sich um die sog. sozial-kulturellen Einrichtungen handelt, bedürfen die Anordnungen, die generelle Regelungen gegenüber den Benutzern enthalten, der Bestätigung durch das Exekutivkomitee des entsprechenden örtlichen Sowjets[336]. Die rechtliche Grundlage für dieses Verfahren ist nicht feststellbar. Die Rechtsnatur dieser Bestätigung wird in der Verwaltungsrechtsliteratur nicht genannt. Sie ist als Verwaltungsakt zu qualifizieren. Sie hat die Rechtswirkung, daß nun der betreffende Verwaltungsakt von der Verwaltung der sozial-kulturellen Einrichtung erlassen werden darf.

VI. Die gemeinsamen Verordnungen

Im Zusammenhang mit der Einteilung der Verwaltungsakte nach den erlassenen Organen werden in der sowjetischen Verwaltungsrechtslehre im Anschluß an die Aufzählung der Verwaltungsakte des Ministerrats der UdSSR noch die Verwaltungsakte genannt, die gemeinsam von den Organisationen erlassen werden, die sog. gemeinsamen Verordnungen (russ.: sovmestnoe postanovlenie). Die bestehende Schwierigkeit der rechtlichen Einordnung dieser Akte wird von einem Teil der Lehre dadurch bewältigt, daß sie entweder mit Stillschweigen übergangen werden[337], oder nur kurz erwähnt oder kurz gesondert dargestellt werden[338].

Gemeinsame Verordnungen wurden erlassen vom Ministerrat der UdSSR zusammen mit dem ZK der KPdSU, aber auch von den Ministerräten der Unionsrepubliken gemeinsam mit dem ZK der KP der jeweiligen Unionsrepublik. Dieselbe Erscheinung kehrt auf örtlicher Ebene wieder.

---

[336] Nur auf diese Verwaltungsakte bezieht sich das Zitat von *Studenikin* 1959, S. 138. *Lucas*, S. 160, ist insoweit mißverständlich.

[337] So *Studenikin* 1950 und *Studenikin* 1959 und sogar in den „Naučnye osnovy“.

[338] So bei *Petrov*, Administrativnoe pravo, S. 183; ;*Lunev* 1960, S. 122; *Lunev* 1967, S. 109, 114, 116, im Zusammenhang mit der Untersuchung der Rolle der gesellschaftlichen Organisationen in der staatlichen Verwaltung.

Nur ergehen hier entsprechend der sowjetischen Terminologie „gemeinsame Beschlüsse" (russ.: sovmestnoe rešenie) des Gebietskomitees der KP und der Exekutivkomitees der örtlichen Sowjets[339].

Gemeinsame Verordnungen werden aber auch erlassen vom Ministerrat der UdSSR und dem Zentralrat der Gewerkschaften der Sowjetunion und sogar vom Ministerrat der UdSSR sowohl mit dem ZK der KPdSU als auch mit dem Zentralrat der Gewerkschaften der Sowjetunion.

1. Die gemeinsamen Verordnungen des Ministerrats der UdSSR und des ZK der KPdSU

Trotz der offenbar nicht geringen Bedeutung dieser Rechtssetzungsakte[340] fehlt es in der sowjetischen Literatur an einer zusammenhängenden gründlichen Untersuchung. Die Darstellung hier ist daher notwendigerweise auf die Wiedergabe der wenigen Äußerungen der sowjetischen Verwaltungsrechtsliteratur beschränkt.

Für die gemeinsamen Verordnungen fehlt es an einer Rechtsgrundlage. Zum Teil wird ihr Erlaß darauf zurückgeführt, daß das Sowjetrecht Ausdruck des Willens der von der Partei geführten werktätigen Massen sei[341]. Zum Teil versucht man dieser Praxis eine Rechtsgrundlage in dem Art. 126 der Verfassung der UdSSR zu geben[342]. Dieser Versuch kann jedoch nicht überzeugen, weil Art. 126 nichts über eine Beteiligung an der Rechtssetzung sagt[343].

Mit dem Fehlen einer Kompetenznorm hängt auch zusammen, daß über den Umfang dieses gemeinsamen Rechtsetzungsrechts keine Klarheit besteht. Es lassen sich nur vage Formeln in der Literatur finden, wie „durch sie ... werden die wichtigsten und grundsätzlichen Fragen des wirtschaftlichen und kulturell-politischen Aufbaus entschieden"[344].

Die sowjetische Verwaltungsrechtslehre sieht die Besonderheit dieser Rechtssetzungsakte darin, daß die in einer gemeinsamen Verordnung enthaltenen Normen sowohl staatliche Rechtsnormen als auch Parteidirektiven seien[345]. Sie seien daher sowohl für alle Staatsorgane und Bürger

---

[339] Vgl. dazu *Jampol'skaja*, O pravovoj ..., S. 45.

[340] Vgl. dazu die Fn. 2 bei *Lucas*, S. 104 und die Nachweise bei *Jampol'skaja*, Organy, S. 75 und 76.

[341] *Joffe - Šargorodskij*, S. 142.

[342] *Joffe - Šargorodskij*, ebd.

[343] Art. 126: „... vereinigen sich die aktivsten und zielbewußtesten Bürger freiwillig in der Kommunistischen Partei der Sowjetunion, die der Vortrupp der Werktätigen in ihrem Kampf für die Errichtung der kommunistischen Gesellschaft ist und den leitenden Kern aller Organisationen der Werktätigen, der gesellschaftlichen sowohl wie der staatlichen, bildet."

[344] *Kozlov* 1968, S. 218.

[345] *Mickevič*, Akty, S. 130; *Aleksandrov*, N. G. (Red.), Osnovy teorii gosudarstva i prava (deutsch: Grundlagen der Staats- und Rechtstheorie), Gosjurizdat, Moskau 1960, S. 291.

verbindlich als auch für die Mitglieder der Partei, die ja als solche dem staatlichen Recht nicht unterworfen seien[346].

Ob eine solche Verordnung tatsächlich eine Vereinigung von Rechtsnormen und Parteidirektiven darstellt, ist sehr zweifelhaft. In Wirklichkeit muß man dieses Rechtsetzungsverfahren wohl mit Westen als den Fall unmittelbarer Rechtsetzungstätigkeit der Partei unter Zuhilfenahme staatsrechtlicher Formalitäten betrachten[347]. Für die Richtigkeit dieser These spricht, daß nach dem bei Lucas zitierten Mikešin[348] die Verordnungen unmittelbar aufgrund einer Parteidirektive an den Ministerrat der UdSSR ergehen, der die Verordnung zwar berät, aber sie zur entscheidenden Ausfertigung wieder an das ZK der KPdSU zurückgibt. Für die Westensche These spricht auch eine Äußerung Mickevič's: „Auf dem Gebiet der Rechtschöpfung können die Beschlüsse der Parteiorgane nicht unmittelbar ohne eine entsprechende Erörterung und Bestätigung durch die Staatsorgane Gesetzeskraft erlangen“[349]. Die entscheidende Initiative geht also von den entsprechenden Parteiorganen aus. Der Ministerrat hat diesen Beschluß nur zu bestätigen. Er wird hierbei zu einem bloßen Zustimmungsorgan.

Trotzdem kann die Beteiligung des Ministerrats der UdSSR nicht ohne Beachtung bleiben. Solange er an dem Rechtsetzungsverfahren, wenn auch nur formal beteiligt ist, wird man von einem Normativakt des Ministerrats sprechen müssen. Denn nur durch die Bestätigung durch ein Staatsorgan, den Ministerrat der UdSSR, wird der Parteibeschluß zur Rechtsnorm.

2. Die gemeinsamen Verordnungen des Ministerrats der UdSSR und des Zentralrats der Gewerkschaften der UdSSR

Für diese Art von Verordnungen gibt es ebenfalls keine Kompetenznorm und deshalb auch kein genau umgrenztes Gebiet, auf dem sie erlassen werden. Dieser Weg der Normsetzung wird für den Erlaß von Normen im arbeitsrechtlichen Bereich benutzt. Als Beispiel dafür kann die Verordnung des Ministerrats der UdSSR und des Zentralrats der Gewerkschaften vom 6. März 1966 dienen: „Der Abschluß von Kollektivverträgen in Unternehmen“[350].

[346] *Kozlov* 1968, S. 218.
Luk'janov, A. I. und B. M. *Lazarev*, Sovetskoe gosudarstvo i obščestvennye organizacii (deutsch: Der Sowjetstaat und die gesellschaftlichen Organisationen), Gosjurizdat Moskau 1959, S. 182 ff., im Folgenden zitiert als Luk'janov - Lazarev.
[347] *Westen*, KPdSU, S. 118.
[348] *Lucas*, S. 104, Fn. 2, Sovmestnye postanovlenija ZK KPSS i pravitel'stva (deutsch: Die gemeinsamen Verordnungen des ZK der KPdSU und der Regierung), Moskau 1958, aus dem Verkehr gezogen.
[349] *Mickevič*, Akty, S. 129, 130.
[350] Sbornik, Postanovlenij 1966, Nr. 5, Pos. 51.

Diese Art der Rechtsetzung zieht also die Massenorganisation hinzu, die mit den zu regelnden Verhältnissen besonders vertraut ist. Im Gegensatz zu den gemeinsamen Verordnungen des ZK der KPdSU und des Ministerrats der UdSSR kann hier davon ausgegangen werden, daß es sich um eine Rechtssetzung durch den Ministerrat allein und die Herbeiziehung der Gewerkschaften zur Rechtssetzung wegen ihrer Sachkenntnis erfolgt und im übrigen eine rein dekorative, aus ideologischen Gründen erklärbare Bedeutung hat.

Das gleiche wird für die ebenfalls vorkommenden gemeinsamen Verordnungen vom ZK der KPdSU, Zentralrat der Gewerkschaften und Ministerrat der UdSSR zu gelten haben. Soweit es sich feststellen läßt, beziehen auch sie sich auf den Bereich des Arbeitsrechts[351].

VII. Die sogenannten verbindlichen Verordnungen

Am Ende der Aufzählung der einzelnen Arten von Verwaltungsakten, die von den in der sowjetischen Verwaltungsrechtslehre als Verwaltungsorgane betrachteten Staatsorgane erlassen werden, folgt meist ohne äußerlich erkennbaren Übergang — erst neuerdings werden sie in einem Extra-Kapitel abgehandelt[352] — die Darstellung der sog. verbindlichen Verordnungen. Dieser Ausdruck ist eine Tautologie, da jede Verordnung rechtsverbindlich ist[353].

Neuerdings spricht die sowjetische Verwaltungsrechtslehre von Verwaltungsakten, deren Verletzung eine Verwaltungsstrafe nach sich zieht (russ.: akty upravlenija s administrativnoe sankciej). Damit ist angedeutet, daß es sich bei dieser Art von Verwaltungsakten um ein in etwa unseren Polizeiverordnungen entsprechendes Rechtsinstitut handelt, dessen Besonderheit kurz dargestellt werden soll. Es sind Rechtsetzungsakte, die auch soweit sie von Verwaltungsorganen erlassen werden, rechtstheoretisch nicht zu den Verwaltungsakten gezählt werden dürfen, nach sowjetischer Auffassung aber dazu gehören.

Bis zum 21. Juni 1961 stützte sich die Befugnis einzelner Verwaltungsorgane zum Erlaß derartiger Verordnungen auf das Gesetz über die Verwaltungsstrafen der UdSSR vom 4. Jannuar 1928 und andere Bestimmun-

---

[351] Vgl. die Verordnung des Ministerrats der UdSSR, des ZK der KPdSU und des Zentralrats der Gewerkschaften vom 8. September 1957 (Sbornik Postanovlenij 1957, Nr. 2, Pos. 5).

[352] So bei *Kozlov* 1962, S. 218 ff.; *Kozlov* 1968, S. 220 ff.; *Lunev* 1970, S. 188 ff.

[353] *Lucas*, S. 135, Fn. 1, weist darauf hin, daß dieser Ausdruck aus der Zeit unmittelbar nach der Revolution stammt. Eine Erklärung für die eigenartige Terminologie sucht er darin, daß man damit ursprünglich nach außen, und nicht nur nach innen, verbindliche Rechtsakte gemeint habe.

gen[354]. Seit dem obengenannten Datum beruht diese Befugnis auf dem Dekret des Präsidiums des Obersten Sowjets der UdSSR vom 21. 6.1961[355].

Für das Gebiet der RSFSR gilt das aufgrund der Art. 3 und 4 des genannten Dekrets vom 21. Juni 1961 erlassene Dekret des Präsidiums des Obersten Sowjets der RSFSR vom 3. März 1962[356].

Beide Dekrete sehen drei verschiedene Arten von Angelegenheiten vor, in denen Verwaltungsstrafen angedroht werden dürfen:

(1) Angelegenheiten, in denen für die Verletzung von Verhaltensregeln Geldstrafen nur durch Gesetze und Dekrete mit Gesetzeskraft, also nicht durch Verordnungen des Ministerrats angedroht werden dürfen,

(2) Angelegenheiten, in denen Geldstrafen Verwaltungsstrafen sowohl durch Gesetze und Dekrete als auch durch Verordnungen des Ministerrats angedroht werden dürfen,

(3) Angelegenheiten, in denen Geldstrafen für die Verletzung von Verhaltensregeln örtlicher Sowjets und in einigen Fällen sogar ihrer Exekutivkomitees durch allgemein verbindliche Regelungen dieser Organe angedroht werden können.

Systemimmanent kommen für den Erlaß von Verwaltungsakten nur die oben unter Ziffer 2 und 3 genannten Angelegenheiten in Frage. Nur hier dürfen Verwaltungsorgane tätig werden. Da der örtliche Sowjet kein Verwaltungsorgan, sondern sog. Organ der Staatsgewalt ist, dürfen Verordnungen des örtlichen Sowjets in solchen Angelegenheiten nicht zu den Verwaltungsakten gerechnet werden. Inkonsequenterweise rechnet die sowjetische Verwaltungsrechtslehre sie dennoch dazu[357].

Bis zum Inkrafttreten der zitierten neuen Dekrete über die Verwaltungsstrafen war das Gebiet für Erlaß von Polizeiverordnungen durch die Exekutivkomitees der örtlichen Sowjets identisch mit dem Gebiet, in dem die örtlichen Sowjets solche Beschlüsse und Verordnungen erlassen durften, für deren Verletzung Verwaltungsstrafen angedroht werden durften. Heute dürfen die Exekutivkomitees derartige generelle Regeln gemäß Art. 5 des Verwaltungsstrafendekrets der UdSSR von 1961 und Art. 5, Abs. 2 des Verwaltungsstrafendekrets der RSFSR von 1962 nur in den Fällen erlassen, in denen es sich um Maßnahmen zur Bekämpfung von Naturkatastrophen, Epidemien und Viehseuchen han-

---

[354] Zum Beispiel für das Gebiet der RSFSR die Ordnung (russ: položenie) vom 30. März 1931, Sobranie Uzakonenij RSFSR 1931, Nr. 17, Pos. 186.

[355] AOS UdSSR 1961, Nr. 35, Pos. 368. Der genaue Titel des Dekrets lautet: „Dekret über die weitere Einschränkung der Anwendung der im Verwaltungsverfahren aufzuerlegenden Geldstrafen."

[356] AOS RSFSR 1962, Nr. 9, Pos. 121.

[357] Vgl. *Studenikin* 1950, S. 157; *Studenikin* 1959, S. 135; *Lunev* 1967, S. 163; *Kozlov* 1962, S. 218; *Kozlov* 1968, S. 221.

delt. Die Geltungsdauer der von den örtlichen Sowjets oder ihrer Exekutivkomitees erlassenen allgemeinverbindlichen Verordnungen und Beschlüsse, für deren Verletzung eine Verwaltungsstrafe angedroht wird, ist auf 2 Jahre beschränkt (Art. 6 Abs. 1, S. 1 des Verwaltungsstrafendekrets der RSFSR von 1962). Außerdem bestehen bestimmte Verkündungsvorschriften (vgl. Art. 6 Abs. 2 des Verwaltungsstrafendekrets der RSFSR von 1962) [358].

[358] Zu den Beschlüssen der örtlichen Sowjets, für deren Verletzung Verwaltungsstrafen angedroht werden können, vgl. die Monographie von R. F. *Vasil'jev:* Rešenija mestnych sovetov s administrativnoj sankciej (deutsch: Die Beschlüsse der örtl. Sowjets, für deren Verletzung Verwaltungsstrafen angedroht werden können), Moskau 1967, Izdatel'stvo Moskovskogo Universiteta.

Fünftes Kapitel

Die in das System der Akte der sowjetischen staatlichen Verwaltung von der sowjetischen Verwaltungsrechtslehre nicht mit einbezogenen Verwaltungsakte

§1 Der sozialistische Plan und der Planakt als Verwaltungsakte

I. Zur Frage der Rechtsnatur der sozialistischen Pläne

1. Bedeutung und Organisation der Planung

Alle Produktionsmittel und alle anderen materiellen Güter von grundlegender Bedeutung stehen im sozialistischen Staat im Eigentum des Staates. Daraus erwächst die Notwendigkeit einer umfassenden staatlichen Wirtschaftsplanung. Der Plan dient aber auch, worauf in der sowjetischen Literatur immer wieder hingewiesen wird[359], der Entwicklung des sog. sozial-kulturellen und verwaltungs-politischen Aufbaus. Der Sicherstellung und Durchführung der Planungstätigkeit des sowjetischen Staates dient ein ganzes System von Planungsorganen. Das System soll kurz dargestellt werden, weil so die weiteren Ausführungen über die Rechtsnatur des Planes verständlicher werden.

Die Ausarbeitung der Pläne obliegt den Organen der Gesamtplanung und den Organen der Planung für einzelne Wirtschaftszweige. Zur ersten Gruppe gehören das Staatliche Plankomitee beim Ministerrat der UdSSR (Gosplan), die Staatlichen Plankomitees der Unions- und Autonomen Republiken und die Plankommission der örtlichen Sowjets. Die zweite Gruppe setzt sich zusammen aus den Verwaltungen und Abteilungen für Planung bei den Ministerien, Hauptverwaltungen, Trests und den Planabteilungen der einzelnen Unternehmen und Anstalten.

Die Ausarbeitung der Pläne geht folgendermaßen vor sich:

Der Planungsprozeß beginnt mit der Festsetzung der ökonomischen Kontrollziffern für die Entwicklung der Volkswirtschaft der UdSSR, die die Grundlage für jede weitere Planungstätigkeit bilden. Sie werden vom ZK der KPdSU und dem Ministerrat der UdSSR bestätigt[360].

[359] *Kozlov* 1968, S. 318.
[360] *Kozlov* 1968, S. 324.

Die Planungsorgane teilen Ministerien und Behörden die sie betreffenden Aufgaben mit. Sie sind die Grundlage für die Ausarbeitung der Pläne für einzelne Wirtschaftszweige (russ.: otraslevyj plan) und der Produktionspläne der einzelnen Unternehmen.

Auf deren Ebene verläuft der Planungsprozeß folgendermaßen: Auf der Grundlage der Kennziffern, die dem einzelnen Unternehmen von der übergeordneten Behörde mitgeteilt worden sind, erarbeitet das Unternehmen einen Prospektivplan (Fünfjahresplan) und Jahrespläne, die die Planaufgaben auf die einzelnen Jahre verteilen[361]. Diese Pläne müssen von der übergeordneten Instanz bestätigt werden. Sie bilden die Grundlage für die Aufstellung der Pläne für die einzelnen Wirtschaftszweige. Auf deren Grundlage wiederum wird auf der Ebene jeder Unionsrepublik in Gesetzesform der Gesamtplan für die Unionsrepublik erlassen. Die Planungsorgane der Union stellen auf der Grundlage dieser Pläne und der Pläne der Ministerien und Behörden der Union den Plan für die Union auf, der dann durch ein Gesetz des Obersten Sowjet der UdSSR bestätigt wird[362].

Ergebnis der Planungstätigkeit ist also ein durchgängiges System von Plänen, das genau den Verwaltungsaufbau der Sowjetunion widerspiegelt.

2. Das Problem der Rechtsnatur der sozialistischen Pläne

Vom Standpunkt der sowjetischen Verwaltungsrechtslehre, nach der Verwaltungsakte alle einseitigen hoheitlichen Rechtshandlungen von Verwaltungsorganen sind, muß auch der sozialistische Plan, soweit er von Verwaltungsorganen erlassen wird, als Verwaltungsakt eingeordnet werden[363]. In der Lehre vom Verwaltungshandeln wird er jedoch nicht erörtert. Nur gelegentlich lassen sich im übrigen Schrifttum Äußerungen über seine Rechtsnatur und Äußerungen über den Planakt vorfinden. Die geringe Auseinandersetzung mit dem sozialistischen Plan und dem Planakt ist besonders erstaunlich bei einem Rechtsbegriff, der auf die Gestaltungsfunktion des Rechts abstellt. Aus dem Zweck des Rechts als Hauptinstrument zur Errichtung des Sozialismus und des Kommunismus folgt, daß, worauf Lucas besonders hingewiesen hat[364], die Maßnahme im Mittelpunkt steht. Unter den Maßnahmen des sozialistischen Staates wiederum nehmen die Pläne einen besonderen Platz ein. Daß es sich bei den Plänen auch von sowjetischer Sicht aus und nicht lediglich um technische Anweisungen handelt, läßt sich aus dem sowjetischen Rechtsbegriff ableiten[365].

---

[361] *Kozlov* 1968, S. 329; *Lunev* 1970, S. 269.
[362] *Kozlov* 1968, S. 325.
[363] Zur Planung allgemein vgl. *Afanas'ev*, S. 237 - 244.
[364] *Lucas*, S. 64.
[365] Vgl. S. 81 ff.

Die *Rechts*natur der Pläne entfällt auch nicht dadurch, daß sie verwaltungsinterne Bedeutung haben. Denn auch die Beziehungen der Verwaltungsorgane untereinander sind nach der rechtstheoretisch richtigen sowjetischen Auffassung Rechtsbeziehungen[366].

Ein denkbarer Grund für die Zurückhaltung der sowjetischen Verwaltungsrechtsliteratur gegenüber den sozialistischen Plänen ist folgender: Soweit die Pläne durch Verwaltungsorgane erlassen werden, ist für die sowjetische Verwaltungsrechtslehre die Frage nach der Rechtsnatur nicht akut, da sowohl Normativ- als auch Individualakte als Verwaltungsakte verstanden werden.

Allen diesen Plänen ist zu eigen — handele es sich um Pläne zur Entwicklung der Volkswirtschaft, des Bildungswesens oder der Kultur[367] —, daß sie konkrete Anweisungen an bestimmte Behörden enthalten. Da trotz des dezisionistischen Rechtsbegriffes in der sowjetischen Allgemeinen — und Verwaltungsrechtslehre noch der Begriff der generell abstrakten Norm herrschend ist, entsteht die Problematik, wie diese Pläne in ein System generell-abstrakter Normen einzugliedern sind. Die Problematik bei der Bestimmung der Rechtsnatur der Pläne besteht darin, daß der Plan keine allgemeinen Regeln, sondern konkrete Anweisungen enthält. Trotzdem kann man ihn nicht als Summe von Individualakten bezeichnen, da der Plan als Ganzes mehr ist als die Summe von Individualakten. Denn die im Plan zusammengefaßten konkreten Anweisungen dienen der Regelung des Totalablaufs eines künftigen Geschehens. Sie sind auf einen bestimmten Planzweck ausgerichtet, wie z. B. die Steigerung der Volkswirtschaft.

3. Die Untersuchung des Problems in der sowjetischen Verwaltungsrechtslehre[368]

Eine kleine Anzahl von Autoren verneint den Rechtsnormcharakter des Planes[369]. Sie begründet ihre Ansicht damit, daß die Plannormen immer konkret seien und an einen bestimmten Adressaten gerichtet seien. Im Plan fehle es daher an einer generellen Regelung. Die überwiegende Zahl der wenigen Autoren, die sich mit der Frage der Rechtsnatur des

---

[366] Vgl. S. 85 ff.

[367] Aufzählung nach *Šebanov,* Nekotorye voprosy teorii normativnych aktov v svjazi s sistematizaciej sovetskogo zakonodatel'stvo (deutsch: Einige Fragen zur Theorie der Normativakte in Verbindung mit der Systematisierung der sowjetischen Gesetzgebung), SGiP 1960, Nr. 7, S. 139 ff. (S. 150 unten), im Folgenden zitiert als Šebanov.

[368] Vgl. zum Ganzen *Lucas,* S. 65 ff.

[369] *Petrov,* Suščnost', S. 156; ;*Aleksandrov,* N. G., Obsuždenie problemy o ponjatii pravovoj normy (deutsch: Die Diskussion um das Problem der Rechtsnorm), SGiP 1962, Nr. 4, S. 114 (Diskussisonsbeitrag).

Planes auseinandersetzen, begreift ihn als Rechtsnorm. Die Begründungen dazu sind sehr unterschiedlich. Die zeitlich früheste Arbeit (1952) ist die von Solovev[370].

Solovev sieht den Plan als Rechtsnorm an. Die Besonderheit der einzelnen Plannormen gegenüber anderen Rechtsnormen sieht er darin, daß es sich bei ihnen um eine konkrete Anweisung handelt. Trotzdem betrachtet er die Pläne als Normen, da „sie sich an den Willen vieler Millionen Menschen wenden und diesen zur Erfüllung der wichtigsten Aufgaben ... in einer bestimmten Zeit mobilisieren“[371]. An anderer Stelle seiner Ausführungen bezieht er sich zur Begründung des Normativcharakters der Plannormen auf die vielfache Wiederholungsmöglichkeit der Handlungen der Arbeiter, worauf auch Chajdas - Pribljuda hinweisen[372]. Der damit verbundene Sinn bleibt unklar. Sollte er damit die vielfache Wiederholungsmöglichkeit gleichartiger Handlungen meinen, so setzte er sich damit zu seinen eigenen Ausführungen in Widerspruch, in denen er für die Plannormen das Merkmal „Wiederholbarkeit“ ablehnt. Die Arbeit Solovev's hat aber insoweit Bedeutung, als damit das Problem der Rechtsnatur der sozialistischen Pläne zur Diskussion gestellt war. Erst ab 1960 begann eine weitere Diskussion, die in ihrer radikalsten Erscheinung eine andere Definition der Norm fordert.

Jamplo'skaja, Šebanov und Chajdas versuchen den Plan mit dem herrschenden Normbegriff in Einklang zu bringen.

Jampol'skaja gelingt dies dadurch, daß sie den Begriff der allgemeinen Regelung dahingehend interpretiert, daß eine Norm im Gesetz zum Individualakt nicht mit einer bestimmten Person verbunden ist[373].

Šebanov geht davon aus, daß es sich bei den, wie er es nennt, „normativen Wirtschaftsakten“ zwar um Normen besonderer Art, aber doch um Rechtsnormen handelt. Die Besonderheit besteht darin, daß die Adressaten der Plannormen zur Erzielung eines ganz bestimmten Resultats verpflichtet sind[374]. Woraus sich der Normcharakter ergeben soll, begründet er nicht. Das Vorliegen einer Norm sieht er auch dadurch als bestätigt an, daß die Erfüllung der Plannorm durch Mittel des staatlichen Zwangs sichergestellt sei. Das ist aber nicht das entscheidende Kriterium für das

---

[370] *Solovev*, S. M., Pravovaja pridoda socialističeskich planov, in Voprosy sovetskogo administrativnogo i finansogo prava (deutsch: Die Rechtsnatur der sozialistischen Pläne, in Fragen des sowjetischen Verwaltungs- und Finanzrechts), Izdatel'stvo Akademii Nauk SSSR 1952, S. 92 - 104.

[371] *Solovev*, S. 99.

[372] *Chajdas*, G. L. und A. S. *Pribluda*, Juridičeskaja priroda planovych aktov, in Pravovye voprosy planirovanija promyšlennosti v SSSR (deutsch: Die Rechtsnatur der Planakte, in Rechtsfragen der Industrieplanung), S. 11 (58), Izdatel'stvo Nauka, Moskau 1964.

[373] *Jampol'skaja*, O pravovoj ..., S. 35.

[374] *Šebanov*, S. 150.

Vorliegen einer Norm. Auch die Erfüllung eines individuellen Rechtsakts ist durch die Möglichkeit der Anwendung staatlichen Zwangs abgesichert.

Chajdas sieht den Rechtsnormcharakter nicht in dem „formellen Kennzeichen einer allgemeinen, zur mehrfachen Anwendung bestimmten Regelung, sondern in der regulierenden und lenkenden Wirkung des Plans auf die sozialistische Basis insgesamt"[375]. Hier deutet sich bereits der Versuch einer Aufweichung des herrschenden Normbegriffs an, der am weitesten von Golunskij vorangetrieben wird. Golunskij geht davon aus, daß die herkömmliche Definition der Norm nicht auf das Gebiet des Wirtschafts- und Kulturrechts passe[376]. Er hält deshalb im sozialistischen Staat eine Erweiterung des herkömmlichen Normbegriffs für notwendig. Angesichts des Moments der Zielgerichtetheit im sozialistischen Recht meint er, zum Begriff der konkreten Rechtsnorm gelangen zu müssen[377].

Dieser Auffassung haben sich Aleksandrov und Javič angeschlossen[378].

Zu einem ähnlichen Ergebnis wie Golunskij kommt auch Samoščenko, der zwischen Normen organisatorischen Charakters, die keine Maßstäbe enthalten, und den Verhaltensregeln unterscheidet[379].

Auch N. Petrov tritt für die Erweiterung des Normbegriffs ein[380].

Vom Standpunkt des noch herrschenden Normbegriffs aus ist das Vorgehen Golunskij's und seiner Nachfolger konsequent, da sich unter den überkommenen Begriff der Norm die Pläne nicht subsumieren lassen. Die der Rechtssicherheit drohenden Gefahren, die man durch diesen konkreten Normbegriff heraufziehen sieht[381], vermag der Verfasser dieser Darstellung nicht so stark einzuschätzen.

Golunskij beschränkt seine Erweiterung des Normbegriffs nur auf verwaltungsintern geltende Wirtschaftsnormen. Die Gefahr, daß damit auf

---

[375] *Chajdas*, G. I., O pravovoj prirode gosudarstvennych narodnochozjajstvennych planov (deutsch: Die Rechtsnatur der staatlichen Volkswirtschaftspläne), SGiP 1961, Nr. 1, S. 33 ff. (42).

[376] *Golunskij*, S. A., K voprosu o ponjatii pravovoj normy v teorii socialističeskogo prava (deutsch: Zur Frage des Begriffs der Rechtsnorm in der sozialistischen Rechtstheorie), SGiP 1961, Nr. 4, S. 2 ff. (S. 23).

[377] *Golunskij*, S. 27, 35.

[378] *Aleksandrov*, N. G., Razvitie socialističeskogo prava v normy kommunističeskogo obščezitija (deutsch: Die Entwicklung des sozialistischen Rechts zu Normen des kommunistischen Gemeinschaftslebens), SGiP 1961, Nr. 9, S. 26 ff. (S. 35); *Javič*, L. S., Tvorčeskaja rol' sovetskogo prava v stroitel'stve kommunizma (deutsch: Die schöpferische Rolle des Sowjetrechts beim Aufbau des Kommunismus), SGiP 1962, Nr. 2, S. 24 ff. (S. 25, 26).

[379] *Samoščenko*, I. S., O ponjatii juridičeskogo normativnogo akta (deutsch: Der Begriff des rechtlichen Normativakts), SGiP 1962, Heft 3, S. 77 - 86; derselbe in Teorija 1966, S. 169 ff., insbesondere S. 185.

[380] *Petrov*, N., K voprosu o normativnosti pravovych aktov (deutsch: Zur Frage des Normativcharakters von Rechtsakten), SGiP 1963, Nr. 9, S. 124 ff. (S. 126).

[381] So *Lucas*, S. 67.

dem Gebiet des Zivil- und Strafrechts allgemeine Rechtsnormen durch konkrete Anweisungen ersetzt werden, weil als Rechtsnorm jede konkrete staatliche Anweisung verstanden wird, ist daher nicht gegeben. Die Erweiterung des Rechtsnormbegriffs durch Golunskij ist eindeutiger und gerader als der Versuch Jampol'skaja, Šebanov und Chajdas, die Plannormen unter den hergebrachten Rechtsbegriff zu subsumieren.

Ohne die grundlegende Bedeutung des Rechtsnormbegriffs als generell-abstrakter Regelung mit den Elementen der Berechenbarkeit und der Gleichheit vor der Norm für den Schutz des Bürgers verkennen zu wollen, ist zu bedenken, daß dies nicht der alleinige Zweck der Norm ist. Vielmehr ist der Begriff der Norm auch eine Zweckschöpfung. Eine Rechtsordnung kann, da die Umstände eines einzelnen Falles nicht voraussehbar sind, bereits aus technischen Gründen grundsätzlich nur generell abstrakte Regeln für voraussehbare Gruppen von Tatbeständen aufstellen.

Der Streit um die Rechtsnatur der sozialistischen Pläne hat sich in letzter Zeit etwas gelegt. Die sowjetische Verwaltungsrechtsliteratur nimmt nunmehr einen pragmatischen Standpunkt ein. Die Problematik wird kaum erörtert. Man trennt zwischen Form und Inhalt. Danach sind Pläne ökonomische Kennziffern in der Form eines normativen Verwaltungsakts[382]. Eine Begründung für die Normativität wird nicht gegeben.

II. Die Planakte

Zur Konkretisierung des Planes bedarf es eines weiteren Aktes, des sog. Planaktes.

Das gilt zunächst für die Volkswirtschaftspläne. Der Planakt ist hier, wie Loeber herausgearbeitet hat, eine wesentliche Etappe im Verfahren zur Konkretisierung des Planes[383]. Der Planakt wird von den vorgesetzten Behörden der Vertragspartner, deren Absatzorganisationen, von zentralen Absatzverwaltungen und auch von der Staatsbank erlassen[384]. Der Planakt hat vertragsgestaltende Funktion. Seine Form ist abhängig von dem Wirtschaftszweig, innerhalb dessen er ergeht, und von der konkreten Leistungsbeziehung. So gibt es Lieferanweisungen, Kreditzuteilungen usw. Der Planakt ist die Grundlage für den von den Vertragspartnern zu schließenden Vertrag. Dieser Planakt erfüllt sämtliche Begriffsmerkmale des Individualakts, ist also Verwaltungsakt. Er wird von den Verwal-

---

[382] *Mickevič*, Akty, S. 164 - 166; *Lunev* 1970, S. 187, 188; *Vasl'ev*, Pravovye akty, S. 35.

[383] *Loeber*, Vertrag, S. 46. Bei ihm findet sich auch der Hinweis auf die Uneinheitlichkeit der sowjetischen Terminologie. In Art. 44 GZG UdSSR wird der Begriff „Planakt“ verwandt, dagegen heißt er in Art. 4 und 33 der Grundlagen „Akt der Planung“ und in Art. 34 und 36 der Grundlagen „Planaufgabe“.

[384] *Loeber*, Vertrag, S. 49.

tungsbehörden erlassen. Er stellt eine innerdienstliche Weisung dar, die aber nach sowjetischer Auffassung Verwaltungsakt ist. Es wird in einem Einzelfall ein Rechtsverhältnis zwischen dem Adressaten und der anweisenden Behörde begründet mit dem Inhalt, daß der Adressat zum Abschluß eines Vertrages mit einem Dritten verpflichtet wird[385].

Angesichts des zahlenmäßigen Umfangs der Planakte[386] und ihrer Rechtsnatur als Verwaltungsakte ist es verwunderlich, daß die sowjetische Verwaltungsrechtsliteratur, auch die zur Wirtschaftsverwaltung, sich mit den Planakten nicht auseinandersetzt. Dagegen läßt sich im zivilrechtlichen Schrifttum häufiger eine Beschäftigung mit den Planakten feststellen, insbesondere eine Betrachtung des Verhältnisses von Planakt und Vertrag[387].

Nicht nur zur Konkretisierung der Volkswirtschaftspläne, sondern auch zu der anderer Pläne bedarf es eines „Planakts". Auch er ist Verwaltungsakt.

§2 Die Akte der Staatsanwaltschaft

I. Die Organe der Staatsanwaltschaft als Verwaltungsorgane

Zu der Gruppe von Rechtshandlungen von Staatsorganen, die als Verwaltungsakte im Sinne der sowjetischen Terminologie anzusehen sind, gehören auch die Akte der Staatsanwaltschaft. Sie werden fälschlicherweise von der sowjetischen Verwaltungslehre nicht als Verwaltungsakte betrachtet.

---

[385] Gleichzeitig entsteht auch ein zivilrechtlicher Anspruch des anderen Vertragspartners auf Vertragsschluß, vgl. Art. 34 GZG.
Zur Unterscheidung der verwaltungsrechtlichen Pflichten gegenüber dem Staat und der zivilrechtlichen gegenüber dem Partner vgl. auch: *Joffe*, O. S., Sovetskoe graždanskoe pravo (deutsch: Sowjetisches Zivilrecht), Band I, Leningrad 1958, S. 313; *Kotolkin*, in Sovetskoe graždanskoe pravo, Učebnoe posobie, Red.: V. A. Rjasencev, Moskau 1960, Teil 1, S. 426; *Chalfina*, R. O., Pravovoe regulirovanie postavki produkcii v narodnom chozjajstve (deutsch: Die rechtliche Regelung der Warenlieferung in der Volkswirtschaft), Izdatel'stvo Akademii Nauk SSSR, Moskau 1963, S. 113, 118.

[386] Vgl. *Buckovskij*, Iz opyta organizacii dogovornych svjazej metallurgičeskogo zavoda (deutsch: Aus den Erfahrungen mit der Organisierung vertraglicher Verbindungen in der metallverarbeitenden Industrie), SGiP 1965, Nr. 10, S. 86 ff. (S. 87). Danach erläßtdie Unionshauptverwaltung für Metall im Jahr über Vierhunderttausend Lieferanweisungen.

[387] *Venediktov*, A. V., Sobstvennost', S. 489, 627, 747, 752 - 754, 764.
Chalfina, R. O., Značenie i suščnost' dogovora v sovetskom socialističeskom graždanskom prave (deutsche Übersetzung, Wesen und Bedeutung des Vertrages im sowjetischen sozialistischen Zivilrecht, [Ost-]Berlin 1958), Izdatel'stvo Akademii Nauk SSSR, Moskau 1954, S. 124 - 144; Provovye voprosy organizacii i dejatel'nosti sovnarchozov, Red. K. S. *Judel'son* (deutsch: Rechtsfragen der Organisation und der Tätigkeit der Volkswirtschaftsräte), Gosjurizdat, Moskau 1959, S .221 - 226; *Pribljuda*, S. 11 - 57; *Cimmermann*, S. 237 - 242.

Bekanntlich unterscheidet sich die sowjetische Staatsanwaltschaft sowohl in ihrer Organisation als auch in dem Umfang der von ihr wahrgenommenen Funktionen von den Staatsanwaltschaften in westlichen Ländern. Während in westlichen Ländern die Staatsanwaltschaften nachgeordnete Organe der Justizverwaltung sind, bilden die Organe der Staatsanwaltschaft in der UdSSR ein einheitliches zentralisiertes System, an dessen Spitze der Generalstaatsanwalt der UdSSR steht. Dieser ist nach Art. 7 der Ordnung über die staatsanwaltschaftliche Aufsicht in der UdSSR vom 24. Mai 1955[388] (im Folgenden abgekürzt OsA) nur dem Obersten Sowjet der UdSSR und in dem Zeitraum zwischen den Sitzungen dessen Präsidium verantwortlich.

Während in westlichen Ländern die Aufgaben der Staatsanwaltschaft auf strafrechtlichem Gebiet den wesentlichen Teil ihrer Tätigkeit ausmachen, bilden sie in der Sowjetunion nur einen Teil ihrer Aufgaben. Das Schwergewicht der Tätigkeit der Staatsanwaltschaft liegt auf der sog. allgemeinen Aufsicht über die Verwaltungsbehörden hinsichtlich der Rechtmäßigkeit ihres Verwaltungshandelns (vgl. Art. 10 - 16 OsA). Die Tätigkeit der Staatsanwaltschaft auf beiden Gebieten stellt sich als Verwaltungshandeln dar. Soweit dieses Handeln Rechtsfolgen nach sich zieht, müssen sie nach der sowjetischen Theorie des Verwaltungsakts als Verwaltungsakte eingeordnet werden.

Zur Begründung der Ansicht, daß es sich bei den Organen der sowjetischen Staatsanwaltschaft um Verwaltungsorgane handelt, ist ein kurzer rechtstheoretischer Hinweis erforderlich.

Verwaltungsorgane wurden oben definiert als Staatsorgane, die überwiegend Verwaltungstätigkeit wahrnehmen, d. h. eine Tätigkeit, die weder Rechtsetzung noch Rechtsprechung ist. Generelle Normen objektiven Rechts werden von den Organen der Staatsanwaltschaft nicht erlassen. Es bleibt also nur die Frage nach der Abgrenzung gegenüber der Rechtsprechung, soweit die Staatsanwaltschaft auf dem Gebiet der Strafrechtspflege tätig wird. Oben[389] war herausgearbeitet worden, daß der Unterschied zwischen Verwaltung und Rechtsprechung nicht in einer etwaigen Verschiedenheit der Tätigkeit zu suchen ist, sondern daß der einzige rechtlich relevante Unterschied zwischen Verwaltung und Recht-

---

[388] AOS UdSSR, 1955, Nr. 9, Pos. 222; Zur Rechtsstellung der Staatsanwaltschaft vgl. ferner: *Berezovskaja*, S. G., Prokurorskij nadzor za zakonost'ju pravovych aktov organov upravlenija v SSSR (deutsch: Die staatsanwaltliche Aufsicht über die Gesetzmäßigkeit der Rechtsakte der Verwaltungsorgane in der UdSSR), Gosjurizdat, Moskau 1959, im Folgenden zitiert als Berezovskaja; Organizacija suda i prokuratury v SSSR (deutsch: Die Organisation der Gerichtsbarkeit und der Staatsanwaltschaft in der UdSSR), Red. *Galkin*, Moskau 1967; *Maljarov*, M. P. (Red.) Prokurorskij nadzor v SSSR, izdanie vtoroe (deutsch: Die Staatsanwaltliche Aufsicht in der UdSSR), zweite Auflage, Juridičeskaja literatura, Moskau 1969.

[389] Vgl. S. 25.

sprechung in der Weisungsgebundenheit bzw. Weisungsungebundenheit der bestimmte Angelegenheiten erledigenden Staatsorgane zu suchen ist. Die Organe der sowjetischen Staatsanwaltschaft sind an die Weisungen der jeweils übergeordneten Organe der Staatsanwaltschaft gebunden. Sie sind daher, auch soweit sie auf dem Gebiet der Strafrechtspflege tätig werden, Verwaltungsorgane.

Ist rechtstheoretisch klar, daß die Organe der Staatsanwaltschaft in jeden ihrer Tätigkeitsbereiche als Verwaltungsorgane handeln, so ist nach den Gründen zu suchen, warum die sowjetische Verwaltungsrechtslehre sie nicht als solche betrachtet. Begründungen werden kaum gegeben. In den meisten Fällen werden die Organe der Staatsanwaltschaft einfach neben den Verwaltungsorganen genannt. Soweit eine Begründung gegeben wird, wird sie scheinbar von der Tätigkeit der Staatsanwaltschaft abgeleitet.

Es heißt, die Staatsanwaltschaft übe keine vollziehend-verfügende Tätigkeit aus[390]. Die Staatsanwaltschaft könne mit ihren Akten keine Verwaltungsakte aufheben oder abändern[391].

Die Äußerungen der sowjetischen Verwaltungsrechtslehre zu der Stellung der Staatsanwaltschaft sind, wie das letzte Zitat zeigt, nur auf ihre Stellung bei der „allgemeinen Aufsicht" bezogen. Die Stellung als Justizverwaltungsorgan wird nicht erwähnt. Die erste Begründung zeigt deutlich, wie sehr der Satz von der „vollziehend-verfügenden Tätigkeit" zur Floskel erstarrt ist. Denn die Organe der Staatsanwaltschaft vollziehen, wenn sie beispielsweise auf dem Gebiet der allgemeinen Aufsicht tätig werden, die Ordnung über die staatsanwaltschaftliche Aufsicht in der UdSSR vom 24. Mai 1955, gleichzeitig werden sie verfügend tätig, wenn sie beispielsweise von einem bestimmten Verwaltungsorgan deren Verordnungen oder Verfügungen zur Überprüfung auf ihre Übereinstimmung mit dem Gesetz anfordern. Auch die zweite Begrüdung greift nicht durch. Zwar können die Organe der Staatsanwaltschaft keine Verwaltungsakte aufheben oder abändern. Damit läßt sich aber nicht begründen, sie seien keine Verwaltungsorgane. Denn entscheidend für die Bestimmung eines Staatsorgans als Verwaltungsorgan ist nicht, welche Befugnis dieses Staatsorgan im einzelnen hat, sondern daß dessen Tätigkeit unter den Begriff Verwaltung fällt.

Die letzte Begründung der sowjetischen Verwaltungsrechtslehre gibt aber einen Hinweis darauf, worin die letzte Ursache für die Ablehnung der Verwaltungsorganeigenschaft der Staatsanwaltschaft zu suchen ist:

Für fast alle Staatsorgane, die nach sowjetischer Verwaltungsrechtslehre Verwaltungsorgane sind, ist u. a. typisch, daß das übergeordnete

---

390 *Lunev* 1960, S. 49.
391 *Kozlov* 1962, S. 207.

Organ die Akte untergeordneter Organe in bestimmten Fällen aufheben oder abändern kann. Das trifft auf die Organe zu, die in der Verfassung der UdSSR als Verwaltungsorgane bezeichnet werden. Der Grund für die Auffassung, die Organe der Staatsanwaltschaft seien nicht als Verwaltungsorgane zu betrachten, ist daher auch hier darin zu sehen, daß die sowjetische Verwaltungsrechtslehre die Verwaltungsorgane nicht von der Art ihrer Tätigkeit her, sondern von der staatlichen Organisationsstruktur her bestimmt.

II. Die Verwaltungsakte der Staatsanwaltschaft

Es ist nun im einzelnen zu untersuchen, auf welchen Gebieten die Organe der Staatsanwaltschaft Verwaltungsakte erlassen. Zunächst werden die Akte der allgemeinen Aufsicht dargestellt. Die allgemeine Aufsicht ist eine Rechtmäßigkeits-, keine Zweckmäßigkeitskontrolle. Zu ihrer Durchführung hat die Staatsanwaltschaft die in den Art. 11 - 16 OsA aufgeführten Rechte.

Diese lassen sich in solche einteilen, die der Aufhebung von Rechtsverletzungen dienen und in solche, die die aufgedeckten Rechtsverletzungen bekämpfen sollen.

Die zur Aufdeckung von Rechtsverletzungen der Staatsanwaltschaft zustehenden Rechte sind in Art. 11 OsA geregelt. Danach können die Organe der Staatsanwaltschaft die Verwaltungsakte der ihrer Aufsicht unterliegenden Verwaltungsorgane zu ihrer Überprüfung mit dem Gesetz anfordern (Art. 11 Ziff. 2 OsA). Verbunden ist dieses Recht mit Auskunftsrechten gegenüber der betreffenden Behörde und ein Recht auf Vorlage von etwaigen erforderlichen Urkunden (Art. 11 Ziff. 2 OsA). Nach Art. II Ziff. 3 OsA können die Organe der Staatsanwaltschaft bei ihnen nach Art. 14 zugegangenen Anträgen oder Beschwerden über Gesetzesverletzungen an Ort und Stelle die Überprüfung der Gesetzesdurchführungen vornehmen. Außerdem kann von den Behördenleitern und sonstigen Untersuchungen der Tätigkeit nachgeordneter Behörden, Betriebe und Organisationen sowie der ihnen unterstellten Beamten verlangt werden (Art. 11 Ziff. 4 OsA). Das letzte Recht in dieser Reihe ist das Recht der Staatsanwaltschaft, bei Gesetzesverletzungen von Amtspersonen und Bürgern persönliche Erklärungen zu verlangen Art. 11 Ziff. 5 OsA).

Diesen Rechten der Staatsanwaltschaft stehen entsprechende Pflichten der Verwaltungsbehörden gegenüber (Art. 12 OsA).

Fordert also die Staatsanwaltschaft von einer Verwaltungsbehörde z. B. die Vorlage einer bestimmten Urkunde, so ist die Behörde verpflichtet, diesem Verlangen zu entsprechen. Durch einen solchen Akt der Staatsanwaltschaft wird also zwischen der Staatsanwaltschaft und dem angewiesenen Verwaltungsorgan ein Rechtsverhältnis begründet. Daß dieses verwaltungsintern geschieht, steht der Begründung eines Rechtsverhältnisses nicht entgegen[392].

Für die zur Bekämpfung der aufgedeckten Rechtsverletzung erlassenen Akte der Staatsanwaltschaft gilt dasselbe wie für die zu ihrer Aufdekkung erlassenen Akte. Auch sie sind Verwaltungsakte. Die Mittel der Staatsanwaltschaft zur Bekämpfung aufgedeckter Rechtsverletzungen sind der Protest im Aufsichtsverfahren und die Vorstellung (russ: predstavlenie).

Durch den Protest wird ein rechtswidriger Hoheitsakt bei der Stelle, die ihn erlassen hat, oder bei der dieser Stelle übergeordneten Instanz angefochten (Art. 13, Abs. 1 OsA)[392a]. Das Verwaltungsorgan, bei dem der Protest eingelegt ist, hat die Pflicht, ihn innerhalb einer Frist von 10 Tagen zu prüfen und der Staatsanwaltschaft die Entscheidung mitzuteilen (Art. 13 Abs. 2 OsA). Also wird auch durch den Protest ein Rechtsverhältnis zwischen der Staatsanwaltschaft und dem entsprechenden Organ begründet. Auch er ist daher ein Verwaltungsakt.

Das gleiche trifft auf die Vorstellung zu, die nach Art. 16 OsA der Bekämpfung von Rechtsverletzungen dient, die aufgrund eines andauernden rechtswidrigen Zustandes oder durch Unterlassung gesetzlich gebotener Handlungen entstehen[393]. Aufgrund der Vorstellung ist das entsprechende Verwaltungsorgan verpflichtet, innerhalb einer Frist von einem Monat die Beanstandungen der Staatsanwaltschaft zu prüfen und Maßnahmen zur Beseitigung des rechtswidrigen Zustandes zu ergreifen (Art. 16 Abs. 2 OsA). Auch die Vorstellung hat daher Rechtsfolgen und ist daher ein Verwaltungsakt.

Gegen den Verwaltungscharakter der eben genannten Akte der Staatsanwaltschaft könnte geltend gemacht werden, sie begründeten kein Rechtsverhältnis, weil die Adressaten dieser Akte bereits aufgrund Gesetzes zu der von ihnen geforderten Handlung verpflichtet seien. Dem kann jedoch nicht zugestimmt werden. Sie sind deklarative Verwaltungsakte. Der Akt der Staatsanwaltschaft stellt in einem bestimmten Fall fest, daß die Verwaltung zu einem bestimmten Verhalten ihr gegenüber aufgrund der Ordnung über die staatsanwaltschaftliche Aufsicht verpflichtet ist.

Für die Akte der Staatsanwaltschaft auf dem Gebiet der besonderen Aufsicht[394] gilt folgendes:

---

[392] Vgl. S. 85 ff.

[392a] Der Protest hat keine aufschiebende Wirkung. Sie wird aber neuerdings in der sowjetischen Literatur gefordert, vgl. Socialističeskaja zakonnost' 1972, Heft 4.

[393] *Berezovskaja*, S. 105 ff.

[394] Terminologie im Anschluß an *Loeber*, The Soviet Procuracy and the

Der besonderen Aufsicht unterliegt die Tätigkeit von Justizbehörden im weitesten Sinn. Das sind im einzelnen:

(1) Untersuchungsbehörden (Art. 17 - 21 OsA),

(2) Gerichte (Art. 22 - 31 OsA),

(3) Verwaltungen von Freiheitsentzugsanstalten (Art. 32 - 37 OsA).

Soweit mit den im Wege der besonderen Aufsicht erlassenen Akten der Staatsanwaltschaft Rechtsfolgen verbunden sind, müssen auch sie als Verwaltungsakte betrachtet werden.

Im Rahmen der Aufsicht der Untersuchungsbehörden gilt dies für folgende Akte:

Die Staatsanwaltschaft ist verpflichtet, die Verfügungen von Ermittlungsorganen oder Untersuchungsführern über die Einleitung des Strafverfahrens aufzuheben und die Einleitung des Verfahrens abzubrechen oder das Verfahren einzustellen, wenn diese Organe das Verfahren ohne ausreichenden Grund eingeleitet haben[395]. Ebenso gehört hierher die Entscheidung über die Beschwerden gegen Handlungen der Untersuchungsbehörden und die Entscheidung des jeweils übergeordneten Staatsanwalts über Beschwerden gegen die Handlungen der ihm nachgeordneten Staatsanwälte[396], die Erteilung von bindenden Weisungen im Rahmen ihrer Aufsichtsbefugnisse durch die Staatsanwaltschaft an die Untersuchungsbehörden[397], ebenso die Anordnung von Sicherheitsmaßnahmen[398] wie die Anordnung von Aufenthaltsbeschränkungen, Bürgschaften, Kautionen, die Anordnung von Untersuchungshaft.

Im Rahmen der Aufsicht über die Tätigkeit der Gerichte sind folgende Akte als Verwaltungsakte anzusehen:

(1) Der Protest im sog. Kassationsverfahren. Er richtet sich gegen nicht rechtskräftige, rechtswidrige und unbegründete Strafurteile, Beschlüsse und Verfügungen, ebenso gegen nicht rechtskräftige rechtswidrige oder unbegründete Zivilurteile[399].

Er kann mit den ordentlichen Rechtsmitteln der deutschen StPO insoweit verglichen werden, als mit seiner Hilfe nicht rechtskräftige Entscheidungen angefochten werden.

(2) Der Protest im sog. Gerichtsaufsichtsverfahren[400].

Rights of the Individual against the State, Journal of the International Commission of Jurists, Den Haag 1957, S. 59 ff. (S. 71, 76).

[395] Art. 116 Abs. 2 StPO der RSFSR vom 27. Oktober 1960.

[396] Art. 218 ff. StPO der RSFSR.

[397] Art. 11 Abs. 2 StPO RSFSR, Art. 19 und 20 OsA.

[398] Art. 89 ff. StPO RSFSR.

[399] Art. 325, 326 StPO RSFSR, Art. 45 Abs. 3 der Grundlagen des Zivilprozeßrechts der UdSSR.

[400] Art. 25 ff. OsA, Art. 371 ff. StPG RSFSR.

Er richtet sich sowohl gegen rechtskräftige Strafurteile, Beschlüsse und Verfügungen als auch gegen ebensolche zivilrechtlichen Urteile, Beschlüsse und Verfügungen.

(3) Die Einleitung des Wiederaufnahmeverfahrens durch das Gericht bei rechtskräftig abgeschlossenen Straf- und Zivilurteilen, wenn neue Tatsachen bekannt werden[401].

(4) Die im Rahmen der Aufsicht über die Strafvollstreckung vorgenommenen Maßnahmen[402].

Von den im Rahmen derAufsicht über die Verwaltungen der Freiheitsentzugsanstalten erlassenen Akte haben folgende Rechtswirkungen und sind daher als Verwaltungsakte anzusehen:

Die Freilassung eines rechtswidrig Inhaftierten[403], die Aussetzung rechtswidriger Anordnungen der Verwaltungsorgane dieser Anstalten und die Protesterhebung gegen sie[404], die Entscheidung über Anträge und Beschwerden der Häftlinge[405].

§3 Die einen Einzelfall regelnden Dekrete des Präsidiums des Obersten Sowjets der UdSSR

Eine Darstellung der Lehre vom Verwaltungshandeln kann nicht auf die Untersuchung verzichten, ob bestimmte Akten von Organen, die die sowjetische Verwaltungsrechtslehre nicht als Verwaltungsorgane ansieht, Verwaltungsakte sind. Solche Organe, die nicht zu den Verwaltungsorganen gerechnet werden, sind einmal das Präsidium des Obersten Sowjets der UdSSR und die örtlichen Sowjets. Sollten solche Organe der Staatsgewalt neben Rechtsetzungsakten auch Verwaltungsakte erlassen, so wären sie insoweit als Verwaltungsorgane tätig. Zum anderen taucht das Problem bei den gesellschaftlichen Organisationen auf, die nicht als staatliche Verwaltungsorgane betrachtet werden. Auch hier ist es denkbar, daß sie in bestimmten Fällen Verwaltungsakte erlassen und daher als staatliche Verwaltungsorgane tätig werden.

Als erstes sollen die Dekrete des Präsidiums des Obersten Sowjets, die einen Einzelfall regeln, Gegenstand der Betrachtung sein[406]. Das Prä-

---

[401] Art. 384 ff. StPO der RSFSR.
[402] Art. 27 OsA.
[403] Art. 34 OsA.
[404] Art. 33 OsA.
[405] Art. 36 OsA.
[406] Für die russische Bezeichnung „ukaz" ist die übliche Übersetzung „Dekret" gewählt worden. Vereinzelt wird „ukaz" auch mit „Erlaß" übersetzt, so *Maurach*, Verfassung, Art. 49, S. 194, und *Fincke*, M., zur Übersetzung sowjetischer Bezeichnungen für Rechtsnormen, Verwaltungsverordnungen und Verwaltungsakte, JfOR, Bd. 8, Heft 1, Herrenalb 1967, S. 267.

sidium des Obersten Sowjets der UdSSR ist in der Terminologie der Verfassung der UdSSR sog. oberstes Organ der Staatsgewalt[407].

Es nimmt vorwiegend Rechtsetzungsaufgaben wahr. Das Problem, ob es in bestimmten Ausnahmefällen eine Tätigkeit wahrnimmt, die Verwaltung in dem oben definierten Sinne ist[408], läßt sich aus Art. 49 der Verfassung der UdSSR herleiten, der die Kompetenzen des Präsidiums des Obersten Sowjets der UdSSR im einzelnen regelt. Art. 49 vereint in in sich die Kompetenz zum Erlaß verschiedener Arten von Dekreten: Solcher, die generelle Rechtsnormen enthalten, und solcher, die einen Einzelfall regeln: Es sind dies z. B.: Ministerernennung und -abberufung, Z. 7, Stiftung und Verleihung von Orden, Ehrenzeichen und Ehrentiteln, Z. 8 und 9, Ausübung des Begnadigungsrechts, Z. 10, Ernennung und Entlassung des Oberkommandos der Streitkräfte, Z. 12, Ernennung und Abberufung der sowjetischen Auslandsvertreter, Z. 16, Verhängung des Ausnahme- und Belagerungszustandes, Z. 18; darüber hinaus ist das Präsidium zuständig für die Aufnahme von Ausländern in die Staatsbürgerschaft der UdSSR und die Entlassung aus ihr.

Der überwiegende Teil der sowjetischen Lehre lehnt es ab, diesen Dekreten (im Folgenden individuelle Dekrete genannt) die Verwaltungsakteigenschaft anzuerkennen. Die Begründung ist unterschiedlich.

Einige Vertreter der ablehnenden Meinung[409] stellen generell fest, ohne zwischen Dekreten, die generelle Rechtsnormen enthalten, und individuellen Dekreten zu unterscheiden, die Dekrete des Präsidiums des Obersten Sowjets besäßen Vorrang[410] vor den Akten der staatlichen Verwaltung. Deshalb könnten sie nicht den Akten der sowjetischen staatlichen Verwaltung zugerechnet werden. Dieser Vorrang äußere sich in der Unterstellung des Ministerrats der UdSSR unter das Präsidium des Obersten Sowjets. Diese Unterstellung komme auch darin zum Ausdruck, daß die Akte des Ministerrats auch den Dekreten des Präsidiums des Obersten Sowjets entsprechen müßten[411].

Kozlov, der ebenfalls die genannte Unterscheidung vermissen läßt, stellt darauf ab, daß die Dekrete von einem Organ der Staatsgewalt erlassen würden[412]. Zwei weitere Vertreter der ablehnenden Meinung trennen zwar zwischen Dekreten mit generellen Rechtsnormen und indivi-

---

[407] *Denisov,* A. I. und M. G. *Kiričenko,* Sovetskoe gosudarstvennoe pravo (deutsch: Sowjetisches Staatsrecht), Gosjurizdat, Moskau 1957, S. 178, 184, im Folgenden zitiert als Denisov - Kiričenko, Gosudarstvennoe pravo.

[408] Vgl. S. 32 f.

[409] *Denisov - Kiričenko,* Gosudarstvennoe pravo, S. 184; *Petrov,* Administrativnoe pravo, S. 181; *Lunev* 1960, S. 116.

[410] „Vorrang" ist die Übersetzung des Begriffs „Vysšaja juridičeskaja sila" (höhere rechtliche Kraft).

[411] *Denisov - Kiričenko,* Gosudarstvennoe pravo, S. 184.

[412] *Kozlov* 1962, S. 200.

duellen Dekreten[413]. Jedoch sehen sie die individuellen Dekrete nicht als Akte der Verwaltung an, weil das Präsidium des Obersten Sowjets ein Organ der Staatsgewalt sei[414].

Die von Studenikin und Lunev eingenommene Gegenposition[415], die die individuellen Dekrete als Akte der staatlichen Verwaltung begreift, gründet sich auf die Einsicht, das Präsidium des Obersten Sowjets der UdSSR übe neben anderen Tätigkeiten auch eine vollziehende und verfügende Tätigkeit aus. Interessanterweise findet sich eine Unterscheidung nach generellen und individuellen Dekreten in der Gesetzgebung. Das Dekret des Präsidiums des Obersten Sowjets der UdSSR vom 19. Juni 1958 (AOS UdSSR 1958, Nr. 14, Pos. 275), bestätigt durch das Gesetz des Obersten Sowjets der UdSSR vom 25. Dez. 1958 (AOS UdSSR 1959, Nr. 1, Pos. 22), nimmt die Dekrete, die keinen generellen Inhalt haben, grundsätzlich von der für die übrigen Dekrete geltenden Verkündigungspflicht im Anzeiger des Obersten Sowjets aus.

Die Behandlung der individuellen Dekrete ist ein Musterbeispiel für die im Rahmen dieser Untersuchung insbesondere im Zusammenhang mit der Definition der Verwaltungsorgane angetroffene fehlende Unterscheidung der Staatstätigkeiten nach formellen Staatsfunktionen und der Orientierung am staatlichen Organisationsschema. Jede Staatstätigkeit wird als Ergebnis der einheitlichen Tätigkeit eines Staatsorgans gewertet. Dadurch wird der Blick dafür verschlossen, daß jedes Staatsorgan verschiedene formelle Staatsfunktionen wahrnehmen kann. Die Frage des Rangverhältnisses ist für die Frage nach dem Vorliegen oder Nichtvorliegen eines Verwaltungsakts unerheblich, weil innerhalb der auch von der sowjetischen Literatur als Verwaltungsakte anerkannten Rechtsakte der Verwaltung Rangverhältnisse bestehen.

Bei der in der sowjetischen Verwaltungsrechtslehre herrschenden Betrachtung jeder Staatstätigkeit als einheitliche Tätigkeit eines Staatsorgans ist es auch nicht verwunderlich, daß selbst die, die zwischen generellen und individuellen Akten unterscheiden[416], zu keinem anderen Ergebnis als die übrige herrschende Meinung kommen. In dieser Unterscheidung drückt sich zwar bereits eine schärfere Erkenntnis der rechtlichen Unterschiede der Rechtsakte des Präsidiums des Obersten Sowjets aus. Aber daraus auf verschiedenartige Staatsfunktionen zu schließen, die von einem Staatsorgan wahrgenommen werden können, ist auch ihnen nicht möglich, weil auch sie vom Staatsorgan und nicht von der Art seiner

---

[413] *Kuznecov,* K voprosu, S. 244; *Bespalyj,* Prezidium Verchovnogo Soveta Sojuznoj Respubliki, Gosjurizdat, Moskau 1959, S. 117, im Folgenden zitiert als Bespalyj.

[414] *Kuznecov,* K voprosu, S. 270, 271; *Bespalyj,* S. 117.

[415] *Studenikin,* 1950, S. 154; in der zweiten Ausgabe des Lehrbuches, 1959, wird das Problem nicht mehr erörtert; *Lunev* 1967, S. 159.

[416] Vgl. Fn. 317.

Tätigkeit ausgehen. Die Unterscheidung nach individuellen und generellen Dekreten hat ihre Entsprechung in der Unterscheidung von Normativ- und Individualakten der Verwaltung. Unklar bleibt, wie Studenikin und Lunev zu ihrem richtigen Ergebnis gelangt sind. Sie scheinen zwar nicht von einem Staatsorgan auf die von ihm wahrgenommene Tätigkeit zu schließen. Aber, wie oben nachgewiesen wurde[417], ist eine vollziehend-verfügende Tätigkeit nicht allein für die Verwaltung typisch. Außerdem setzt sich die Verwendung des Begriffs „vollziehend-verfügende" Tätigkeit auf einen Teil der Tätigkeit des Präsidiums mit dem Begriff der Vollziehung selbst in Widerspruch. Vollziehung bedeutet nach sowjetischer Auffassung Vollziehung von Gesetzen und im Range unter ihnen stehender Rechtsnormen.

Nach der hier vertretenen Definition der Verwaltung als Restbegriff handelt es sich bei dem Erlaß der oben aufgeführten individuellen Dekrete[418] um die Wahrnehmung von Verwaltungsaufgaben. Denn sie sind weder Rechtsprechungs- noch Rechtsetzungsakte. Soweit das Präsidium des Obersten Sowjets diese Verwaltungsaufgaben wahrnimmt, wird es als Verwaltungsorgan tätig. Es begründet durch einen solchen Akt gegenüber einem einzelnen ein Rechtsverhältnis auf dem Gebiet des Verwaltungsrechts. Die individuellen Dekrete sind daher als Verwaltungsakte einzuordnen.

§4 Die Akte der örtlichen Sowjets mit Einzelfallregelungen

Auf der Ebene der örtlichen Sowjets wiederholt sich das aus der Erörterung der Rechtsnatur der individuellen Dekrete des Präsidiums des Obersten Sowjets der UdSSR bekannte Problem: Nach dem sowjetischen Verfassungsrecht sind die örtlichen Sowjets die örtlichen Organe der Staatsgewalt (Art. 94 der Verfassung der UdSSR)[419]. Nach der an die Verfassung anknüpfenden Bestimmung der Verwaltungsorgane durch die sowjetische Verwaltungsrechtslehre können sie daher keine Verwaltungsorgane sein.

Ihre in Art. 97 der Verfassung der UdSSR festgelegten Aufgaben (Leitung der untergeordneten Verwaltungsorgane, Leitung des örtlichen wirtschaftlichen und kulturellen Aufbaus) erfüllen sie gemäß Art. 98 der Verfassung in Form von Beschlüssen (russ.: rešenija) und Verfügungen

---

[417] Vgl. S. 24 f.
[418] Siehe S. 132.
[419] Zur Bedeutung der örtlichen Sowjets allgemein vgl. *Afanas'jev*, S. 363 bis 365.

(russ.: Rasporjaženija). Die in der sowjetischen Terminologie als Beschlüsse und Verfügungen bezeichneten Rechtsakte anderer Staatsorgane als der örtlichen Organe der Staatsgewalt können sowohl einen generellen als auch individuellen Inhalt haben[420].

Im Gegensatz dazu enthalten die Beschlüsse der örtlichen Sowjets nur generelle Rechtsnormen, ihre Verfügungen regeln nur Einzelfälle[421]. Wie bei den individuellen Dekreten des Präsidiums des Obersten Sowjets der UdSSR kommt es darauf an, ob diese Verfügungen der örtlichen Sowjets Verwaltungsakte sind und ob die örtlichen Sowjets insoweit als staatliche Verwaltungsorgane tätig werden.

Das Problem wird in der sowjetischen Verwaltungsrechtsliteratur, selbst in Monographien[422] kaum beachtet. Sofern es aber gestreift wird, erscheint es den jeweiligen Autoren nicht als problematisch, was bei dem Ausgangspunkt der sowjetischen Verwaltungsrechtslehre nicht verwunderlich ist.

Die überwiegende Literatur behandelt sämtliche Akte der örtlichen Sowjets als Akte der Staatsgewalt, ohne zwischen Beschlüsse und Verfügungen zu differenzieren[423]. Für die Abgrenzung der Beschlüsse und Verfügungen der örtlichen Sowjets gegenüber der staatlichen Verwaltung werden die gleichen Kriterien verwandt wie bei der entsprechenden Abgrenzung der Dekrete des Obersten Sowjets der UdSSR.

(1) Akte der staatlichen Verwaltung werden nur von Organen der Verwaltung erlassen. Die örtlichen Sowjets sind aber nach der Verfassung der UdSSR Organe der Staatsgewalt.

(2) Die Beschlüsse und Verfügungen der örtlichen Sowjets haben Vorrang vor den Akten der ihnen unterstellten Verwaltungsorgane.

Die Unrichtigkeit dieser Argumentation wurde bereits im Zusammenhang mit der Erörterung der individuellen Dekrete des Präsidiums des Obersten Sowjets der UdSSR nachgewiesen[424].

Die enge Verzahnung der örtlichen Sowjets und ihrer Exekutivkommitees wirft ein helles Licht auf die Unmöglichkeit, zwischen Organen der Staatsgewalt und Organen der Verwaltung in dem Sinne zu trennen, daß das eine nur Aufgaben eines Organs der Staatsgewalt, das andere nur Aufgaben eines Verwaltungsorgans wahrnimmt. Auch der örtliche Sowjet erläßt Verwaltungsakte. Sein Exekutivkomitee wiederum erläßt nicht nur Verwaltungsakte sondern auch Rechtsschutzakte.

---

[420] *Maurach,* Verfassung, Art. 98, Anm. 1, S. 264.
[421] *Levin - Trajnin,* S. 428; *Maurach,* ebd.
[422] Zum Beispiel *E. I. Kozlova,* Mestnye organy gosudarstvennoj vlasti v SSSR, Izdatel'stvo „Mysl'", Moskau 1957.
[423] *Denisov,* Administrativnoe pravo, S. 110; *Petrov,* Administrativnoe pravo, S. 181; *Lunev* 1960, S. 115, vgl. dort insbesondere Fn. 1; *Kozlov* 1962, S. 200.
[424] Vgl. S. 133.

Auch die von Studenikin vertretene Gegenmeinung[425] kann nicht unwidersprochen hingenommen werden. In seiner Aufzählung führt er generell die Akte der örtlichen Sowjets — Beschlüsse und Verfügungen — an, ohne zwischen ihnen zu differenzieren. Beschlüsse enthalten aber generelle Normen. Rechtsetzungsakte eines Organs der Staatsgewalt können aber keine Verwaltungsakte sein. Für die Verfügungen gilt: Akte eines Organs der Staatsgewalt, die nicht auf die Schaffung genereller Normen objektiven Rechts gerichtet sind, sondern einen Einzelfall regeln, sind Verwaltungsakte.

§5 Die Beteiligung der gesellschaftlichen Organisationen am Verwaltungshandeln des Staates

I. Untersuchungen darüber, ob gesellschaftliche Organisationen Organe der mittelbaren Staatsverwaltung sind

1. Die Stellung der gesellschaftlichen Organisationen nach sowjetischer Auffassung

Aus Art. 126 der Verfassung der UdSSR lassen sich fünf Arten von gesellschaftlichen Organisationen entnehmen:

Die Kommunistische Partei der Sowjetunion, die Gewerkschaften, die Jugendorganisation (Allunionistischer Leninscher Kommunistischer Jugendverband, abgekürzt Komsomol), die Genossenschaften und die sog. freiwilligen Vereinigungen, wie z. B. Sportverbände oder wissenschaftliche Gesellschaften.

Die KPdSU wird wegen ihrer Sonderstellung aus der folgenden Untersuchung ausgeklammert.

Die gesellschaftlichen Organisationen sind nach sowjetischer Auffassung Träger der gesellschaftlichen Verwaltung, die als Gegensatz zur staatlichen Verwaltung verstanden wird[426]. Denn die nach sowjetischer Darstellung durch freiwilligen Zusammenschluß einzelner Personengruppen entstandenen gesellschaftlichen Organisationen gelten als Zeichen für das langsame Absterben des Staates. Daher hebt sich die gesellschaftliche Verwaltung von der staatlichen Verwaltung durch folgende Unterschiede ab:

---

[425] *Studenikin* 1950, S. 157; *Studenikin* 1959, S. 134, 135.

[426] *Kozlov*, Ju. M., Sootnošenie gosudarstvennogo i obščestvennogo upravlenija v SSSR, Izdatel'stvo „Juridičeskaja literatura", Moskau 1966, S. 59, im Folgenden zitiert als Kozlov, Sootnošenie (deutsch: Die Wechselbeziehung zwischen staatlicher und gesellschaftlicher Verwaltung in der UdSSR).

(1) Die Normen, nach denen die gesellschaftlichen Organisationen organisiert sind und nach denen sie handeln, sind keine Rechtsnormen, sondern gesellschaftliche Normen, die von den Organen der gesellschaftlichen Organisationen gesetzt worden sind[427].

(2) Die gesellschaftlichen Organisationen erfüllen ihre Aufgaben nicht mit Hilfe hoheitlicher Mittel, insbesondere wenden sie keine staatlichen Zwangsmittel an[428].

An der Richtigkeit der Unterscheidung von staatlicher und gesellschaftlicher Verwaltung entstehen jedoch Zweifel, wenn man sich die Entstehung der gesellschaftlichen Organisationen, ihre Aufgaben und deren Bewältigung und ihre Verbindung mit dem staatlichen Verwaltungsapparat vor Augen führt. Es soll daher zunächst folgende These vertreten werden: Es besteht kein Unterschied zwischen staatlicher und gesellschaftlicher Verwaltung, da die gesellschaftlichen Organisationen staatliche Verwaltungsorgane sind. Da sich der Komplex der gesellschaftlichen Organisationen von den übrigen Verwaltungsorganen deutlich abhebt, soll die These dahin ergänzt werden: Die staatliche Verwaltung durch die gesellschaftlichen Organisationen ist, wenn man Begriffe aus dem (west-)deutschen Verwaltungsrecht zugrunde legt, der mittelbaren Staatsverwaltung durch Körperschaften des öffentlichen Rechts vergleichbar.

2. Rechtstheoretische Voraussetzungen des Begriffs „Körperschaft des öffentlichen Rechts" und die Prüfung ihrer Erfüllung durch die gesellschaftlichen Organisationen

Der sowjetischen Staats- und Verwaltungsrechtslehre ist der Begriff der mittelbaren Staatsverwaltung durch Köperschaften des öffentlichen Rechts unbekannt. Das hindert aber nicht zu prüfen, ob die Tätigkeit der gesellschaftlichen Organisationen diesen Begriffen zugeordnet werden kann. Nur sind zunächst unabhängig von einer bestimmten Rechtsordnung die rechtstheoretischen Voraussetzungen dieser Begriffe zu bestimmen.

Mittelbare Staatsverwaltung ist die nicht von unmittelbaren Staatsbehörden, sondern von rechtsfähigen Trägern wahrgenommene Verwaltung staatlicher Aufgaben[429]. Ein derartiger rechtsfähiger Träger kann eine Körperschaft des öffentlichen Rechts sein. Sie wird durch folgende Begriffsmerkmale gekennzeichnet:

---

[427] *Nedbajlo*, P. E., Sovetskie socialističeskie pravovye normy, L'vov, 1959, S. 31 - 35 (deutsch: Die sowjetischen sozialistischen Rechtsnormen), im Folgenden zitiert als Nebajlo, normy.
Luk'janov - Lazarev, S. 62.

[428] *Luk'janov - Lazarev*, S. 66.

[429] *Forsthoff*, Lehrbuch des Verwaltungsrechts, 1. Bd., Allgemeiner Teil, 9. Aufl., München und Berlin, 1966, Sfl 437.

a) *Entstehung und Auflösung durch staatlichen Hoheitsakt*

Die Verwaltung durch mitgliedschaftlich organisierte Körperschaften des öffentlichen Rechts ist rechtstheoretisch eine Zwischenform von staatlich organisierter und sog. freier Tätigkeit. Während aber die Gründung der auf freie Tätigkeit ausgerichteten juristischen Personen auf die freie Initiative privater Personen zurückgeht, entstehen die Körperschaften des öffentlichen Rechts durch einen staatlichen Hoheitsakt. Das gleiche gilt für die Auflösung. Die juristischen Personen des Zivilrechts können durch einen Ermessensakt ihrer Organe aufgelöst werden. Die öffentlichen Körperschaften jedoch können dies nicht, vielmehr bedarf es zumindest der Zustimmung eines Staatsorgans.

Das formelle Verfassungsrecht der UdSSR erweckt zwar den Anschein als entstünden die gesellschaftlichen Organisationen aufgrund eigener Initiative der Bürger. In der Verfassungswirklichkeit jedoch handelt es sich um durch den Staat oder die Partei begründete Organisationen[430].

Auch eine Selbstauflösung ohne staatliche Einwirkung ist undenkbar. Das Vorliegen der ersten Voraussetzung ist damit zu bejahen.

b) *Mitgliedschaftlich organisierter Verband des öffentlichen Rechts*

Aus dem Standort der Körperschaft des öffentlichen Rechts zwischen staatlich organisierter und freier Tätigkeit folgt ein weiteres Begriffsmerkmal. Ihre gewisse Selbständigkeit gegenüber anderen Staatsorganen kommt darin zum Ausdruck, daß sie eine juristische Person des öffentlichen Rechts ist, d. h. die Fähigkeit besitzt, Träger sowohl öffentlich-rechtlicher als auch privatrechtlicher Rechte und Pflichten sein zu können. Die öffentlich-rechtliche Rechtsfähigkeit wird vor allem durch eine gewisse finanzielle Selbständigkeit charakterisiert, die zum Teil durch die Kompetenz zur Erhebung von Abgaben gewährleistet wird. Organe der unmittelbaren Staatsverwaltung haben demgegenüber keine eigenen Einnahmen und sind verpflichtet, alle Einnahmen an die zuständige Behörde abzuführen. Diese juristische Person des öffentlichen Rechts kann auf territorialer oder personaler Grundlage aufgebaut sein. Im Gegensatz zu den juristischen Personen des Privatrechts beruht die Mitgliedschaft nicht auf freiwilligem Beitritt, sondern ist Zwangsmitgliedschaft.

Der Begriff der juristischen Person des öffentlichen Rechts ist dem sowjetischen Verwaltungsrecht unbekannt. Die gesellschaftlichen Organisationen haben zwar die Fähigkeit, in einzelnen Rechtsverhältnissen

---

[430] *Maurach*, Verfassung, Art. 126, S. 368; *Lucas*, S. 82, Fn. 1.

Träger verwaltungs- oder zivilrechtlicher Rechte und Pflichten sein zu können.

Das berechtigt jedoch nicht dazu, von ihnen als einer Verbandseinheit zu sprechen, die unserer juristischen Person des öffentlichen Rechts entspricht. Die Fähigkeit, in einzelnen Rechtsverhältnissen Träger von verwaltungs- oder zivilrechtlichen Rechten und Pflichten sein zu können, könnte der gesellschaftlichen Vereinigung von Bürgern zukommen. Um sie als Teil der Staatsverwaltung ansehen zu können, müßten sie insbesondere die oben erwähnte Aufgabenkompetenz besitzen.

Anhaltspunkte dafür sind zwar in den Satzungen der gesellschaftlichen Organisationen zu finden. Alle Organisationen sind berechtigt, von ihren Mitgliedern Beiträge zu erheben[431]. Dieses Recht kann nur dann als Kompetenz zur Erhebung von Abgaben gewertet werden, wenn es von einer staatlichen Autorität delegiert worden ist. Andernfalls hätte man es mit Mitgliedsbeiträgen der Mitglieder auf freier Initiative gegründeter Gesellschaften zu tun. Für die Delegation von einer staatlichen Autorität enthalten die Satzungen keine Anhaltspunkte.

Man wird auch kaum davon sprechen können, daß die mitgliedschaftliche Organisierung der gesellschaftlichen Organisationen auf der Zwangsmitgliedschaft ihrer Mitglieder beruhe. Man könnte zwar behaupten, die Freiwilligkeit des Beitritts sei theoretisch. Dabei könnte man z. B. darauf verweisen, daß die Rechtsstellung nichtorganisierter Arbeiter von der organisierter Arbeiter so verschieden sei, daß nichtorganisierte Arbeiter in einem Betrieb praktisch nicht beschäftigt werden könnten[432].

Solche Beispiele dafür, daß der Eintritt in eine gesellschaftliche Organisation kaum umgangen werden kann, könnten beliebig vermehrt werden. Der Zwang dazu ist aber ein gesellschaftlicher, kein rechtlicher. Es bestehen erhebliche Zweifel, ob man einen gesellschaftlichen Zwang zum Beitritt einer in einer Rechtsnorm angeordneten Zwangsmitgliedschaft gleichsetzen kann.

Das Begriffsmerkmal des mitgliedschaftlich orientierten Verbandes öffentlichen Rechts kann daher nicht als erfüllt angesehen werden.

c) Die Wahrnehmung staatlicher Aufgaben mit hoheitlichen Mitteln

Durch eine Körperschaft des öffentlichen Rechts kann jede Aufgabe wahrgenommen werden. Es gibt grundsätzlich keine Tätigkeit, die we-

---

[431] Zum Beispiel Ustav professional'nych sojuzov SSSR, utveržden XI s-ezdom profsojuzov SSSR 15. junja 1954 (deutsch: Satzung der Gewerkschaften der UdSSR, bestätigt auf dem XI. Gewerkschaftskongreß der UdSSR am 15. Juni 1954), Profizdat, Moskau 1955, Art. 3 d (S. 9).

[432] Vgl. dazu *Maurach*, Verfassung, Art. 126, S. 372.

sensnotwendig davon auszunehmen wäre. Die staatliche Aufgabe unterscheidet sich von der gesellschaftlichen nur durch den, dem die Kompetenz zu ihrer Erledigung zusteht. Eine Aufgabe ist solange gesellschaftlich, als sie nicht positivrechtlich der freien Erledigung durch die Glieder der Gesellschaft entzogen und einer staatlichen Behörde oder Körperschaft des öffentlichen Rechts zur Erledigung zugewiesen ist. Im Gegensatz zur Erledigung der Aufgabe durch die Gesellschaft selbst ist die staatliche Behörde immer zur Ausübung ihrer Kompetenz verpflichtet, wobei ihr allerdings je nach Fallgestaltung ein engeres oder weiteres Ermessen zustehen kann. Wesentlich für die Wahrung einer Aufgabe als staatlicher Aufgabe ist ihre Erfüllung mit hoheitlichen Mitteln, insbesondere die Anwendung von Zwangsmitteln. Die staatliche Zwangsgewalt braucht zwar nicht bei jeder Erfüllung einer staatlichen Aufgabe hervorzutreten. Es ist ausreichend, daß die öffentlich-rechtliche Körperschaft überhaupt zu ihrer Anwendung befugt ist.

Die Behauptung: „Die gesellschaftlichen Organisationen nehmen staatliche, aber keine gesellschaftlichen Aufgaben wahr", ließe sich folgendermaßen verhältnismäßig leicht begründen: Eine Trennung von Staat und Gesellschaft besteht in der Sowjetunion nicht. Folglich sind alle staatlichen Aufgaben gesellschaftliche und umgekehrt alle gesellschaftlichen Aufgaben staatliche. Etwas differenzierter könnte man sagen: Nach sowjetischer Auffassung nehmen die gesellschaftlichen Organisationen am „wirtschaftlich-kulturellen Aufbau" des Landes teil[433]. Der wirtschaftlich-kulturelle Aufbau ist eine staatliche Aufgabe. Folglich sind alle von den gesellschaftlichen Organisationen wahrgenommenen Aufgaben Staatsaufgaben. Eine solche Begründung wäre zu oberflächlich. Deshalb soll eine etwas genauere versucht werden. Sie fällt leicht hinsichtlich der Aufgaben, die durch einen staatlichen Rechtssatz den gesellschaftlichen Organisationen ausdrücklich zugewiesen worden sind.

Als Beispiel mag die in der gemeinsamen Verordnung vom 23. Juni 1933 des Zentralen Exekutivkommitees, des Rats der Volkskommissare und des allunionistischen Zentralrats der Gewerkschaften, erfolgte Übertragung der Aufgaben des Volkskommissariats für Arbeit auf die Gewerkschaften dienen[434]. Die Zuweisung dieser Aufgaben durch eine staatliche Norm schließt es aus, sie als gesellschaftliche anzusehen und ihre Erfüllung durch Normsetzung und -anwendung als gesellschaftliches Handeln zu betrachten. Hier läßt sich nicht von einer autonomen Tätigkeit einer gesellschaftlichen Organisation sprechen. Nach sowjetischer Auffassung sind die Normen, nach denen die gesellschaftlichen Organisa-

---

[433] *Luk'janov - Lazarev*, S. 81, 115, 153, 177.

[434] Sobranie zakonov i rasporjaženij raboče-krest'janskogo pravitel'stva SSSR (deutsch: Sammlung der Gesetze und Verfügungen der Arbeiter- und Bauernregierung der UdSSR), SZ SSSR, 1933, Nr. 40, Art. 238.

tionen handeln, keine Rechtsnormen[435]. Daher ist es nicht verwunderlich, daß die Diskussion über die durch staatliche Rechtsnormen erfolgte Übertragung staatlicher Aufgaben auf sie in der sowjetischen Verwaltungsrechtsliteratur einen breiten Raum einnimmt.

Ein Teil der Literatur versucht das Problem mit der Fiktion zu lösen, mit ihrer Übertragung auf die gesellschaftliche Organisation verliere die Aufgabe ihren staatlichen Charakter und werde nunmehr zu einer gesellschaftlichen Aufgabe[436].

Der andere Teil der Literatur betrachtet im Ergebnis die Erfüllung der durch eine staatliche Rechtsnorm auf die gesellschaftlichen Organisationen übertragenen Aufgaben als Ausnahme von ihrer grundsätzlich staatsfreien Tätigkeit. Er betrachtet die Erfüllung dieser Aufgaben als staatliche Tätigkeit[437].

Diese Bewertung ist in allgemein gehaltenen Formulierungen enthalten, z. B. wie: „Ein in Erfüllung dieser Aufgaben erlassener Akt unterscheidet sich nicht von den Akten der staatlichen Verwaltung“[438], oder „ein solcher Akt nähert sich den Akten der staatlichen Verwaltung an“[439].

Schwieriger ist es, diejenigen Aufgaben, die nicht ausdrücklich durch eine staatliche Rechtsnorm den gesellschaftlichen Organisationen zur Erledigung zugewiesen sind, als staatliche Aufgaben zu bestimmen. Solche Aufgaben sind in den Satzungen und Ordnungen der gesellschaftlichen Organisationen enthalten. Zum Teil bedürfen diese Satzungen der staatlichen Genehmigung (russ.: sankcija) bzw. Bestätigung (russ.: utverždenie)[440].

---

[435] Vgl. S. 137.

[436] *Mickevič*, A. V., Osnovnye formy i tendencii povyšenija roli obščestvennych organizacij v osuščestvlenii gosudarstvennych funkcij (deutsch: Grundformen und Tendenzen in der Verstärkung der Rolle der gesellschaftlichen Organisationen bei der Erfüllung von Staatsaufgaben), Učenye zapiski, Vsesojuznyj institut juridičeskich nauk, 1962, Heft 14, S. 540 ff. (62, 63); *Kravčenko*, V. V., Opyt osuščestvlenija gosudarstvennych funkcij sojuzom sportivnych obščestv (deutsch: De Erfahrung bei der Erfüllung staatlicher Aufgaben durch die Sportgesellschaften), SGiP 1962, Nr. 6, S. 48 ff. (S. 55, 56); *Jampol'skaja*, Massovye organizacii v sovetskom gosudarstve, Kommunist 1963, Heft 3, S. 67 ff. (S. 74), (deutsch: Die Massenorganisationen im sowjetischen Staat).

[437] *Luk'janov - Lazarev*, S. 35 ff.; *Mickevič*, A. V., Rasširenie roli obščestvennych organizacij v period razvernutogo stroitel'stva kommunizma (deutsch: Die Erweiterung der Bedeutung der gesellschaftlichen Organisationen in der Periode des entwickelten Aufbaues des Kommunismus), SGiP 1959, Heft 9, S. 24 ff. (S. 31); *Kravčenko*, V. V., K voprosu o peredače nekotorych funkcij gosudarstvennych organov dobrovol'nym obščestvom (deutsch: Zur Frage der Übertragung einiger Staatsfunktionen auf freiwillige Vereinigungen), SGiP 1961, Nr. 5, S. 127 ff. (S. 128); *Kozlov*, Sootnošenie, S. 148, 149; *Studenikin* 1950, S. 151; *Studenikin* 1959, S. 130; *Lunev* 1960, S. 118, 119; *Lunev* 1967, S. 160; *Kozlov* 1962, S. 208.

[438] *Studenikin* 1950, S. 151.

[439] *Lunev* 1960, S. 118, 119.

[440] Unter „sankcija“ versteht die sowjetische Terminologie „die vorherige Genehmigung“, also die „Zustimmung“ des deutschen Rechts, unter „utver-

Man könnte die Ansicht vertreten, soweit das der Fall sei, handele es sich bei der Erfüllung solcher Aufgaben nicht um die spontane Erfüllung selbstgewählter Aufgaben, sondern durch staatlichen Rechtsakt zugewiesener Aufgaben. Dieser Gedanke läßt sich jedoch bereits nicht auf die in den Satzungen der Gewerkschaften und des Komsomol enthaltenen Aufgaben erstrecken, da sie nicht der staatlichen Bestätigungspflicht unterliegen[441]. Gegen diesen Gedanken spricht auch, daß sich auch in anderen Rechtssystemen der Staat eine Überprüfung der Satzungen freiwilliger gesellschaftlicher Vereinigungen vorbehält. Durch eine solche Überprüfung werden die in einer Satzung enthaltenen Aufgaben noch nicht zu Staatsaufgaben.

Für die Aufgaben, die den gesellschaftlichen Organisationen nicht durch eine staatliche Rechtsnorm zugewiesen sind, ließe sich jedoch ein Gedanke entwickeln, der bewiese, daß auch sie staatliche Aufgaben seien und der auch als zusätzliches Argument für die Aufgaben der übrigen gesellschaftlichen Organisationen außer den Gewerkschaften und dem Komsomol herangezogen werden könnte. Dieser Gedanke lautet:

In ihrer praktischen Auswirkung unterscheiden sich gesellschaftliche Maßnahmen gegen einen Bürger nicht von staatlichen Zwangsmitteln. Führt aber die Nichterfüllung der in der Satzung einer gesellschaftlichen Organisation festgelegten Aufgaben zur Anwendung staatlicher Zwangsmitel, dann ist das ein Indiz, daß es sich auch bei diesen Aufgaben um staatliche Aufgaben handelt. Dagegen ist einzuwenden: Die Möglichkeit der Zwangsanwendung ist nicht das einzige Kriterium für eine staatliche Tätigkeit. Die Berücksichtigung gesellschaftlicher Maßnahmen ist metajuristisch. Allein entscheidend dafür, ob eine staatliche Aufgabe erledigt wird, ist der positiv-rechtliche Rechtssatz, der einem gesellschaftlichen Organ eine staatliche Aufgabe überträgt. Damit kann das Vorliegen der dritten Voraussetzung (Wahrnehmung staatlicher Aufgaben mit hoheitlichen Mitteln) nur für diese positiv-rechtlich geregelten Fälle bejaht werden.

d) Staatliche Aufsicht

Bei öffentlich-rechtlichen Körperschaften tritt an die Stelle des Weisungsrechts des übergeordneten Organs die sogenannte „Staatsaufsicht“. Das schließt ein echtes Weisungsrecht gegenüber den öffentlich-rechtlichen Körperschaften mit einer korrespondierenden Gehorsamspflicht nicht aus. Nur bedarf es dazu einer besonderen positiv-rechtlichen An-

ždenie“ die „nachträgliche Genehmigung“, vgl. dazu *Goršenev,* O roli obščestvennych organizacij v sovetskom pravotvorčestve (deutsch: Die Rolle der gesellschaftlichen Organisationen bei der sowjetischen Rechtssetzung), SGiP 1962, Nr. 8, S. 115 - 120.

[441] *Lunev* 1967, S. 110; *Kozlov* 1962, S. 172.

ordnung. In dem Begriffsmerkmal der Staatsaufsicht äußert sich die Integration der öffentlich-rechtlichen Körperschaft in den Apparat der Staatsverwaltung.

Im sowjetischen Recht läßt sich zwar eine enge Verbindung von Staat und gesellschaftlichen Organisationen erkennen, die dem Staat starke Einflußmöglichkeiten bietet. Hier aber von Staatsaufsicht zu sprechen, verbietet die Tatsache, daß von den bisher geprüften drei Voraussetzungen für den Begriff der öffentlich-rechtlichen Körperschaft zwei durch die gesellschaftlichen Organisationen nicht erfüllt werden. Außerdem können die bestehenden staatlichen Einflußmöglichkeiten auch deshalb nicht als Staatsaufsicht gewertet werden, weil sie auch in anderen Rechtssystemen im Verhältnis von Staat und freiwilligen Vereinigungen von Bürgern vorhanden sein können. Das soll an der Aufzählung der staatlichen Einflußmöglichkeiten auf die gesellschaftlichen Organisationen in der UdSSR dargelegt werden.

Die staatliche Leitung (russ.: rukodstvo) der gesellschaftlichen Organisationen mit Ausnahme der Gewerkschaften und des Komsomol hat folgende Erscheinungsformen:

(1) Die stärkste Einflußmöglichkeit ergibt sich für den Staat daraus, daß die Genossenschaften ihre Arbeit auf vom Staat erlassene Mustersatzungen zu stützen haben[442].

(2) Für die sog. freiwilligen Vereinigungen ist für das Gebiet der RSFSR ausdrücklich geregelt, daß ihre gesamte Tätigkeit im Wege der unmittelbaren Untersuchung durch die zuständigen Staatsorgane überprüft werden darf und daß Rechenschaftsberichte zu liefern sind[443].

(3) Die Staatsorgane sind zum Erlaß von Weisungen (russ.: ogjasatel'nye ukazanija)[444] berechtigt. Diese Weisungen müssen aber im Einklang mit der Satzung stehen.

(4) Die schwerste Maßnahme gegen eine gesellschaftliche Organisation, die nicht in Übereinstimmung mit ihrer Satzung handelt, ist deren Auflösung durch die zuständige Verwaltungsbehörde.

Diese Erscheinungsformen der sog. Leitung der Genossenschaften und freiwilligen Vereinigungen berechtigen jedoch nicht, von einer Staatsaufsicht zu sprechen. Sie entspricht einer Vereinsaufsicht des Staates, aber nicht der Aufsicht des Staates über in seinen Staatsapparat eingegliederte öffentlich-rechtliche Körperschaften.

---

[442] *Lucas*, S. 22.

[443] Verordnung des Zentralexekutiv-Komitees der UdSSR und des Rates der Volkskommissare der RSFSR vom 10. 7. 1932.

[444] *Kozlov* 1962, S. 174; *Kozlov* 1968, S. 131; *Lunev* 1967, S. 122.

Auch bei den Gewerkschaften und dem Komsomol liegt das Element der Staatsaufsicht nicht vor. Zwar gibt es auch hier Querverbindungen zwischen dem Staat und den genannten Organisationen.

Erstens: Die personelle Verflechtung von Staatsorganen und diesen Organisationen.

Zweitens: Die Mitwirkung des Staates bei der Rechtsetzung dieser Organisationen.

Die personelle Verflechtung äußert sich darin, daß die Vertreter dieser Organisationen im Verwaltungsapparat selbst als Glieder dieses Apparates stimmberechtigt mit über die Fragen entscheiden, die die Arbeit ihrer Organisation berühren[445]. Die Vertreter der Gewerkschaften z. B. nehmen an der Erörterung sämtlicher mit der Planung und der Wirtschaft zusammenhängenden Fragen in den entsprechenden Verwaltungsbehörden teil[446]. Vertreter des Zentralkomitees des Komsomol arbeiten seit 1963 in den für Erziehungs- und Bildungsfragen zuständigen Ministerien und Behörden mit. Außerdem gehören Vertreter beider Organisationen dem Komitee für Volkskontrolle an[447].

Auch auf dem Gebiet der Rechtsetzung durch die Gewerkschaften und dem Komsomol hat sich der Staat seinen Einfluß gesichert. Zwar unterliegen die Satzungen der Gewerkschaften und des Komsomol nicht der Genehmigungs- oder Bestätigungspflicht[448]. Aber ihre übrigen Rechtsetzungsakte, wie z. B. die Verordnungen und Richtlinien des Zentalrats der Gewerkschaften der UdSSR bedürfen der Bestätigung durch den Ministerrat der UdSSR.

Diese Erscheinungsformen von Querverbindungen zwischen dem Staat und den gesellschaftlichen Organisationen lassen sich jedoch nicht für die Existenz eines staatlichen Aufsichtsrechts im Sinne eines Aufsichtsrechts über Körperschaften des öffentlichen Rechts verwenden. Solange es an einer eindeutigen positiv rechtlichen Anordnung fehlt, müssen sie entweder als staatliche Vereinsaufsicht — so bei den Genossenschaften und den freiwilligen Vereinigungen — oder als gesellschaftliche Mitwirkung an der Verwirklichung von Staatsaufgaben — so bei den Gewerkschaften und dem Komsomol — betrachtet werden. Ergebnis der bisherigen Untersuchung ist daher:

Die gesellschaftlichen Organisationen sind keine Organe der mittelbaren Staatsverwaltung.

---

[445] *Kozlov* 1962, S. 176; *Kozlov* 1968, S. 130; *Lunev* 1967, S. 117.

[446] Diese Teilnahme ist für das Gebiet der RSFSR in der Verordnung des Ministerrats der RSFSR vom 22. April 1958 geregelt, Sobranie postanovlenij pravitel'stva RSFSR 1958, Nr. 11, Pos. 111.

[447] *Lunev* 1967, S. 118.

[448] *Lunev* 1967, S. 110.

II. Die Akte der gesellschaftlichen Organisationen im „übertragenen Wirkungskreis" als Verwaltungsakte

Wie oben herausgearbeitet wurde[449], nehmen die gesellschaftlichen Organisationen nur dann Staatsaufgaben wahr, wenn sie ihnen durch staatlichen Rechtssatz positivrechtlich zugewiesen worden sind. Durch die Wahrnehmung dieser Aufgaben werden sie insoweit zu Staatsorganen.

Von der Art der ihnen übertragenen Tätigkeit her ist zu unterscheiden, ob sie als Staatsorgane der Rechtsetzung, Rechtsprechung oder Verwaltung tätig werden. Im letzten Fall erlassen sie auch Verwaltungsakte. Die sowjetische Verwaltungsrechtslehre scheut sich nur, dies deutlich auszusprechen, wie die obigen Zitate[450] zeigen. Das mag ideologisch begründet sein; es mag aber auch daran liegen, daß für die sowjetische Verwaltungsrechtslehre nur die in der Verfassung als solche bezeichneten Verwaltungsorgane existieren und daß Verwaltungsakte nur von diesen Organen erlassen werden können, wie sie meint. Es empfiehlt sich, von den Verwaltungsakten der gesellschaftlichen Organisationen als von Akten im „übertragenen Wirkungskreis" zu sprechen. So wird klargestellt, daß hier eine freiwillige Vereinigung von Bürgern aufgrund ausdrücklicher staatlicher Zuweisung handelt.

---

[449] Vgl. S. 140.
[450] Vgl. S. 141.

Sechstes Kapitel

Ungelöste Probleme

§ 1 Der fehlerhafte Akt der sowjetischen staatlichen Verwaltung

I. Die Fehlerquellen

1. Der Maßstab für die Rechtmäßigkeit der Verwaltungsakte

Ein fehlerhafter Verwaltungsakt liegt rechtstheoretisch dann vor, wenn er den Rechtssätzen nicht entspricht, die bei seinem Erlaß hätten beachtet werden müssen. Die Fehlerhaftigkeit eines Verwaltungsaktes besteht also in einem rechtlichen Mangel, in seinem Widerspruch zur Rechtsordnung, nicht in seiner Ungerechtigkeit oder Unzweckmäßigkeit[451].

Auch für die sowjetische Verwaltungsrechtslehre ist die Frage nach den fehlerhaften Verwaltungsakten die Frage nach deren rechtlichen Mängeln, obwohl sie das nicht klar herausarbeitet. Ein Verwaltungsakt ist nach ihr nämlich dann fehlerhaft (russ.: defektnyj), wenn er das Prinzip der sozialistischen Gesetzlichkeit verletzt. Dieses Prinzip wird sowjetamtlich definiert als „strenge und strikte Beachtung und Ausführung der sowjetischen Gesetze durch alle Organe des Staates, alle Anstalten und gesellschaftlichen Organisationen, Beamte und Bürger“[452].

Unter Gesetz wird in diesem Zusammenhang nur ein Rechtsetzungsakt verstanden, der in dem nach der Verfassung der UdSSR vorgesehenen Gesetzgebungsverfahren von einem Gesetzgebungsorgan erlassen wird, d. h. von dem Obersten Sowjet der UdSSR, den Obersten Sowjets der Unionsrepubliken und den Obersten Sowjets der autonomen Republiken[453]. Auf den Erlaß von Verwaltungsakten bezogen bedeutet das Prinzip der sozialistischen Gesetzlichkeit die Bindung aller Verwaltungsorgane an das Gesetz. Die Bindung ist nicht dahingehend aufzufassen, daß sich die Verwaltung nur innerhalb der Schranken der Gesetze zu bewe-

---

[451] *Merkl*, S. 192.

[452] *Strogovič*, M. S., Osnovnye voprosy sovetskoj socialističeskoj zakonnosti (deutsch: Grundfragen der sowjetische sozialistischen Gesetzlichkeit), Izdatel'stvo Nauka, Moskau 1966, S. 11, im Folgenden zitiert als Strogovič.

[453] *Strogovič*, S. 14.

gen hat, vielmehr geht sie weiter: Das Gesetz ist die Bedingung jedes einzelnen Verwaltungsakts[454]. Der Wahrung des Legalitätsprinzips genügt es, wenn der Verwaltungsakt nicht unmittelbar auf dem Gesetz beruht, sondern wenn der Zusammenhang zwischen Verwaltungsakt und Gesetz durch eine Reihe anderer Verwaltungsakte, die sich ihrerseits auf das Gesetz zurückführen lassen, hergestellt wird[455].

Zwar läßt sich nach sowjetischer Auffasung das Prinzip der sozialistischen Gesetzlichkeit nicht mit dem Legalitätsprinzip bourgeoiser Staaten vergleichen, das nach kommunistischer Bedeutung dazu dient, die tatsächliche Bedeutung der Grundrechte zu vertuschen[456].

Tut man es trotzdem, so wird die unterschiedliche Bedeutung des Gesetzmäßigkeitsprinzips im sozialistischen und bürgerlichen Staat deutlich. Wie auch immer Zweck und Umfang des Legalitätsprinzips z. Z. unter der Herrschaft des (west-)deutschen Grundgesetzes zu verstehen sein mögen[457], so dient es doch in erster Linie dem Schutz der Rechte und Interessen des Bürgers. Das Prinzip der sozialistischen Gesetzlichkeit dagegen dient in erster Linie dem Schutz der Rechte und Interessen des Staates[458] und erst dann dem Schutz der Rechte und Interessen des Bürgers.

Das Prinzip der sozialistischen Gesetzlichkeit weist noch andere Besonderheiten auf, die sich wohl durch die Auffassung von der schöpferischen Rolle des Rechts erklären läßt.

Im Ergebnis muß nicht das Handeln aller Verwaltungsorgane durch ein Gesetz bedingt sein, sondern nur das Handeln nachgeordneter Verwaltungsorgane. Denn die Verordnungen des Ministerrats der UdSSR können den Inhalt einzelner ihnen widersprechender Gesetze des Obersten Sowjets der UdSSR derogieren. Der Wortlaut des Gesetzes wird durch die zeitlich nachfolgende Gesetzgebung des Obersten Sowjets der neuen Rechtslage angepaßt.

Daher wird in der Sowjetunion die Derogierung von Gesetzen durch Verordnungen nicht als Verletzung des Prinzips der sozialistischen Gesetzlichkeit angesehen[459]. In Wirklichkeit ist damit das Prinzip der absoluten Herrschaft des Gesetzes durchbrochen. Deshalb aber von einer praktischen Aufhebung des Legalitätsprinzips zu sprechen[460], ist solange

---

454 Vgl. z. B. den Wortlaut von Art. 66, 73, 81, 85 der Verfassung der UdSSR.

455 Vgl. *Strogovič*, S. 14.

456 *Evtichiev*, S. 107.

457 Vgl. zur Problematik, *Rupp*, Grundfragen, S. 104 - 113.

458 Typisch dafür sind die Ausführungen von V. I. *Novoselov* in „Zakonnost' aktov organov upravlenija“ (deutsch: Die Gesetzmäßigkeit der Akte der Verwaltungsorgane), Izdatel'stvo Juridičeskaja literatura, Moskau 1968, S. 14 - 17.

459 *Studenikin* 1950, S. 160 ff.; *Studenikin* 1959, S. 138 ff.; *Petrov*, Adm. pravo, S. 190 ff.; *Lunev* 1960, S. 132 ff.; *Lunev* 1967, S. 169 ff.; *Kozlov* 1962, S. 220 ff.; *Kozlov* 1968, S. 227 ff.

460 So *Forst*, S. 32.

nicht richtig, wie über den tatsächlichen Umfang seiner Durchbrechung während der letzten Jahre keine Klarheit besteht. Außerdem ist diese „Durchbrechungsbefugnis" auf das Präsidium des Obersten Sowjets der UdSSR und den Ministerrat der UdSSR beschränkt. Das Prinzip der Ranghierarchie gilt also voll im Verhältnis von Bundesrecht zu Landesrecht und im Verhältnis von Rechtsnormen der örtlichen Hoheitsträger.

2. Arten der Fehler

Bevor die Frage nach den Rechtsfolgen der Fehlerhaftigkeit eines Verwaltungsakts gestellt wird, müßte die Frage nach der Einteilung der Fehler beantwortet werden. Da der fehlerhafte Verwaltungsakt ein rechtswidriger Verwaltungsakt ist, liegt es nahe, dabei auf die dem Verwaltungsakt zugrundeliegenden Normen zurückzugreifen. Dann gelangt man zu einer Einteilung in formalrechtliche und materiellrechtliche Fehler. Formalrechtliche Fehler liegen vor bei der Verletzung einer Form- oder Verfahrensvorschrift, materiellrechtliche bei Verletzung einer materiellrechtlichen Norm.

Eine solche Fehlereinteilung fehlt in der sowjetischen Verwaltungsrechtslehre. Zwar findet sich in jedem Verwaltungsrechtslehrbuch ein Kapitel über „die an einen Verwaltungsakt zu stellenden Anforderungen" oder über die „Bedingungen der Wirksamkeit eines Verwaltungsakts"[461]. Im Anschluß daran werden die Folgen der Nichterfüllung dieser Erfordernisse behandelt. Man könnte daher versucht sein, die in dem Kapitel über die Anforderungen aufgezählten Erfordernisse als Einteilung möglicher Fehlerquellen anzusehen. Aber diese Einteilung der Fehler ist rechtlich unerheblich. Sie läuft auf eine Aufzählung möglicher besonders häufiger Fehler hinaus; es läßt sich darin aber kein durchgängiges Kriterium entdecken, nach dem diese Fehler ausgesucht und eingeteilt worden sind. So wird zwischen allgemeinen und besonderen Anforderungen der sozialistischen Gesetzlichkeit unterschieden, ohne daß ein Grund dafür ersichtlich ist. Innerhalb beider Gruppen werden Erfordernisse für die Rechtmäßigkeit eines Verwaltungsakts genannt, die sowohl formalrechtlicher als auch materiellrechtlicher Art sind. Die Einteilung in allgemeine und besondere Anforderungen führt auch nicht in der Lehre von den Rechtsfolgen der Fehlerhaftigkeit zu unterschiedlichen Folgen. Nur das allein aber würde die Unterscheidung in allgemeine und besondere Anforderungen rechtfertigen.

---

[461] Vgl. dazu *Meder*, W., Die Hierarchie der Rechtsquellen in der Sowjetunion, OER 1966, S. 167 ff. (170, 171).

II. Die Folgen der Fehlerhaftigkeit

1. Die Unterscheidung von nichtigen und anfechtbaren Verwaltungsakten

Die Folgen der Nichtigkeit eines Verwaltungsakts sind nach sowjetischer Verwaltungsrechtslehre entweder dessen Nichtigkeit oder dessen Anfechtbarkeit[462].

Im Falle der Nichtigkeit soll ein Verwaltungsakt keine Rechtsfolgen haben, während der nur anfechtbare Akt trotz seiner Mängel Rechtsfolgen hervorruft. Kriterien zur Feststellung, wann ein Verwaltungsakt nichtig und wann er anfechtbar ist, werden nicht genannt. Lediglich die angeführten Beispiele, z. B. Nichtigkeit bei Handeln einer Verwaltungsbehörde statt eines Justizorgans, bei einem Dienstbefehl zu einer strafbaren Handlung, geben einen Hinweis darauf, daß als Nichtigkeitsgrund vor allem das Handeln eines sachlich absolut unzuständigen Organs angesehen wird. Beispiele für einen bloß anfechtbaren Verwaltungsakt werden nicht angeführt. Deshalb liegt die Vermutung nahe, daß in allen Fällen außer den oben genannten Nichtigkeitsfällen die Fehlerhaftigkeit nicht die Rechtsfolge der Nichtigkeit, sondern nur der Anfechtbarkeit haben soll[463]. Ein rechtlicher Grund, weshalb ein Verstoß gegen die den Verwaltungsakt bedingenden Rechtsvorschriften in dem einen Fall dessen Nichtigkeit, in dem anderen Fall nur seine Anfechtbarkeit nach sich ziehen soll, bleibt undurchsichtig. Einen solchen Grund gibt es nicht, es sei denn, es sei positivrechtlich geregelt, wann ein Verwaltungsakt nichtig und wann er anfechtbar ist. Das ist aber nicht der Fall. Wegen des Fehlens einer solchen positivrechtlichen Unterscheidung der Fehler nach ihrem Gewicht müßte man rechtstheoretisch davon ausgehen, daß alle Mängel gleiches Gewicht haben, entweder also nur die Nichtigkeit des Verwaltungsakts oder nur dessen Anfechtbarkeit nach sich ziehen. In Wahrheit handelt es sich bei der Einteilung in nichtige und anfechtbare Verwaltungsakte um eine in das Gewand rechtstheoretisch bedingter Notwendigkeiten gekleidete rechtspolitische Intention: Ein Verwaltungsakt soll zunächst Rechtsfolgen haben und nicht jeder Adressat soll sich auf die Nichtverbindlichkeit eines Verwaltungsakts berufen können. Eine solche rechtspolitische Forderung nach einem Bestand rechtswidriger Verwaltungsakte tritt besonders klar zutage in dem Satz von der „Vermutung der Rechtswirksamkeit“ der Verwaltungsakte[464]. Das ist eine eindeutige Begünstigung der Verwaltung.

Die Fragwürdigkeit der Unterscheidung von nichtigen und anfechtbaren Akten ohne eine positivrechtliche Regelung ist in der sowjetischen

---

[462] *Studenikin* 1950, S. 164; *Studenikin* 1959, S. 141 ff.; *Petrov*, Adm. pravo, S. 193; *Lunev* 1967, S. 170; *Kozlov* 1962, S. 221, 222; *Kozlov* 1968, S. 231.
[463] So auch *Forst*, S. 114.
[464] *Studenikin* 1950, S. 165; *Studenikin* 1959, S. 140; *Kozlov* 1962, S. 231.

Verwaltungsrechtsliteratur allein von Ždanov erkannt worden, der deshalb eine gesetzliche Regelung dieses Problems fordert[465].

2. Die Beseitigung des anfechtbaren Verwaltungsakts

Die Beseitigung eines anfechtbaren Verwaltungsakts ist im sowjetischen Recht geregelt. Zu der Frage dagegen, ob ein nichtiger Akt einer behördlichen Nichtigerklärung bedarf, läßt sich in der sowjetischen Literatur nichts entdecken. Als anfechtbar werden in der sowjetischen Verwaltungsrechtsliteratur die rechtswidrigen Verwaltungsakte bezeichnet, die durch einen Protest der Organe der Staatsanwaltschaft oder durch Klage vor den ordentlichen Gerichten oder durch Verwaltungsbeschwerden angefochten werden können[466]. In den Fällen der Anfechtung eines rechtswidrigen Verwaltungsakts durch die Organe der Staatsanwaltschaft erfolgt die Anfechtung bei der Stelle, die den Akt erlassen hat oder bei der dieser übergeordneten Stelle. Die Anfechtung soll schriftlich erfolgen. Eine Anfechtungsfrist besteht nicht. Die Protesterhebung hat in der Regel nicht eine Suspendierung des angefochtenen Verwaltungsakts zur Folge. Eine Ausnahme davon besteht nur bei einem Protest gegen einen Verwaltungsakt, in dem eine Verwaltungsstrafe festgelegt worden ist (Art. 13 Abs. 3 OsA). Das Verwaltungsorgan bei dem der Protest eingelegt worden ist, muß sich innerhalb einer Frist von 10 Tagen äußern und seine Stellungnahme der Staatsanwaltschaft mitteilen. Das Verwaltungsorgan kann den Protest ablehnen oder ihm stattgeben.

Im Falle der Ablehnung hat die Staatsanwaltschaft die Möglichkeit, dagegen einen Protest bei dem übergeordneten Vewaltungsorgan der ablehnenden Behörde einzulegen. Wird dem Protest stattgegeben, wird der rechtswidrige Verwaltungsakt durch das Verwaltungsorgan, an das er gerichtet war, aufgehoben. Aus dem Dargelegten folgt, daß den Verwaltungsorganen durch die Organe der Staatsanwaltschaft befohlen werden kann. Eine Ausnahme bilden die Weisungsbefugnisse der Staatsanwaltschaft gegenüber den Ermittlungs- und Voruntersuchungsorganen (Art. 17 - 21 OsA) und gegenüber den Strafvollzugsorganen (Art. 32 - 37 OsA) und gegenüber den Strafvollzugsorganen.

In bestimmten Fällen kann ein rechtswidriger Verwaltungsakt auch durch den in seinen Rechten verletzten Bürger vor den ordentlichen Gerichten angefochten werden[467]. So sind die Volksgerichte aufgrund der

---

[465] *Ždanov*, A. A., O dejstvitel'nosti aktov gosudarstvennogo upravlenija (deutsch: Die Rechtsgültigkeit von Verwaltungsakten), Pravovedenie 1964, Heft 1, S. 51 ff. (S. 53, 55).

[466] *Kozlov* 1968, S. 232; vgl. zu dem genannten Problemkreis auch *Meder*, W., Die Kontrolle der Verwaltung in der Sowjetunion, Verwaltungsarchiv 1962, S. 255 ff.

Wahlgesetze und Wahlordnungen zu den Wahlen der Obersten Sowjets und der örtlichen Sowjets zur Entscheidung über Klagen zuständig, die die Wählerlisten betreffen. Außerdem ist aufgrund der Familiengesetzbücher der Unionsrepubliken eine Zuständigkeit der Volksgerichte zur Entscheidung über Klagen und Anträge begründet, die die Berichtigung standesamtlicher Eintragungen betreffen. Aufgrund des bereits oben[468] erwähnten Dekrets vom 21. Juli 1961 über die Verwaltungsstrafen können diejenigen, denen eine Verwaltungsstrafe im Verwaltungsverfahren auferlegt worden ist, diesen Verwaltungsakt durch eine Klage vor dem Volksgericht anfechten. Dasselbe gilt für die Anfechtung von Verwaltungsakten, durch die Wohnraum entzogen wird oder in denen entschädigungspflichtige Enteignungen (sog. Requirierungen) vorgenommen werden. Diese ihrer Kontrolle zugewiesenen Verwaltungsakte werden im Falle ihrer Rechtswidrigkeit aufgehoben oder abgeändert. Die Entscheidung ist für die betroffenen Verwaltungsbehörden unanfechtbar und bindend[469].

Eine weitere Möglichkeit der Anfechtung eines rechtswidrigen Verwaltungsakts besteht in der Einlegung einer Verwaltungsbeschwerde[470]. Das Institut der Verwaltungsbeschwerde ist geregelt in einer Verordnung des Zentralen Exekutivkomitees der UdSSR vom 14. Dez. 1935 und in einer Verordnung der Kommission für Sowjetkontrolle beim Rat der Volkskommissare der UdSSR, die vom Rat der Volkskommissare am 22. Mai 1936 bestätigt wurde[471]. Es ist zu unterscheiden zwischen Verwaltungsbeschwerde, die den Charakter einer formlosen Popularbeschwerde hat (russ.: zajavlenie), und zwischen der Verwaltungsbeschwerde, die den Charakter einer formellen Rechtsbeschwerde trägt. Beschwerdeberechtigt ist bei der ersten Form der Verwaltungsbeschwerde jeder Bürger. Die Einlegung der Beschwerde ist an keine Fristen und an keine bestimmten Formen gebunden.

Sie kann eingelegt werden bei einer übergeordneten Verwaltungsbehörde, der Staatsanwaltschaft und bei dem Komitee für Volkskontrolle.

Bei der zweiten Erscheinungsform der Verwaltungsbeschwerde ist die Beschwerdebefugnis des Bürgers nur gegeben, wenn er sich in seinen

---

467 Vgl. dazu im Ganzen: *Bartykov*, J. F.: Administrativnye pravonarušenija rassmatrivaimye v sudebnom porjadke (deutsch: Verwaltungsrechtsverletzungen, die im Gerichtsverfahren untersucht werden), „Juridičeskaja literatura"; *Studenikin* 1959, S. 192 - 196; *Petrov*, Adm. pravo, S. 331 - 333; *Lunev* 1960, S. 185 - 188; *Lunev* 1967, S. 220 - 222; *Kozlov* 1962, S. 279 - 282; *Kozlov* 1968, S. 310 - 312.

468 Vgl. oben S. 117 f.

469 Vgl. *Kozlov* 1968, S. 311.

470 Zur Verwaltungsgebschwerde vergleiche: V. I. *Remnev*, Pravo žaloby v SSSR, Juridičeskaja literatura, Moskau 1964 (deutsch: Das Beschwerderecht in der UdSSR); *Kozlov* 1968, S. 296 - 301.

471 Sobranie Zakonov SSSR 1936,Nr. 31, Pos. 274; Nr. 31, Pos. 276.

subjektiven Rechten oder rechtlich geschützten Interessen verletzt glaubt. Sie ist nur gegen Individualakte der Verwaltung möglich. Eine Beschwerde mit einer derartigen Behauptung ist nur in einzelnen, ausdrücklich bestimmten Fällen zulässig. Außerdem ist sie an bestimmte Fristen gebunden. Die Anfechtung eines rechtswidrigen Verwaltungsakts durch die Verwaltungsbeschwerde hat grundstäzlich keine Suspensivwirkung[472]. Der Vollständigkeit halber sei erwähnt, daß die Aufhebung rechtswidriger Verwaltungsakte nicht nur infolge einer Anfechtung in der einen oder der anderen der aufgezeigten Formen erfolgt, sondern durch ein mannigfaltiges System anderer Verwaltungskontrollmaßnahmen wie z. B. durch Maßnahmen des Komitees für Volkskontrolle oder durch die Dienstaufsicht.

3. Die Gleichbehandlung von Normativ- und Individualakten hinsichtlich der Folgen der Fehlerhaftigkeit

Die Einbeziehung der Normativakte der Verwaltung in den Begriff des Verwaltungsakts hat zur Folge, daß der Normativakt im Falle seiner Rechtswidrigkeit im Gegensatz zum (west-)deutschen Recht nur anfechtbar aber nicht nichtig ist. Die Lehre von der Fehlerhaftigkeit der Verwaltungsakte wirkt sich also insbesondere zu Gunsten der Normativakte der Verwaltung aus. Eines macht allerdings die Gleichbehandlung von Normativ- und Individualakten bei der Rechtsfolge der Fehlerhaftigkeit dem am (west-)deutschen Verwaltungsrecht geschulten Juristen klar:

Es geht nicht an, das Problem des fehlerhaften Verwaltungsakts im Sinne der (west-)deutschen Definition anders als das Problem des fehlerhaften Staatsaktes allgemein zu lösen, so lange keine positivrechtliche Regelung der Rechtsfolgen der Fehlerhaftigkeit vorhanden ist. Nach (west-)deutscher Auffassung ist eine Rechtsverordnung, die im sowjetischen Recht den Verwaltungsakten zugeordnet wird, bei Verstoß gegen eine höherrangige Rechtsnorm nichtig, während der Verwaltungsakt nur anfechtbar ist. Wenn die sowjetische Verwaltungsrechtslehre Normativ- und Individualakte in den Folgen der Fehlerhaftigkeit nicht differenziert, so geht sie rechtstheoretisch gesehen richtig vor, nur müßte sie, wie oben gezeigt wurde[473], mangels einer ausdrücklich positivrechtlichen Anordnung alle rechtswidrigen Akte als nichtig ansehen.

Die Folge der jetzigen sowjetischen Lehre vom fehlerhaften Verwaltungsakt ist, daß alle rechtswidrigen Akte der Verwaltung, also auch die Normativakte der Verwaltung, mit Ausnahme der nicht sicher geklär-

---

[472] *Petrov*, Administrativnoe pravo, S. 339.
[473] Vgl. S. 149.

ten Fälle der Nichtigkeit bis zu ihrer Aufhebung als rechtswirksam behandelt werden müssen.

4. Die Lehre vom fehlerhaften Verwaltungsakt und die Außen- und Innenverhältnisse der Verwaltung

Die im Vorangehenden wiedergegebene Lehre vom fehlerhaften Verwaltungsakt wird ausnahmslos sowohl auf die nach (west-)deutschem Verständnis im Außenverhältnis ergangenen Verwaltungsakte angewandt als auch auf die Akte, die im Innenverhältnis ergehen. Die sowjetische Verwaltungsrechtslehre unterscheidet nicht zwischen den Außen- und Innenverhältnissen. Für den fehlerhaften Verwaltungsakt hat das die Folge, daß ein nach (west-)deutschen Vorstellungen im Innenverhältnis der Verwaltung ergangener Verwaltungsakt unter den gleichen Bedingungen rechtswidrig ist, wie ein im Außenverhältnis Staat - Bürger ergangener Verwaltungsakt.

An der Richtigkeit dieser Gleichstellung entstehen jedoch Zweifel, wenn man der von Rupp für das (west-)deutsche Verwaltungsrecht entwickelten Lehre von der Fehlerhaftigkeit der im Innenverhältnis der Verwaltung ergangenen Rechtsakte folgt.

Nach Rupp werden auch im (west-)deutschen Verwaltungsrecht im Innenverhältnis der Verwaltung Rechtsverordnungen und Verwaltungsakte erlassen. Für die Fehlerhaftigkeit dieser Akte gelten aber nach Rupp nicht dieselben Grundsätze wie für die im Außenverhältnis erlassenen Akte.

Die Rechtmäßigkeit der im Außenverhältnis der Verwaltung ergangenen Akte wird an den sie bedingenden Rechtsnormen gemessen, die unter der Herrschaft des Legalitätsprinzips immer auf ein Gesetz zurückzuführen sein müssen. Dem Gesetz ist die Verfassung übergeordnet. Das Gesetz selbst hat vor allen untergesetzlichen Rechtsakten den Vorrang. Aus der sich hieraus ergebenden Rangpyramide des Rechts ist auch der Vorrang des generellen Rechtssatzes vor der individuellen Anordnung abzuleiten. Wird also eine Einzelanweisung im Außenrechtsverhältnis auf ihre Rechtmäßigkeit geprüft, so ist zunächst ihre Übereinstimmung mit der sie bedingenden generellen Rechtsnorm, dann mit der sie mittelbar bedingenden generellen Rechtsnorm bis zum Gesetz zu prüfen, und dieses wieder auf seine Übereinstimmung mit der Verfassung.

Diese Rangpyramide gilt aber nach Rupp im (west-)deutschen Verwaltungsrecht lediglich für die Bürger - Staat-Beziehungen, nicht für die Innenrechtsverhältnisse der Verwaltung. Rupp begründet diese Ansicht unter Verwertung von Gedanken von Haenel und Merkel sehr eingehend. Die Grundgedanken dieser Begründung sind folgende[474]:

---

[474] *Haenel*, A., Deutsches Staatsrecht, Bd. I, Leipzig 1892, S. 91, 92; *Merkl*, S. 300; *Rupp*, Grundfragen, S. 51, 62, 99.

Im Innern des Staates gebe es ein ganzes System rechtlicher Beziehungen, das die einzelnen Organwalter und Organe zueinander in Relation setze und so zu einem Organismus verbinde. Eine Außenpflicht des Staates sei nicht identisch mit der Innenpflicht der einzelnen Organe und Organwalter.

Die Rechtsordnung, die sich auf die Rechtsverhältnisse der Staatsorgane beziehe, sei eine andere als die Rechtsordnung, die auf das Verhältnis des Staates zu seinen Mitgliedern zugeschnitten sei. Denn jene ziele auf die bewußte, einheitliche und planmäßige Leitung und Veranstaltung für den Gemeinzweck ab und könne nicht durch die einfache Nebenordnung der Organe mit den ihnen zugewiesenen Kompetenzen und nicht nur durch die objektiven Regeln ihres Zusammenwirkens verwirklicht werden. Es sei vielmehr die Natur der Sache, die mit einer inneren Notwendigkeit zu einer hierarchischen Struktur des Innenbereichs führe. Solchen kraft geltenden Rechts geltenden Prinzipien, meint Rupp, widerspreche es aber, wenn man dem für den Innenbereich der Verwaltung geltenden Recht die Struktur einer realisierbaren Rangpyramide geben oder es in die Rangpyramide des Außenrechts einordnen wolle. Eine Weisung im Innenverhältnis hat daher nach Rupp gegenüber dem Außenrecht derogierende Kraft und ist deshalb bei einem Widerspruch mit dem Außenrecht nicht rechtswidrig[475].

Das gilt aber nur für den normativen Gehalt des Befehls, seiner Wirkung für den Befehlsempfänger. Davon zu trennen ist die Frage, ob der Befehlsgeber sich rechtmäßig oder rechtswidrig verhalten hat[476].

Für das Verhältnis der Innenrechtssätze zueinander kommt Rupp zu folgendem Ergebnis:

Mangels eines ausdrücklichen rechtlichen Vorrangcharakters der generellen Weisung gegenüber der Einzelweisung und in Anbetracht der monistischen Gewaltenkonzentrierung im Innenbereich könne zwischen diesen beiden Weisungsarten nur Ranggleichheit bestehen. Es müßten deshalb die auf gleichrangige Rechtsakte bezogenen Grundsätze angewandt werden und damit im Verhältnis von Einzelbefehl und genereller Weisung auch der Satz: lex specialis derogat legi generali[477]. Hier weist Rupp nochmals ausdrücklich darauf hin, daß die Annahme der Ranggleichheit nicht dazu verführen dürfe, die Frage nach der derogierenden Kraft des Einzelbefehls mit der nach der Rechtmäßigkeit oder Rechtswidrigkeit des Verhaltens der Stelle zu verwechseln, die ihn erlassen hat.

Eine Rangordnung im Innenverhältnis ergibt sich bei Einzelbefehlen nur aus dem hierarchischen Rang der erlassenden Organe[478].

---

[475] *Rupp*, Grundfragen, S. 62.
[476] *Rupp*, Grundfragen, S. 45, 62.
[477] *Rupp*, Grundfragen, S. 71.
[478] *Rupp*, Grundfragen, S. 72.

Es ist auffällig, daß diese Fragen in der sowjetischen Verwaltungsrechtslehre nicht angeschnitten werden, obwohl die Rechtsakte, welche die Rechtsverhältnisse des Innenbereichs regeln, mit in das System der Verwaltungsakte eingezogen werden. Das mag an ideologischer Befangenheit liegen. Aber auch für das sowjetische Verwaltungsrecht zeigt sich im Ergebnis, daß die Herausstellung eines Unterschiedes zwischen Außen- und Innenrechtsverhältnissen der Verwaltung für die Lehre vom fehlerhaften Verwaltungsakt notwendig ist.

Bereits oben[479] wurde darauf verwiesen, daß die Verfassung der UdSSR zwar formell den Grundsatz der Hierarchie der Rechtsquellen in sich aufgenommen hat, daß er aber in der Verfassungswirklichkeit zwischen dem Verfassungsgesetz, den einfachen Gesetzen, Dekreten, Parteiverordnungen und Verordnungen des Ministerrats der UdSSR nur in sehr beschränktem Umfang angewandt wird. Für diese Rechtssätze kann daher nicht zwischen Außen- und Innenverhältnis der Verwaltung in dem Sinne unterschieden werden, daß in dem einen Fall eine Rangpyramide und in dem anderen Fall eine Ranggleichheit der Rechtssätze besteht. Soweit diese Rechtssätze in Frage stehen, gilt also Ranggleichheit mit dem Grundsatz: lex posterior derogat legi priori. Das gilt sowohl für Rechtssätze, die das Rechtsverhältnis zwischen Verwaltungsorganen regeln, als auch für solche, die das Verhältnis zum Bürger regeln. Insoweit gilt für die Außen- und Innenrechtsverhältnisse der Verwaltung dasselbe.

Diese Ausführungen beziehen sich nur auf das Rangverhältnis zwischen generellen Normen. Auf der Ebene des Ministerrats der UdSSR haben sie auch für das Verhältnis von genereller Norm und Einzelakten zu gelten. Da sich die Rechtsformen, in denen die Verwaltungsakte des Ministerrats ergehen, Verordnung und Verfügung, jeder Einteilung in Norm- und Einzelakt entziehen, wird man auf der Ebene des Ministerrats von Ranggleichheit zwischen Norm- und Einzelakt sprechen müssen.

Diese Ansicht wird in der sowjetischen Literatur auch von Mišunin - Mironov vertreten[480]. Diese Ranggleichheit besteht im Außen- und Innenverhältnis. Es gilt der Grundsatz: Lex specialis derogat legi generali.

Für das Handeln aller anderen Verwaltungsorgane im Außenverhältnis gilt das Prinzip der Ranghierarchie vollständig.

Was gilt aber für das Handeln dieser Verwaltungsorgane im Innenverhältnis?

Soweit die zu vergleichenden Rechtsakte von demselben Organ erlassen worden sind, herrscht Ranggleichheit im Verhältnis von generellen Anweisungen und Einzelanweisungen.

---

[479] Vgl. S. 80.
[480] *Mišunin - Mironov*, S. 25.

Das Problem ist aber, ob Ranggleichheit zwischen diesen Rechtsakten auch dann besteht, wenn sie von verschiedenen Verwaltungsorganen erlassen werden. Da die sowjetische Verwaltungsrechtslehre dazu schweigt, muß versucht werden, diese Frage mit Hilfe allgemeiner Erwägungen zu klären. Auch für das sowjetische Verwaltungsrecht hat zu gelten, daß die Natur der Sache mit einer inneren Notwendigkeit zu einer hierarchischen Struktur des Innenverhältnisses führt. Einheitliches Ziel der Verwaltung ist der wirtschaftliche und kulturelle Aufbau des Landes. Alle Verwaltungsakte im Innenverhältnis der Verwaltung sind auf diesen Zweck bezogen. Das Handeln im Innern der Verwaltung wird also von strikten Zweckmäßigkeitsgesichtspunkten bestimmt. Das Verhältnis zwischen dem anweisenden und dem angewiesenen Organ unter dem Aspekt der Rechtmäßigkeit zu betrachten, ist daher verfehlt. Das wird besonders deutlich bei der Wirtschaftsverwaltung[480a].

Das untergeordnete Verwaltungsorgan hat den Weisungen des ihm unmittelbar übergeordneten Organs nachzukommen, unabhängig davon, ob dessen Weisungen gegen einen Rechtsakt des seinerseits ihm übergeordneten Organs verstößt. So sind z. B. für den Leiter eines staatlichen Betriebes die generellen Anweisungen der Hauptverwaltung verbindlich. Er kann gegen sie nicht unter Berufung auf einen Beschluß des Ministerrats vorgehen. Das würde dem Wesen der Planwirtschaft widersprechen.

Im Verhältnis zwischen dem untergeordneten und dem ihm unmittelbar übergeordneten Verwaltungsorgan herrscht daher Ranggleichheit zwischen Einzelanweisungen und generellen Anweisungen. Das gilt nicht nur für die Wirtschaftsverwaltung, sondern auch für die gesamte übrige Verwaltung. Es ist aber nochmals festzuhalten, daß diese Anforderungen nur an das Verhältnis zwischen dem anweisenden und dem angewiesenen Organ gestellt werden können. Unabhängig davon ist die Frage nach der Rechtmäßigkeit des Verhaltens des anordnenden Verwaltungsorgans.

Eine Rangordnung der Rechtsakte im Innern der Verwaltung ergibt sich also nach sowjetischem Verwaltungsrecht nur aus dem hierarchischen Rang der erlassenden Organe. Das ist auch eine Folge des demokratischen Zentralismus. Verletzt ein Verwaltungsorgan beim Erlaß einer generellen Anweisung die ihm aufgrund einer generellen Anweisung eines übergeordneten Verwaltungsorgans obliegenden Verpflichtungen, so ist sein Verhalten im Verhältnis zu diesem Organ rechtswidrig. Dasselbe hat in dem entsprechenden Fall einer Einzelweisung zu gelten.

Das Ergebnis der Untersuchung ist daher: Für die Prüfung der Rechtmäßigkeit von Verwaltungsakten ist entscheidend, ob sie die Rechtsverhältnisse der Verwaltungsorgane zum Bürger oder der Verwaltungsorgane untereinander regeln.

[480a] Vgl. dazu im Einzelnen *Bilinsky*, S. 500 f.

§2 Das Problem der Rechtskraft der Verwaltungsakte

1. Das Problem der formellen Rechtskraft

Die Lehre von der Rechtskraft der Verwaltungsakte wird in der sowjetischen Verwaltungsrechtslehre fast nicht behandelt.

Unter dem Begriff „Problem der Rechtskraft der Verwaltungsakte" soll das Problem verstanden werden, ob die Verwaltungsakte die Eigenschaft besitzen, durch Akte gleicher Art überhaupt nicht oder nur unter bestimmten Umständen geändert werden zu dürfen. Bekanntlich ist zwischen formeller und materieller Rechtskraft zu unterscheiden. Unter „formeller Rechtskraft" ist die Unanfechtbarkeit eines Staatsaktes nach Ablauf der dafür vorgesehenen Fristen zu verstehen. Der Begriff „materielle Rechtskraft" bezieht sich auf die Unabänderlichkeit eines Aktes nicht nur für die Anfechtungsberechtigten, sondern für alle.

Das Problem der formellen Rechtskraft wird von der sowjetischen Verwaltungsrechtslehre nicht behandelt. Das ist dadurch erklärbar, daß die Anfechtung der Verwaltungsakte nicht an eine bestimmte Frist gebunden ist, mit Ausnahme der o. g. Fälle[481].

2. Das Problem der materiellen Rechtskraft

Auch dieses Problem, ob es denkbar ist, daß ein Verwaltungsakt auch für die erlassende Verwaltungsbehörde unabänderlich ist, wird nicht gesehen. Das Problem besteht sowohl für den rechtswidrigen als auch für den rechtmäßigen Verwaltungsakt. Die sowjetische Lehre scheint von der grundsätzlich zeitlich unbeschränkten Aufhebbarkeit von Verwaltungsakten auszugehen. Sie spricht nämlich von der Aufhebung der Verwaltungsakte, ohne auf irgendeine zeitliche Schranke hinzuweisen, nach der eine Aufhebung nicht mehr möglich ist[482]. Die sowjetische Lehre differenziert in diesem Zusammenhang nicht zwischen der Aufhebung rechtswidriger und rechtmäßiger Verwaltungsakte, sondern behandelt beide als unbeschränkt aufhebungsfähig. Rechtstheoretisch gesehen kann dem grundsätzlich nur für die rechtswidrigen Verwaltungsakte zugestimmt werden, da ein rechtswidriger Verwaltungsakt grundsätzlich keinen Anspruch auf unbegrenzte Geltung haben kann. Die Eigenschaft der Unabänderlichkeit kann nur fehlerfreien Akten zukommen. Völlig offen bleibt auch die Frage, ob die durch einen rechtswidrigen Verwaltungs-

---

[481] Vgl. S. 150.

[482] *Studenikin* 1950, S. 165; *Studenikin* 1959, S. 142; *Lunev* 1960, S. 134; *Kozlov* 1962, S. 221.

akt gutgläubig erworbene Rechtsstellung eines Bürgers anerkannt werden soll oder nicht[482a].

Hinsichtlich der rechtsmäßigen Verwaltungsakte kann der sowjetischen Ansicht zumindest nicht für die Fälle zugestimmt werden, wo sich aus den sie bedingenden Rechtssätzen oder aus ihnen selbst nichts für ihre Geltungsdauer ergibt. Denn es muß von der unbegrenzten Geltungsdauer ausgegangen werden, wenn nichts anderes in den Verwaltungsakten selbst oder in den ihnen zugrundeliegenden Rechtsvorschriften bestimmt ist. Mit dieser Problematik setzt sich aber die sowjetische Verwaltungsrechtslehre nicht auseinander. Vielmehr werden nur Beispiele genannt, wann ein Verwaltungsakt seine Rechtswirkungen verliert, z. B. bei Fristablauf[483].

Daß Akte möglicherweise überhaupt nicht aufhebbar sind und daher materiell rechtskräftig, wird nicht erkannt oder möglicherweise nicht gewollt, weil es als unvereinbar mit dem dynamischen Wesen des sozialistischen Rechts angesehen wird.

[482a] Neuerdings wird vorgeschlagen, derartige Rechte dann anzuerkennen, wenn seit dem Erwerb mehr als ein Jahr vergangen ist, vgl. Socialističeskaja zakonnost' 1972, Heft 4.

[483] *Kozlov* 1962, S. 222.

Zusammenfassung

In der sowjetischen Verwaltungsrechtslehre gibt es noch keine alle Verwaltungshandlungen im weiteren Sinn umfassende Lehre vom Verwaltungshandeln. Ihr überwiegender Teil faßt nur das Setzen von Hoheitsakten durch die in der Verfassung der UdSSR als Verwaltungsorgane bezeichneten Staatsorgane als Verwaltungshandeln auf.

Die Definition dieser Hoheitsakte, der sog. Akt der sowjetischen staatlichen Verwaltung, ist noch unvollständig. Unter diesen Akten werden sowohl individuelle als auch — fälschlicherweise — generelle Akte verstanden. Bemerkenswert und angesichts der Schwierigkeiten, die dieses Problem der (west-)deutschen Verwaltungsrechtslehre bereitet, erstaunlich ist das vollständige Fehlen einer Trennung zwischen Innen- und Außenverhältnissen der Verwaltung. Dies erklärt die Selbstverständlichkeit, mit der die sowjetische Verwaltungsrechtslehre innerdienstliche Weisungen und Verwaltungsverordnungen als Verwaltungsakte ansieht. Einige Hoheitsakte der Verwaltung, wie z. B. der Erlaß von Plänen und der Erlaß von Akten der Staatsanwaltschaft, werden nicht behandelt oder nicht als Verwaltungsakte angesehen.

Die Orientierung an der staatlichen Organisationsstruktur führt dazu, daß übersehen wird, daß auch Staatsorgane, die keine Verwaltungsorgane sind, Verwaltungsakte erlassen können.

Noch unentwickelt sind die Lehre vom fehlerhaften Verwaltungsakt und die Lehre von der Rechtskraft der Verwaltungsakte.

Eine ständige Aufwärtsentwicklung der sowjetischen Verwaltungsrechtswissenschaft in den letzten Jahren ist jedoch nicht zu verkennen. Dies ist zum großen Teil Ju. M. Kozlov zu verdanken, dem es gelungen ist, die Dogmatik des sowjetischen Verwaltungsrechts in entscheidenden Punkten voranzutreiben.

Gerade diese Entwicklung verdeutlicht, daß jede Rechtswissenschaft, ob bürgerlich oder sozialistisch, gezwungen ist, durch ideologische Forderungen hindurch zu der Struktur des Rechts als vom Staat erlassener Verhaltensnorm vorzudringen.

Literaturverzeichnis

Afanas'jev, V. G.: Naučnoe upravlenija obščestvom, Verlag für politische Literatur, Moskau 1968. Deutsche Übersetzung: Wissenschaftliche Leitung der Gesellschaft, (Ost-)Berlin 1969.

Agarkov, M. M.: Predmet i sistema sovetskogo graždanskogo prava (v porjadke obsuždenija), (Gegenstand und System des sowjetischen Zivilrechts, Ein Diskussionsbeitrag), SGiP 1940, Nr. 8 - 9, S. 52 - 79.

Aleksandrov, N. G. (Red.): Chozjajstvennaja reforma, trud i pravo, (Die Wirtschaftsreform, Arbeit und Recht), Izdatel'stvo Moskovskogo universiteta, Moskau 1969.

— Obsuždenie problemy o ponjatii pravovoj normy, (Die Diskussion um das Problem der Rechtsnorm), SGiP 1961, Nr. 4, S. 114.

— O roli prava v osuščestvlenii ekonomičeskich metodov rukovodstva promyšlennostju, (Die Rolle des Rechts bei der Anwendung wirtschaftlicher Methoden in der Leitung der Industrie), SGiP 1967, Nr. 6, S. 67 ff.

— (Red.): Osnovy teorii gosudarstva i prava, (Grundlagen der Staats- und Rechtstheorie), Gosjurizdat, Moskau 1960.

— Pravo i zakonnost' v period razvernutogo stroitel'stva kommunizma, (Recht und Gesetzlichkeit in der Periode des entfalteten Aufbaus des Kommunismus), Gosjurizdat, Moskau 1961.

— Pravovye otnošenija v socialističeskom obščestve, (Die Rechtsverhältnisse in der sozialistischen Gesellschaft), Izdatel'stvo Moskovskogo universiteta 1959.

— Razvitie socialističeskogo prava v normy komunističeskogo obščezitija, (Die Entwicklung des sozialistischen Rechts zu Normen des kommunistischen Gemeinschaftslebens), SGiP 1961, Nr. 9, S. 26 ff.

Alekseev, S. S.: Predmet sovetskogo socialističeskogo graždanskogo prava, Sverdlovskij juridiceskij institut, Učenye trudy, Tom I, Serija Graždanskoe pravo, (Der Gegenstand des sowjetischen sozialistischen Zivilrechts, Sverdlovsker juristisches Institut, Wissenschaftliche Arbeiten, Band I, Reihe Zivilrecht), Sverdlovsk 1959.

Ananov, I. N.: Ispolnitelnaja i rasporjaditel' naja dejatel'nost' organov sovetskogo upravlenija, Voprosy sovetskogo administrativnogo i finansovogo prava, S. 5 - 64, (Die vollziehende und verfügende Tätigkeit der Organe der sowjetischen Staatsverwaltung, in „Fragen des sowjetischen Verwaltungs- und Finanzrechts"), hrsg. v. V. F. Kotok, Izdatel'stvo Akademii Nauk SSSR, Moskau 1952.

Bartykov, I. F. u. a.: Administrativnye pravonarušenija rassmotrivaemye v sudebnom porjadke, (Verwaltungsrechtsverletzungen, die im Gerichtsverfahren untersucht werden), Juridičeskaja literatura, Moskau 1964.

Basin, Ju. G.: Osobennosti pravootnošenij proektirovanija, (Besonderheiten der bei der Projektierung bestehenden Verhältnisse), Pravovedenie 1964, Nr. 1, S. 73 ff.

Basin, Ju. G.: Pravovye voprosy proektirovanija v stroitel'stve, (Rechtsfragen bei der Aufbauprojektierung), Moskau 1962.

Belych, A. K.: Upravlenie i samoupravlenie, (Verwaltung und Selbstverwaltung), Izdatel'stvo Nauka, Leningrad 1972.

Berezovskaja, S. G.: Prokurorskij nadzor za zakonnost'ju pravovych aktov organov upravlenija v SSSR, (Die staatsanwaltliche Aufsicht über die Gesetzmäßigkeit der Rechtsakte der Verwaltungsorgane in der UdSSR), Gosjurizdat, Moskau 1959.

Bespalyj, I. T.: Prozidium Verchovnogo soveta Sojuznoj Respubliki, (Das Präsidium des Obersten Sowjets der Unionsrepubliken), Gosjurizdat, Moskau 1959.

Bilinsky, A.: Das sowjetische Wirtschaftsrecht, Studien des Instituts für Ostrecht München, Band 19, Tübingen und Basel 1968.

Bratus, S. N.: Predmet i sistema sovetskogo graždanskogo prava, (Gegenstand und System des sowjetischen Zivilrechts), Gosudarstvennoe Izdatel'stvo juridičeskoj literatury, Moskau 1963.

Černogolovkin, N. V.: Funkcii sovetskogo gosudarstva v period razvernutogo stroitel'stva kommunizma, (Die Funktionen des sowjetischen Staates in der Periode des entwickelten Aufbaus des Kommunismus), Gosjurizdat, Moskau 1960.

Chajdas, G. I.: Pravovaja priroda gosudarstvennych narodnochozjajstvennych planov, in „Voprosy pravovogo regulirovanija narodnogo chozjajstva", Sbornik statej, Red. V. V. Laptev, (Die Rechtsnatur der staatlichen Volkswirtschaftspläne, in „Fragen der rechtlichen Regelung der Volkswirtschaft", Aufsatzsammlung), Gosjurizdat, Moskau 1962, S. 19 - 37.

— O pravovoj prirode gosudarstvennych narodnochozjajstvennych planov, (Die Rechtsnatur der staatlichen Volkswirtschaftspläne), SGiP 1961, Nr. 1, S. 37 ff.

Chajdas, G. I. und A. S. *Pribluda:* Juridičeskaja priroda planovych aktov, in: „Pravovye voprosy planirovanija", (Die Rechtsnatur der Planakte in „Rechtsfragen der Industrieplanung"), Izdatel'stvo Nauka, Moskau 1964, S. 11 ff.

Chalfina, R. O.: O predmete sovetskogo graždanskogo prava, (Der Gegenstand des sowjetischen Zivilrechts), SGiP 1954, Nr. 8, S. 82 - 86.

— Pravovoe regulirovanie postavki produkcii v narodnom chozjajstve, (Die rechtliche Regelung der Warenlieferung in der Volkswirtschaft), Izdatel'stvo Akademii nauk SSSR, Moskau 1963.

— Značenie i suščnost' dogovora v sovetskom socialističeskom graždanskom prave, Izdatel'stvo Akademii nauk SSSR, Moskau 1954, (Deutsche Übersetzung: Wesen und Bedeutung des Vertrages im sowjetischen sozialistischen Zivilrecht. [Ost-]Berlin 1958).

Denisov, A. I. (Red.): Sovetskoe administrativnoe pravo, (Sowjetisches Verwaltungsrecht), Juridičeskoe izdatel'stvo NK ju SSSR, Moskau 1940.

Denisov, A. I. und M. G. *Kiričenko:* Sovetskoe gosudarstvennoe pravo, (Sowjetisches Staatsrecht), Gosjurizdat, Moskau 1957.

Dogadov, V. M.: Sovetskoe trudovoe pravo i ego predmet, Vestnik Leningradskogo universiteta, Nr. 5, Serija ekonomii, filosofii i prava, Vypusk 1, S. 86 - 97, (Das sowjetische Arbeitsrecht und sein Gegenstand, Bote der Leningrader Universität, Nr. 5, Reihe Wirtschaft, Philosophie und Recht, Band 1, S. 88 - 97).

Dozorcev, A. V.: O predmete sovetskogo graždanskogo prava i sisteme graždanskogo kodeksa SSSR, (Der Gegenstand des sowjetischen Zivilrechts und das System des Zivilrechtskodex der UdSSR), SGiP 1954, Nr. 7, S. 104 - 108.

Evtichiev, I. I.: Vidy i formy administrativnoj dejatel'nosti, doktorskaja dissertacija, (Arten und Formen des Verwaltungshandelns), masch.schr. Diss. Moskau 1948.

Fabricius, F.: Relativität der Rechtsfähigkeit, München, Berlin 1963.

Fedoseev, A. S.: Die schöpferische Rolle des Sowjetstaates und des Sowjetrechts bei der Errichtung der sozialistischen und der kommunistischen Gesellschaft), (Ost-)Berlin 1954.

Flejšic, E. A.: „Absoljutnaja" priroda prava sobstvennosti, Problemy graždanskogo i administrativnogo prava, (Der absolute Charakter des Eigentumsrechts, in Probleme des Zivil- und Verwaltungsrechts), Izdatel'stvo Leningradskogo universiteta, Leningrad 1962.

Forst, H.-J.: Der Verwaltungsakt in der UdSSR und der DDR, jur. Diss., Köln 1970.

Forsthoff, E.: Lehrbuch des Verwaltungsrechts, 1. Bd., Allgemeiner Teil, 9. Auflage, München und Berlin 1966.

Galkin, B. A. (Red.): Organizacija suda i prokuratury v SSSR. (Die Organisation der Gerichte und der Staatsanwaltschaft in der UdSSR), Izdatel'stvo Juridičeskaja literatura, Moskau 1967.

Genkin, D. M.: Osnovy sovetskogo socialističeskogo graždanskogo, prava Lekcii, pročitannye v Vysšej partinoj škole pri ZZK RPSS, (Grundlagen des sowjetischen Zivilrechts, An der Obersten Parteischule beim ZK der KPdSU gehaltene Vorlesungen), Moskau 1956.

— Predmet sovetskogo graždanskogo prava v porjadke obsuždenija, (Der Gegenstand des sowjetischen Zivilrechts, Ein Diskussionsbeitrag), SGiP 1939, Nr. 4, S. 28 - 40.

Genkin, D. M., *Bratus*, S. N., *Lunc*, L. A. und I. B. *Novickij:* Sovetskoe graždanskoe pravo, Bd. I, Gosjurizdat, Moskau 1950, (Deutsche Übersetzung: Sowjetisches Zivilrecht, Bd. I, [Ost-]Berlin 1953).

Godes, A. B.: Predmet i sistema sovetskogo graždanskogo prava v porjadke obsuždenija, (Gegenstand und System des sowjetischen Zivilrechts, Ein Diskussionsbeitrag), Sovetskaja Justicija, 1939 Nr. 1, S. 20 - 28.

Golunskij, S. A.: K voprosu o ponzatii pravovoj normy v teorii socialističeskogo prava, (Zur Frage des Begriffs der Rechtsnorm in der sozialistischen Rechtstheorie), SGiP 1961, Nr. 4, S. 21 ff.

Goršenev, V. M.: O roli obščestvennych organizacij v sovetskom pravotvorčestve, (Die Rolle der gesellschaftlichen Organisationen bei der sowjetischen Rechtsetzung), SGiP 1962, Nr. 8, S. 115 ff.

Haenel, A.: Deutsches Staatsrecht, Bd. I, Leipzig 1892.

Jacobs, O. W.: Zur Methodik der Zivilrechtsvergleichung zwischen Rechten aus verschiedenen Gesellschaftsordnungen, OER, 1963, S. 108 ff.

Jampol'skaja, C. A.: Massovye organizacii v sovetskom gosudarstve, (Die Massenorganisationen im sowjetischen Staat), Kommunist, 1963, Heft 3, S. 61 ff.

Jampol'skaja, C. A.: Organy sovetskogo gosudarstvennogo upravlenija v sovremennyj period, (Die Organe der sowjetischen Staatsverwaltung in der Gegenwart), Izdatel'stvo Akademii nauk SSSR, Moskau 1954.

— Aktual'nye problemy nauki sovetskogo administrativnogo prava, (Aktuelle Probleme der sowjetischen Verwaltungsrechtswissenschaft), SGiP 1962, Nr. 10, S. 20 ff.

— O pravovoj norme i pravovom otnošenii, (Rechtsnorm und Rechtsverhältnis), SGiP 1951, Nr. 9, S. 33 ff.

— O teorii administrativnogo dogovora, (Die Theorie des Verwaltungsvertrages), SGiP 1966, Nr. 10, S. 132 ff.

— Ob ubeždenii i prinuždenii v sovetskom administrativnom prave, in „Voprosy sovetskogo administrativnogo i finansovogo prava", (Überzeugung und Zwang im sowjetischen Verwaltungs- und Finanzrecht, in „Fragen des sowjetischen Verwaltungs- und Finanzrechts), Izdatel'stvo Akademii Nauk SSSR, Moskau 1962.

Javič, L. S.: Norma sovetskogo socialističeskogo prava i socialističeskogo pravovoe otnošenie, (Die sowjetische sozialistische Rechtsnorm und das sozialistische Rechtsverhältnis), Leningrad 1959.

— Sovetskoe pravo regulator abščestvennych otnošenij v SSSR, (Das Sowjetrecht als Regulator der gesellschaftlichen Beziehungen in der UdSSR), Stalinabad 1957.

— Tvorčeskaja rol' sovetskogo prava v stroitel'stve kommunizma, (Die schöpferische Rolle des owjetrechts beim Aufbau des Kommunismus), SGiP 1962, Nr. 2, S. 24 ff.

Jazev, V. A.: Dogovor postavki tovarov narodnogo potreblenija, (Der Liefervertrag über Konsumgüter), Gostorgizdat, Moskau 1960.

Jellinek, G.: System der subjektiven öffentlichen Rechte, Fotomechanischer Nachdruck der 2. durchgesehenen und vermehrten Auflage, Tübingen 1905, Darmstadt 1962.

Joffe, O. S.: Osnovnye čerty i strukturnye osobennosti graždanskogo pravootnošenija, (Grundzüge und Strukturbesonderheiten des Zivilrechtsverhältnisses), SGiP 1949, Nr. 5, S. 21 - 32.

— Plan i dogovor v uslovijach chozjajstvennoj reformy, (Plan und Vertrag unter den Bedingungen der Wirtschaftsreform), SGiP 1967, Nr. 7, S. 47 ff.

— Pravootsnošenie po sovetskomu graždanskomu pravu (deutsch: Rechtsverhältnis im sowjetischen Zivilrecht), Izdatel'stvo Leningradskogo Universiteta, Leningrad 1949.

— Sovetskoe graždanskoe pravo, Bd. I, (Sowjetisches Zivilrecht), Leningrad 1958.

Joffe, O. S. und M. D. *Šargorodskij:* Voprosy teorii prava, (Fragen der Rechtstheorie), Moskau 1961.

Jurčenko, A. K.: Razgraničenie administrativnych i graždanskich pravootnošenij, Problemy graždanskogo i administrativnogo prava, (Die Abgrenzung von Verwaltungs- und Zivilrechtsverhältnissen, in Probleme des Zivil- und Verwaltungsrechts), Izdatel'stvo Leningradskogo Universiteta, Leningrad 1962.

Karass, A. V.: Peredača gosudarstvennych predprijatij, in „Voprosy sovetskogo graždanskogo i trudovogo prava", (Die Übertragung staatlicher Unternehmen, in „Fragen des sowjetischen Zivil- und Arbeitsrechts), S. 5 - 38, Moskau 1952.

Karpušin, M. P.: Socialističeskoe trudovoe pravootnošenie, (Das sozialistische Arbeitsrechtsverhältnis), Gosjurizdat, Moskau 1958.

Keček'jan, S. F.: O sisteme sovetskogo socialističeskogo prava, v porjadke obsuždenija, (Das System des sowjetischen sozialistischen Rechts, Ein Diskussionsbeitrag), SGiP 1946, Nr. 2, S. 41 - 50.

— Pravootnošenija v socialističeskom obščestve, (Rechtsverhältnisse in der sozialistischen Gesellschaft), Izdatel'stvo Akademii nauk SSSR, Moskau 1958.

Kelsen, H.: Hauptprobleme der Staatsrechtslehre, Entwickelt aus der Lehre vom Rechtssatze, Unveränderter Neudruck der zweiten um eine Vorrede vermehrten Auflage, Tübingen 1923, Aalen 1960.

— Reine Rechtslehre, 2. Aufl., Wien 1960.

Kerimov, D. A., *Korolev*, A. I. und M. D. *Šargorodskij* (Red.): Obščaja teorija gosudarstva i prava, (Allgemeine Staats- und Rechtstheorie), Izdatel'stvo Leningradskogo universiteta, Leningrad 1966.

Klejn, N.: Zakonodatel'stvo o planirovanii proizvodstva tovarov narodnogo potreblenija, (Die Gesetzgebung zur Planung für die Herstellung von Konsumgütern), Juridičeskaja literatura, Moskau 1967.

Kopejčikov, V. V.: Mechanizm sovetskogo gosudarstva, (Der Mechanismus des Sowjetstaates), Juridičeskaja literatura, Moskau 1968.

Kotok, V. F.: Konstitucionno-pravovye otnošenija v socialističeskich stranach, (Verfassungsrechtsverhältnisse in sozialistischen Ländern), Pravovedenie 1962, Nr. 1, S. 41 - 52.

Kozlov, Ju. M. (Red.): Administrativnoe pravo, (Verwaltungsrecht), Juridičeskaja literatura, Moskau 1968.

— Kak upravljaetsja socialističeskoe predprijatie, učebnoe posobie, (Wie das sozialistische Unternehmen verwaltet wird), Izdatel'stvo „znanie", Moskau 1968.

— Organy gosudarstvennogo upravlenija, (Die Organe der Staatsverwaltung), Gosjurizdat, Moskau 1960.

— Predmet sovetskogo administrativnogo prava, (Der Gegenstand des sowjetischen Verwaltungsrechts), Izdatel'stvo Moskovskogo universiteta, Moskau 1962.

— Sootnošenie gosudarstvennogo i obščestvennogo upravlenija v SSSR, (Die Wechselbeziehung zwischen staatlicher und gesellschaftlicher Verwaltung in der UdSSR), Izdatel'stvo Juridičeskaja literatura, Moskau 1966.

— Sovetkskoe administrativnoe pravo, Obščaja Čast', (Sowjetisches Verwaltungsrecht, Allgemeiner Teil), Gosjurizdat, Moskau 1962.

— Upravlenie narodnogo chozjajstvom SSSR, čast' I, Suščnost, funkcii, metody, (Die Verwaltung der Volkswirtschaft, Teil I, Wesen, Funktionen, Methoden), Izdatel'stvo Moskovskogo universiteta, Moskau 1969.

— Upravlenie v oblasti social'no kulturnogo stroitel'stva (Die Verwaltung auf dem Gebiet des sozial-kulturellen Aufbaus), Izdatel'stvo Moskovskogo universiteta, Moskau 1963.

Kravčenko, V. V.: Opyt osuščestvlenija gosudarstvennych funkcij sojuzom sportivnych obščestv, (Die Erfahrung bei der Erfüllung staatlicher Aufgaben durch den Verband der Sportgesellschaften), SGiP 1962, Nr. 6, S. 48 ff.

— K voprosu o peredače nekotorych funkcij gosudarstvennych organov dobrovol'nym obščestvam, (Zur Frage der Übertragung einiger Staatsfunktionen auf freiwillige Vereinigungen), SGiP 1961, Nr. 5, S. 127 ff.

Kuznecov, I. N.: K voprosu o juridičeskoj prirode ukasa prezidiuma Verchnovnogo Soveta SSSR i ego sootnošenii s zakonom, in „Voprosy sovetskogo gosudarstvennogo prava“, (Zur Frage der Rechtsnatur des Dekrets des Präsidiums des Obersten Sowjets der UdSSR und dessen Verhältnis zum Gesetz, in „Fragen des sowjetischen Staatsrechts“, Izdatel'stvo Akademii Nauk SSSR, Moskau 1959, S. 227 - 274.

Laband, P.: Das Staatsrecht des Deutschen Reiches, Bd. II, 5. Aufl., Tübingen 1911.

Laptev, V. V.: Vnutrichozjajstvennye otnošenija na promyšlennom predprijatii, (pravovaja literatura, Moskau 1955), Deutsche Übersetzung: Innerbetriebliche Rechtsbeziehungen, (Ost-)Berlin 1967.

— Kommentarij k položeniju o socialističeskom gosudarstvennom proizvodstvennom predprijatii, (Kommentar zur Ordnung über den sozialistischen staatlichen Produktionsbetrieb), Juridičeskaja literatura, Moskau 1968.

— Pravovye problemy chozjajstvennoj reformy, (Rechtsprobleme der Wirtschaftsreform), SGiP 1967, Nr. 4, S. 57 - 65.

Lazarev, B. M.: Gosudarstvennoe proizvodstvennoe predprijatie i ego administracija, (Das staatliche Produktionsunternehmen und seine Verwaltung), SGiP 1966, Nr. 5, S. 12 - 21.

Lepeškin, A. J., *Miškin*, N. G. und P. J. *Romanov:* Kurs sovetskogo gosudarstvennogo prava, Bd. I, (Lehrgang des sowjetischen Staatsrechts), Gosjurizdat, Moskau 1961.

Levin, I. D. und A. V. *Karass* (Red.): Osnovy sovetskogo gosudarstva i prava, (Grundlagen des Sowjetstaats und des Sowjetrechts), Juridičeskoe izdatel'stvo Ministerstva Justicii SSSR, Moskau 1947.

Levin, I. D. und I. P. *Trajnin* (Red.): Sovetskoe gosudarstvennoe pravo, (sowjetisches Staatsrecht), Juridičeskoe Izdatel'stvo Ministerii Justicii, Moskau 1948.

Loeber, D. A.: Der hoheitlich gestaltete Vertrag, Eine rechtsvergleichende Untersuchung über den Planvertrag im Sowjetrecht und den „diktierten Vertrag“ im Recht der Bundesrepublik Deutschland (Beiträge zum ausländischen und internationalen Privatrecht, Bd. 35), Berlin und Tübingen 1969.

— The Soviet Procuracy and the Rigths of the Individual against the State, Journal of the International Commission of Jurists, Den Haag 1957, S. 59 ff.

Lucas, R.: Quellen und Formen des Sowjetrechts, Studien des Instituts für Ostrecht, München, Bd. 16, Herrenalb 1965.

Luk'janov, A. L. und B. M. *Lazarev:* Sovetskoe gosudarstvo i obščestvennye organizacii (Der Sowjetstaat und die gesellschaftlichen Organisationen), Gosjurizdat, Moskau 1959.

Lunev. A. E. (Red.): Administrativnoe pravo, (Verwaltungsrecht), Izdatel'stvo Juridičeskaja literatura, Moskau 1967 und 1970.

— Pravovoe položenie predprijatija osnovnogo zvena promyšlennosti, (Die Rechtslage des Unternehmens, des untersten Gliedes der Industrie), Izdatel'stvo „znanie“, Moskau 1970.

— Sovetskoe administrativnoe pravo, čast' obščaja, (Sowjetisches Verwaltungsrecht, Allgemeiner Teil), Moskau 1960.

Lunev, A. E., *Piskotin*, M. I. und C. A. *Jampol'skaja:* Naučnye osnovy gosudarstvennogo upravlenija v SSSR, (Wissenschaftliche Grundlagen der Staatsverwaltung in der UdSSR), Izdatel'stvo Nauka, Moskau 1968.

Maljarov, M. P. (Red.): Prokurorskij nadzor v SSSR, (Die staatsanwaltliche Aufsicht in der UdSSR), 2. verbesserte und ergänzte Auflage, Ijzdatel'stvo „Juridičeskaja literatura", Moskau 1969.

Matuzov, M. I.: K voprosu o ponjatii subjektivnych prav graždan, razvitie prav graždan SSSR i usilenie ich ochrany na sovremennom etape kommunističeskogo stroitel'stva, S. 102 - 107, (Zur Frage des Begriffes der subjektiven Bürgerrechte, in: Die Entwicklung der Bürgerrechte in der UdSSR und die Stärkung ihres Schutzes in der gegenwärtigen Etappe des kommunistischen Aufbaus), Saratov 1962.

Maurach, R.: Handbuch der Sowjetverfassung, München 1955.

Meder, W.: Die Hierarchie der Rechtsquellen in der Sowjetunion, OER 1956, S. 167 ff.

— Die Kontrolle der Verwaltung in der Sowjetunion, Verwaltungs-Archiv 1962, S. 255 ff.

— Die Stellung der Verwaltung und der Verwaltungsorganisation nach sowjetischer Auffassung, DVBl. 1956, S. 549 ff.

Meissner, B.: Die Rechtsstellung der kommunistischen Partei der Sowjetunion, JfOR, Bd. II, 2. Halbjahresheft 1961, Herenalb 1961, S. 7 ff.

Merkl, A.: Allgemeines Verwaltungsrecht, Unveränderter reprografischer Nachdruck der Ausgabe Wien und Berlin 1927, Darmstadt 1969.

Mickevič, A. V.: Akty vysšich organov sovetskogo gesudarstva, Juridičeskaja priroda normativnych aktov vysšich organov gosudarstvennoj vlasti i upravlenija SSR, (Die Akte der höchsten sowjetischen Staatsorgane. Die Rechtsnatur der Normativakte der höchsten Organe der Staatsmacht und der Verwaltung der UdSSR), Izdatel'stvo „Juridičeskaja literatura", Moskau 1967.

— Osnovnye formy i tendencii povyšenie roli obščestvennych organizacij v osuščestvlenie gosudarstvennych funkcij in „Učenye zapiski, Vsecojuznyj institut juridičeskich nauk", 1962, Nr. 14, S. 40 ff., (Grundformen und Tendenzen in der Verstärkung der Rolle der gesellschaftlichen Organisationen bei der Erfüllung von Staatsaufgaben in „Wissenschaftliche Mitteilungen des allunionistischen Instituts für Rechtswissenschaft" 1962, Heft 14, S. 40 ff.

— Rasširenie roli obščestvennych organizacij v period razvernutogo stroitel'stva kommunizma, (Die Erweiterung der Rolle der gesellschaftlichen Organisationen in der Periode des entwickelten Aufbaus des Kommunismus), SGiP 1959, Nr. 9, S. 24 ff.

— Subekty sovetskogo prava, (Die Subjekte des sowjetischen Rechts), Gosjurizdat, Moskau 1962.

Mišunin, P. G.: O juridičeskoj prirode aktov, izdavaemych vysšimi ispolnitelnymi i rasporjaditelnymi organami gosudarstvennoj vlasti SSR, sojuznych i avtonomnych respublik, (Die Rechtsnatur der von den höchsten vollziehend-verfügenden Organen der Staatsgewalt der UdSSR, der Unions- und der autonomen Republiken erlassenen Akte), SGiP 1957, S. 22 ff., Nr. 8.

Možejko, V. N.: Chozjajstvennyj dogovor v SSSR, (Der Wirtschaftsvertrag in der UdSSR), Gosjurizdat, Moskau 1962.

Nawiasky, H.: Allgemeine Rechtslehre als System der rechtlichen Grundbegriffe, 1. Aufl., Einsiedeln, Köln 1941, 2. Aufl., 1948.

Nedbajlo, P. E.: Primenenie sovetskich pravovych norm, (Die Anwendung der sowjetischen Rechtsnormen), Gosjurizdat, Moskau 1960.

Nedbajlo, P. E.: Sovetskie socialističeskie pravovye normy, (Die sowjetischen sozialistischen Rechtsnormen) L'vov 1959. Osnovy sovetskogo prava (Grundlagen des Sowjetrechts), Red. N. M. Borodanov, Juridičeskaja literatura, Moskau 1968.

Novoselov, V. I.: Zakonnost' aktov organov upravlenija, (Die Gesetzmäßigkeit der Akte der Verwaltungsorgane), Izdatel'stvo „Juridičeskaja literatura", Moskau 1968.

Pašukanis, E.: Allgemeine Rechtslehre und Marxismus, Versuch einer Kritik der juristischen Grundbegriffe, Wien und Berlin 1929.

Petrov, G. I.: Istočniki sovetskogo administrativnogo prava, (Die Quellen des sowjetischen Verwaltungsrechts), Pravovedenie 1958, Nr. 4, S. 34 ff.

— Sovetskoe administrativnoe pravo, čast' obščaja, (Sowjetisches Verwaltungsrecht, Allgemeiner Teil), Izdatel'stvo Leningradskogo universiteta, 1960.

— Suščnost' sovetskogo administrativnogo prava, (Das Wesen des sowjetischen Verwaltungsrechts), Izdatel'stvo Leningradskogo universiteta, 1959.

— Ubeždenie i prinuždenie v sovetskom gosudarstve, (Überzeugung und Zwang im Sowjetstaat), Voronež 1962.

— Voprosy teorii sovetskogo administrativnogo prava, (Fragen zur Theorie des sowjetischen Verwaltungsrechts), SGiP 1950, Nr. 12, S. 57 ff.

— Zadači kodifikacii sovetskogo administrativnogo prava, (Aufgaben bei der Kodifizierung des sowjetischen Verwaltungsrechts), SGiP 1958, Nr. 6, S. 21 - 30.

Petrov, N.: K voprosu o normativnosti pravovych aktov, (Zur Frage des Normcharakters von Rechtsakten), SGiP 1963, Nr. 9, S. 124 ff.

Rassudovskij, V. A.: Dogovor na vypolnenie proektnych i izyskatel'nych rabot v kapital'nom stroitel'stve, (Der Vertrag zur Erfüllung von Projektierungs- und Forschungsarbeiten im Investitionsbau), Izdatel'stvo Akademii nauk SSSR, Moskau 1963.

Remnev, V. I.: Pravo žaloby v SSSR (Das Beschwerderecht in der UdSSR), Juridičeskaja literatura, Moskau 1964.

Rjasencev, V. A. (Red.): Sovetskoe graždanskoe pravo, čast' pervaja, (Sowjetisches Zivilrecht, Erster Teil), Moskau 1960.

Rodingen, H.: Das gegenwärtige sowjetische Verwaltungsrecht, in „Die Verwaltung" 1971, S. 59 - 77.

Romaškin, P. S. (Red.): Teorija gosudarstva i prava, Osnovy marksistko-leninskogo učenija o gosudarstve i prave, (Staats- und Rechtstheorie, Grundlagen der marxistisch-leninistischen Lehre vom Staat und Recht), Izdatel'stvo Akademii Nauk, Moskau 1962.

Rupp, H. H.: Grundfragen der heutigen Verwaltungsrechtslehre, Tübinger Rechtswissenschaftliche Abhandlungen, Bd. 15, Tübingen 1965.

Samoščenko, I. S.: O ponjatii juridičeskogo normativnogo akta, (Der Begriff des rechtlichen Normativakts), SGiP 1962, Nr. 3, S. 77 ff.

— Obščaja teorija sovetskogo prava,)Allgemeine sowjetische Rechtslehre), Izdatel'stvo Juridičeskaja literatura, Moskau 1966.

Schultz, L.: Die strukturellen Wandlungen im Rätesystem der Sowjetunion, WGO 1972, S. 113 ff.

Šebanov, A. F.: Nekotorye voprosy teorii normativnych aktov v svjazi s sistematizaciej sovetskogo zakonodatel'stva (Einige Fragen zur Theorie der Normativakte in Verbindung mit der Systematisierung der sowjetischen Gesetzgebung), SGiP 1960, Nr. 7, S. 139 ff.

Šejndlin, B. V.: Suščnost' sovetskogo prava, (Das Wesen des Sowjetrechts), Leningrad 1959.

Sokolov, Ju. A.: O specifičeskich priznakach aktov primenenija pravovych norm, (Die besonderen Merkmale der Rechtsanwendungsakte), SGiP 1954, Nr. 8, S. 80 ff.

Solovev, S. M.: Pravovaja priroda socialističeskich planov, in „Voprosy sovetskogo administrativnogo i finansovogo prava", (Die Rechtsnatur der sozialistischen Pläne, in „Fragen des sowjetischen Verwaltungs- und Finanzrechts), Izdatel'stvo Akademii nauk, SSSR, 1952, S. 92 ff.

Speranskaja, K.: Ob administrativnom dogovore; Vestnik Verchovnogo suda SSSR i Prokuratury Verchsuda SSSR 1928, Nr. 3, S. 15 ff., (Der Verwaltungsvertrag, Mitteilungsblatt des Obersten Gerichts der UdSSR und der Staatsanwaltschaft bei dem Obersten Gericht der UdSSR).

Stajnov, P.: Teorijata za administrativnaja dogovor i socialističeskoto prave, Godišnik na Sofiiskija universitet, Juridiceskaja fakultet, 1965, tom LVI, (Die Theorie des Verwaltungsvertrages und das sozialistische Recht, Jahrbuch der Universität Sofia, Juristische Fakultät, 1965, Bd. 56).

Staros'cjak, E.: Pravovye formy administrativnoj dejatel'nosti, (Die Rechtsformen des Verwaltungshandelns), Gosudarstvennoe Izdatel'stvo juridičeskoj literatury, Moskau 1959.

Strogovič, M. S.: Osnovnye voprosy sovetskoj socialističeskoj zakonnosti, (Grundfragen der sowjetischen sozialistischen Gesetzlichkeit), Izdatel'stvo Nauka, Moskau 1966.

Studenikin, S. S., A. A. *Vlasov* und I. I. *Evtichiev*: Sovetskoe administrativnoe pravo (obščaja čast', (Sowjetisches Verwaltungsrecht, Allgemeiner Teil), Gosjurizdat, Moskau 1950.

Tadevosjan, V. S. Suščnost' sovetskogo chozjajstvennogo prava i predstojaščaja kodifikasija graždanskogo zakonodatel'stvo SSSR, (Das Wesen des sowjetischen Wirtschaftsrechts und die bevorstehende Kodifikation der Zivilgesetzgebung der UdSSR, SGiP 1959, Nr. 6, S. 50 - 61.

Teorija gosudarstva i prava (Staats- und Rechtstheorie), Red. A. I. Denisov, Izdatel'stvo Moskovskogo universiteta, Moskau 1967.

Thoma, R.: Das System der subjektiven öffentlichen Rechte und Pflichten, Handbuch des Deutschen Staatsrechts, Bd. II, S. 607 ff., Tübingen 1930.

Tichomirov, Ju. A.: Evolucija ispolnitelno — rasporjaditelnoj dejatel'nosti v sovremennyj period, in „Voprosy sovetskogo administrativnogo prava v sovremennom etape", (Die Entwicklung der vollziehend-verfügenden Tätigkeit in der Gegenwart), Gosjurizdat, Moskau 1963, S. 34 ff.

Tolstoj, T. H.: Kodifikacija graždanskogo zakonodatel'stva v SSSR (1961 - 1965), Doktorskaja dissertacija, (Die Kodifikation der Zivilgesetzgebung in der UdSSR (1961 - 1965), Habilitationsschrift), Leningrad 1970.

Vasilenkov, P. T.: Ponjatie organa sovetskogo socialističeskogo gosudarstva, in „Vestnik Moskovskogo universiteta 1963, Serija X, Pravo Nr. 1, S. 13 ff.", (Der Begriff des Staatsorgans im sowjetischen sozialistischen Staat, in Mitteilungsblatt der Moskauer Universität 1963, Reihe X, Recht Nr. 1, S. 13 ff.), Izdatel'stvo Moskovskogo universiteta.

Vasil'ev, P.: Pravovye akty organov upravlenija, (Die Rechtsakte der Verwaltungsorgane), Izdatel'stvo Moskovskogo universiaeta, Moskau 1970.

Venediktov, A. V.: Pravovoe položenie Sovnarchoza i podvedomstvennych emu predprijatij, (Die Rechtsstellung des Volkswirtschaftsrates und der ihm unterstellten Unternehmen), Izdatel'stvo Leningradskogo universiteta 1959.

— Gosudarstvennaja socialističeskaja sobstvennost', (Das staatliche sozialistische Eigentum), Izdatel'stvo Akademii nauk SSSR, Moskau - Leningrad 1948.

— O subektach socialističeskich pravootnošenij, (Die Subjekte der sozialistischen Rechtsverhältnisse), SGiP 1955, Nr. 6, S. 17 ff.

Verdnikov, V. E.: O planovom chaktere chozjajstvennogo dogovora, (Der Plancharakter des Wirtschaftsvertrages), SGiP 1966, Nr. 4, S. 63 ff.

Vil'njanskij, S. I.: K voprosu o sisteme sovetskogo prava, (Zur Frage nach dem System des Sowjetrechts), SGiP 1957, Nr. 1, S. 102 - 109.

Višinskij, A. J.: Osnovnye zadači nauki sovetskogo socialističeskogo prava, in „Voprosy teorii gosudarstva i prava", (Die Hauptaufgaben der Wissenschaft vom sozialistischen Sowjetrecht, „Fragen der Theorie des Staates und des Rechts"), 2. Aufl., Juridičeskaja literatura, Moskau 1949, Deutsche Ausgabe (Ost-)Berlin 1953.

Vlasov, V. A.: Sovetskij gosudarstvennyj apparat, (Der sowjetische Staatsapparat), Gosjurizdat, Moskau 1959.

— Osnovy sovetskogo gosudarstvennogo upravlenija, (Die Grundlagen der sowjetischen Staatsverwaltung), Gosjurizdat, Moskau 1960.

Vlasov, V. A. und S. S. *Studenikin:* Sovetskoe administrativnoe pravo, (Sowjetisches Verwaltungsrecht), Gosjurizdat, Moskau 1959.

Volkov: Sovetskoe gosudarstvennoe upravlenie i sistema ego organov, in „Učenye zapiski Belorusskogo gosudarstvennogo universiteta imeni V. I. Lenina, Vypusk 34, serija juridičeskaja, 1957, S. 115 ff.", (Die sowjetische Staatsverwaltung und das System ihrer Organe, in „Wissenschaftliche Berichte der Belorussischen staatlichen Lenin-Universität", Band 34, Juristische Reihe, 1957, S. 115 f.).

Pravovye *voprosy* organizacii i dejatel'nosti sovnarchozov, (Rechtsfragen der Organisation und der Tätigkeit der Volkswirtschaftsräte), Red. K. S. Judel'son, Gosjurizdat, Moskau 1959.

Westen, K.: Die Kommunistische Partei der Sowjetunion und der Sowjetstaat, Köln 1968.

Wolff, H. J.: Verwaltungsrecht I, 6. Auflage, München und Berlin 1965.

Ždanov, A. A.: O dejatel'nosti aktov gosudarstvennogo upravlenija, (Die Rechtsgültigkeit der Verwaltungsakte), Pravovedenie 1964, Nr. 1, S. 51 ff.

FSC
www.fsc.org
MIX
Papier | Fördert gute Waldnutzung
FSC® C083411

Kolibri 360 GmbH
Ferdinand-Jühlke-Straße 7
99095 Erfurt, Deutschland
produktsicherheit@kolibri360.de

Druck:
CPI Druckdienstleistungen GmbH
im Auftrag der
Kolibri 360 GmbH
Ferdinand-Jühlke-Str. 7
99095 Erfurt